다르게 배워야
다르게 성장한다

다르게 배워야 다르게 성장한다

초판 1쇄 인쇄 2020년 7월 29일
초판 1쇄 발행 2020년 7월 30일
2쇄 발행 2020년 8월 14일
3쇄 발행 2022년 2월 20일

지은이 조 훈
펴낸이 전형주, 전익균

기 획 조양제, 백현서
실 장 허태훈
편 집 김 정
관 리 김영진, 이주용, 이보빈
개 발 박수아
교 육 민선아
마케팅 팀메이츠

펴낸곳 (주)아미푸드앤미디어, 도서출판 새빛
전 화 (02) 2203-1996 **팩스** (050) 4328-4393
출판문의 및 원고투고 이메일 svedu@daum.net
등록번호 제215-92-61832호 **등록일자** 2010. 7. 12

값 16,000원
ISBN 978-89-92454-95-7(03370)
* 잘못 만들어진 책은 구입하신 곳에서 바꾸어 드립니다.

이 도서의 국립중앙도서관 출판시도서목록(CIP)은 서지정보유통지원시스템 홈페이지(http://seoji.nl.go.kr)와 국가자료공동목록시스템(http://www.nl.go.kr/kolisnet)에서 이용하실 수 있습니다. (CIP제어번호 : CIP2020029352)

교육전문가 조훈 교수가 제안하는

행복한 자녀 교육법

다르게 배워야 성장한다

우리 아이 교육의
미래를 생각하라

저자 조훈

도서출판 새빛
SAEVIT

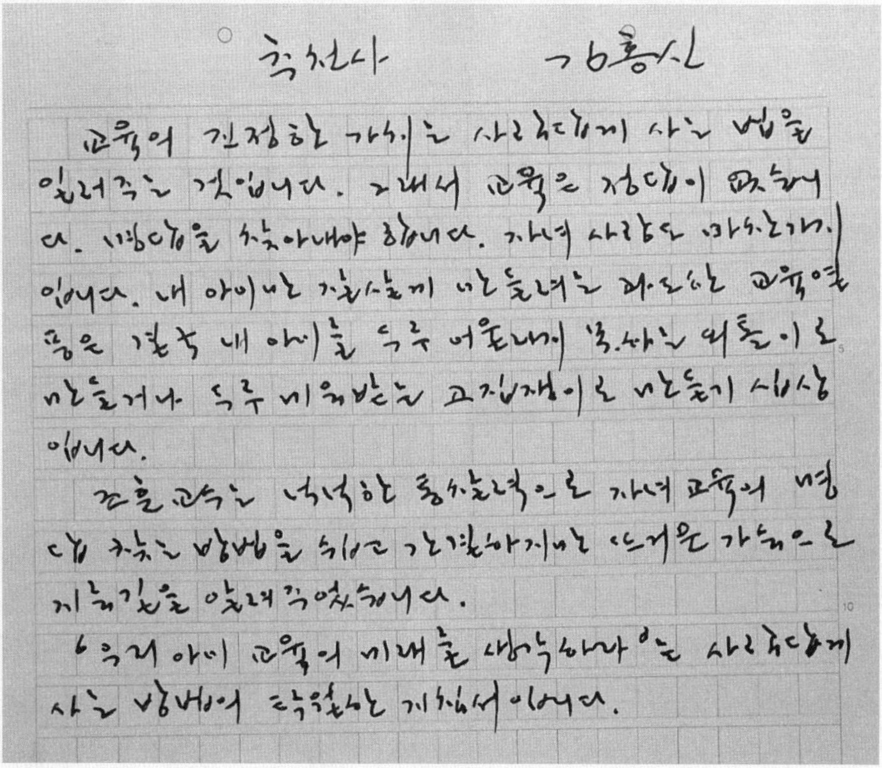

추천사 김홍신

교육의 진정한 가치는 사람답게 사는 법을 일러주는 것입니다. 그래서 교육은 정답이 없습니다. 방법을 찾아내야 합니다. 자녀 사랑도 마찬가지입니다. 내 아이만 잘나게 만들려는 맹목적 교육열풍은 결국 내 아이를 두루 어울리게 못 사는 외톨이로 만들거나 두루 미움받는 고집쟁이로 만들기 십상입니다.

조훈 교수는 넉넉한 통찰력으로 자녀 교육의 명답 찾는 방법을 쉽고 간결하지만 뜨거운 가슴으로 지름길을 일러주었습니다.

'우리 아이 교육의 미래를 생각하다'는 사람답게 사는 방법이 담겨있는 지침서입니다.

추천사

문용린(전 교육부장관, 전 서울시 교육감, 현 대교문화재단 이사장)

조훈 교수는 금융계와 교육계를 넘나드는 풍부한 경험과 해박한 이론을 통해 베이비부머 세대들의 자녀교육과 노후자금에 대한 선택지 고민을 이 책을 통해 해결해 주는 노력을 하고 있다. 하워드가드너 교수의 다중지능이론과 칙센트미하이 교수의 창의성 관점에서 한국 학생들의 무한한 가능성을 보여주고 있는 것도 이 책이 갖는 건강성이다. 조훈 교수의 다르게 배워야 다르게 성장한다는 COVID-19 이후 대한민국 부모들이 자녀 교육에 대한 생각을 바꿀 수 있는 트리거로서 역할을 할 것이다.

김홍신(소설가, 전 국회의원)

교육의 진정한 가치는 사람답게 사는 법을 일러주는 것입니다. 그래서 교육은 정답이 없습니다. 명답을 찾아내야 합니다. 자녀 사랑도 마찬가지입니다. 내 아이만 잘 살게 만들려는 과도한 교육열풍은 결국 내 아이를 두루 어울리지 못하는 외톨이로 만들거나 두루 미움받는 고집쟁이로 만들기 십상입니다.

조훈 교수는 넉넉한 통찰력으로 자녀 교육의 명답 찾는 방법을 쉽고 간결하지만 뜨거운 가슴으로 지름길을 알려주었습니다.

'다르게 배워야 다르게 성장한다'는 사람답게 사는 방법의 탁월한 지침서입니다.

최남수(전 YTN 대표이사, 서정대 교수)

좋은 책은 경험과 지식, 통찰력 삼박자를 갖추고 있다. 조훈 교수가 이번에 펴낸 '다르게 배워야 다르게 성장한다'가 바로 그런 책이다. 오랜 기간 교육계에서 활동해온 경험과 그 과정에서 축적된 지식, 그리고 교육의 미래를 내다보는 통찰력이 이 책에 세심하게 녹아있다. 바람직한 자녀 교육에서부터 4차산업혁명 시대의 유망직업, 그리고 대학 혁신에 이르기까지 폭넓은 주제가 정성스럽게 담겨있어 '교육의 나침반' 같은 귀한 책이다. 1등이 아니라 차별적인 인재를 양성하는 창의적 교육의 훌륭한 지침서가 될 것으로 기대한다.

진동섭(전 서울대학교 입학사정관, MBC 공부가 뭐니 고정패널)

자녀에 대한 과도한 사교육비 투입으로 인하여 정작 자신의 노후가 망가질 수 있다는 말은 흔하다. 이 책도 크게 보면 그 범주에 있지만 필자의 경륜에서 나온 섬세한 시선으로 현재를 분석해서 미래를 예측하고 우리 아이 교육의 지향을 구체적으로 알려 주고 있는 측면에서 다른 저작들과 차별화된다. 특히, 주장에 대한 구체적인 논거들이 제시되어 공허한 주장에서는 얻지 못할 읽는 재미를 더해준다. 또한 운동을 해야 BDNF가 쌓여 공부할 때 써먹을 수 있다든가, 독서를 통해서 인지발달을 이루어야 한다는 평범한 진리를 다시 생각하게 한다. 책은 현재와 미래의 정거장을 거쳐 결국 아이를 어떻게 기를 것인가에 도달한다. 그런데 돈을 안 들이고 공부 잘 시킬 방안은 제시되지 않는다. 이 책을 꼼꼼하게 읽어온 독자라면 그 방안들이 논의 중간에 들어 있었음을 알게 될 것이다.

조선영(학교법인 광운학원 이사장)

그 어느때 보다 예측 불가능한 미래, 그리고 정보의 홍수 속에서 부모들은 혼돈에 빠진다.

이 책에서는 불확실한 미래 교육에 대해 또 다른 복잡한 정보를 던져 주는 것이 아니라, 우리 교육의 현실과 미래에 대한 "대화"를 통해 바람직한 미래를 우리 스스로 창조하고 구축하도록 돕는다.

안종배(국제미래학회 회장, 한세대 교수)

조훈 교수를 처음 만난 곳은 서울대학교에서 열린 제1기 미래대학콜로키엄이다. 콜로키엄 사무국장인 조훈 교수와 기조 강연자로 만났다. 그와 대학 혁신과 관련된 많은 이야기를 나누었다. 제2기 미래대학콜로키엄은 내가 학회장을 맡고 있는 국제미래학회와 공동으로 기획하기로 했다. 그가 쓴 다르게 배워야 다르게 성장한다를 보면서 대한민국의 부모들이 대학입시를 위해 엄청난 투자를 하고 있다는 사실을 알게 되었다. 반면 대학 혁신의 갈길이 멀다는 것도 함께 느꼈다. 아이들의 미래 진로와 직업설계 그리고 취업을 위해 대학의 역할이 크다는 사실도 이 책을 통해 알게 되었다. 이 책은 학부모 입장에서 학생들의 미래 진로와 미래 계획 입안에 구체적인 방향을 제시해주는 지침서가 될 것이다.

최용섭(한국대학신문 발행인, 한국고등직업교육학회 회장)

역시 조훈 교수만이 쓸 수 있는 책이 나왔다. 조훈 교수는 금융계와 사교육계, 그리고 공교육계를 넘나들며 미래사회 교육의 키워드를 발굴하고 개척해 온 몇 안 되는 이론과 실무를 겸비한 교육자이자 실천가이다. 이 책은 초등부터 대학에 이르기까지 경계를 넘나 든 저자의 경험이 잘 녹아든 한편의 현장보고서이다. 4차산업혁명이 사회 전 분야에 영향을 미치고 있는 이 때, 아직도 자녀 명문대 보내기에 집착하는 부모들에게 새로운 지평을 열어주는 지침서이기도 하다. 이 책에서 조훈 교수가 내린 진단과 처방은 이 시대 자녀교육에 고민하는 수많은 부모들에게 새로운 안목을 제공해줄 것이며, 대학인들에게는 미래사회 교육 변화의 방향을 제시해주게 될 것이다.

이정규(한국과학창의재단 창의융합교육단장, 한국영재교육학회장)

60년대 아시아 최빈국이었던 이 나라가 오늘날 세계 10위의 경제교역국으로 성장하기까지, 그 성장의 원동력에는 상아탑이 우골탑이라 할 정도로 우리네 부모님들의 희생과 헌신이 있었기에 가능했다. 그리고 이제 우리가 그 길을 따라 걷고 있다. 그러나 이미 시대상황도, 부모와 자녀간의 인식의 차이와 윤리관도 바뀌었다. 그 변화를 인식해야 하고, 현명하고 지혜롭게 대대처하는데 이 책이 많은 도움을 줄 것으로 기대한다.

Prologue

저자의 변

해방 이후 60년간 대한민국은 쉼 없이 달려왔다. 쉼 없이 달려온 사람들 중 대표 선수는 '부모'이다. 한국의 부모는 숙명처럼 자녀들의 교육에 힘써왔다. 해방과 전쟁 후 찢어지는 가난 속에서도 자녀 교육은 부모의 최우선 투자처였다. 베이비부머들은 그 '부모'의 최대 수혜자이다. 헐벗은 가난 속에서도 배움은 미래였고, 미래는 경제적으로 사회적으로 주류사회에 진입하는 것을 의미했다.

1차 세계대전 후 동유럽의 수많은 유대인들이 미국으로 이민 왔을 때 부모로서 그들의 가장 큰 임무는 자녀들을 주류사회에 진입시키는 것이었다. 하버드, 예일, 프린스턴 등 명문대학 진학은 주류사회 진입을 위한 디딤돌을 의미했다. 유대인은 집착했고, 인구의 3%도 되지 않은 그들은 곧 IVY진학의 30%를 넘어섰다. 아이러니하게도 유대인들의 무서운 자녀교육에 대한 열정이 1920년대 주류 백인을 보호하기 위한 방안으로 '입학사정관제'를 낳았다.

2008년 대한민국, 베이비부머 세대들이 대한민국호의 주류로 진입했을 때 그들의 아이들은 이제 대학에 들어가는 학령기에 접어들었다. 그들에게 가장 큰 관심은 그들이 쌓아온 사회적 위치와 경제적 부를 자식에게 대물림 하는 것이었다. 자식들에게 대물림이 가장 어렵다는 '대학입학'에 그들의 관심이 쏠린 것은 당연하다. '좋은 대학' 진학은 그들에게 주어진 가장 큰 과제였고 짐이 되었다. 입시를 바꾸기 위해 '입학사정관제'라는 포장지를 씌웠다. 마치 1920년대 미국의 주류사회가 그랬던 것처럼…

대한민국에서 자녀 교육만큼은 정치적 진보와 보수가 의미가 없다. 대학입시 앞에서는 '조국'이 그랬고, '나경원'이 그랬고, '스카이캐슬'이 그랬다.

이 와중에 열심히 살아온 그들은 '학부모'로서 역할은 했지만 '부모'로서는 부재중이다. 부모의 미래를 준비하기 위한 재정 중심이 무너졌기 때문이다.

이 책을 자녀교육에 투자와 자신의 노후준비 속에서 갈등하고 있는 대한민국의 모든 '학부모'와 '부모'들에게 바친다.

목차

Chapter Ⅲ

4차 산업과 창의융합인재

Chapter Ⅳ

세상을 바꾸는 10가지 직업

Chapter Ⅴ

대학의 혁신을 생각한다

I

Chapter

부재중_
부모재정의 중심은?

다르게 배워야 다르게 성장한다

1

조국, 나경원 그리고 스카이캐슬

대한민국에서 자녀의 대학입시에서 자유로운 사람이 얼마나 있을까? 한국적 경쟁이 싫어서 일찍부터 유학을 보내는 사람도 있다. 그러나 그들이라고 한국의 대학입시에서 자유로울 수는 없다. 2019년 대한민국에 '조국' 대전이라 불릴 만큼 엄청난 사회적 파장을 일으키는 일대 사건이 발생했다. 바로 법무부장관 임명 청문회에서 제기된 조국 전 청와대 민정수석의 자녀 입시 문제가 그것이다. 조국 전 장관의 딸이 지원한 '2010학년도 고려대학교 수시모집의 세계선도인재전형'에 지원한 과정에서 제출한 논문실적이 문제가 된 것이다. 진위 여부를 떠나 조국은 8년 전 자녀의 대학입시 지원이 문제가 될 것이라는 생각을 과연 했을까?

사실 대한민국의 대학입시에서 소위 3대 불문율(기여입학제, 고교등급제, 대학본고사)이 있다. 해서는 안 되는 선발방식이다. 그러나 2010

년도 세계선도인재전형을 설계한 고려대학교 입장에서 보면 아무런 문제가 없었다. 평가도 문제가 없었고 지원하는 학생도 문제가 될 수 있는 소지가 없었다. 그러나 논문 1저자 문제에서부터 꼬이기 시작했고 급기야는 학생이 하는 활동을 모두 검증하는 초유의 사태가 벌어졌다. 정치가 교육에 개입하는 순간 교육은 엉망이 되어 버린다.

2010학년도 세계선도인재전형 모집요강

☞ **지원 자격** : 국내 · 외 고등학교 졸업(예정)자 또는 관련법령에 의하여 이와 동등 이상의 학력이 있다고 인정된 자로서 아래 중 하나를 충족하는 자로서 ▲ 1) TOEFL(IBT 110, CBT 270, PBT 637점) 또는 TEPS 857점 이상 성적 제출자, ▲ 2) AP(College Board) 3과목 성적 제출자(※ TOEFL, TEPS, AP 성적은 2007년 9월 15일 이후 응시한 성적을 인정함), ▲ 3) 2개 이상 공인 제2외국어성적(자격증) 제출자

☞ **선발방법** : 1단계에서 어학 또는 AP 성적 40% + 학교생활기록부(서류평가) 60%로 모집 정원의 3배수를 선발 후, 2단계에서 1단계 성적 70% + 면접 30%로 해당 모집 인원 선발

☞ **면접평가기준** : 학업 성실성, 세계문화소양, 리더십, 의사소통 능력, 공선사후 정신, 발전가능성

※ 면접에서는 개인별로 주제 발표 후 심층면접을 실시하되, 주제는 현장에서 제시

나경원 전 의원의 경우는 어떨까? 나경원 전 의원의 자녀가 입학한 성신여대에서는 2012학년도에 특수교육대상자전형이 신

설되었다. 그해 나경원 전 의원의 자녀가 지원을 했고 합격을 했다. 문제는 그 전형이 유일하게 그 해에만 성신여대 전형에 있었다는 것이다.

조국과 나경원은 대한민국을 대표하는 유력 정치인이자 비슷한 시기에 자녀를 대한민국의 대학에 입학시킨 경험이 있다. 조국은 전형에는 문제가 없으나 지원자가 제출한 서류에 문제가 있다는 것이고, 하나는 전형설계부터가 아예 특혜라는 것이다.

나는 2019년 10월 소위 '조국' 사태로 불거진 '학생부종합전형'의 입시부정 또는 편법 등의 소지가 없는지를 조사하는 '학생부종합전형 조사단'의 일원으로 참가한 적이 있다. 13개 주요 대학의 학생부종합전형으로 입학한 학생들의 모든 서류를 조사하는 과정이었다. 이미 교육부의 결과가 발표되었듯이 적어도 짧은 기간 동안 준비한 한국 대학들의 입학사정과정은 별 문제가 없어 보였다. 일부 대학들의 고교 간 특성을 반영한 사례들이 있긴 했지만 미국의 시카고대학에서 입학사정을 경험한 내 눈에는 별 문제가 없어 보였다. 오히려 짧은 기간 동안 구축한 시스템 인프라는 90년간 입학사정관제 전형을 경험한 미국의 전문가들조차 부러워할 수 있는 것이었다.

2018년 11월부터 2019년 2월 까지 3개월에 걸쳐 JTBC 채널에서 방영된 드라마 스카이캐슬은 어떤가? 드라마 스카이캐슬은 그동안 불문율처럼 여겼던 대한민국 상위 1% 초부유층의 자녀 교육 실상을 단편적으로 보여주었다. 사실 스카이캐슬은 세상 어느 곳에도 존재하고 있었던 내용이다. 다만 일반적인 현상과는 거리가 먼 그리고 일반화해서도 안 되는 그들만의 리그였기 때문에 대부분에게는 관심 밖의 영역이었다. 그러나 결과적으로 대중적인 드라마로 체화된 스카이캐슬은 대한민국 학부모 경쟁심에 불을 질렀다. 아무나 할 수 없었던 일이 누구나 할 수 있는 것으로 바뀌었다. 사교육이 요동을 쳤다.

2005년 나는 삼성금융연구소 수석연구원을 그만 두고 삼성동에 유학원을 차려 2년 동안 소위 말하는 '입시컨설팅'을 한 적이 있다. 내가 상담했던 고객들 대부분은 직장생활을 하다가 미국의 하버드, 와튼스쿨, MIT, 콜럼비아, 시카고 그리고 프랑스의 인시아드, 영국의 런던 비즈니스 스쿨(LBS) 등 유럽의 TOP MBA(경영대학원)에 진학하려는 고객들이다. 그들에게 나는 시카고대학 MBA 과정의 입학사정위원으로 일했던 경험과 내가 준비했던 MBA 입학과정을 중심으로 컨설팅을 했다. 대부분의 고객은 소위 한국의 SKY를 졸업하고 대기업, 글로벌 금융회사, 글로벌 컨설팅 회사 등에 근무 중인 사람들이었다. 그들을 컨설팅하면서 나는 대한민국의 SKY캐슬에 살고 있는 많은 사람들을 만났다. 그 중에는 재벌가의 자녀도, 중견기업 오너의 자녀도 그리고 고위관료의 자녀도 있었다. 가끔 고객들은 나에게 조금 어린 학생들에 대한 컨설팅을 의뢰한 적이 있다. 그들은 유럽이나 미국의 유명 보딩스쿨에 있으면서 방학 때 또는 잠깐의 학교 휴식기간 동안 한국에 들어와서 집중적으로 한국에 있는 유명 강사에게 부족한 과목을 지도받는 아이들이다. 그들이 강사들에게 지불하는 비용은 상상을 초월한다. 그러나 그것은 소위 '그들만의 리그'였고 일반인들에겐 관심 밖의 일이었다.

이제 이러한 일들이 조국을 통해서, 나경원을 통해서 그리고 드라마 스카이캐슬을 통해서 누구나 한번쯤은 생각할 수 있는 일이 되었다. 문제는 돈이다. 그 돈은 향후 어쩌면 150살 까지 살아야 하는 우리들이 준비해야 할 노후자금인 것이다. 자녀의 교육자금과 나의 노후자금 사이 소비의 딜레마를 현명하게 극복할 수 있는 방법을 고민해보자.

2

사교육비 21조원, 당신의 돈은 얼마일까요?

2007년부터 통계청과 교육부가 공동으로 시작한 '초중고 사교육비 조사'가 2020년 열 세 번째를 맞이했다. 2007년 처음 시작했을 때 20조원 이었던 사교육비가 2015년 17조원 까지 떨어졌다가 다시 오르기 시작해서 2019년 총액은 21조원이 되었다. 학령인구는 감소하는 데 사교육비는 지난 2015년 이후 계속 증가하고 있다.

2020년 3월 발표한 '2019년 사교육비 조사결과'에 대해 교육부는 다양한 분석을 내놓았다. 첫째 국 · 영 · 수 등 교과영역 사교육 비중이 감소한 반면 취미나 재능계발을 위한 사교육 수요가 높아졌다는 것이다. 두 번째는 소득이 높을수록 사교육 참여율이 높고 상대적으로 고액을 지출하는 학생의 비중도 높다고 분석했다. 세 번째는 초등학교 사교육비가 큰 폭으로 증가했다고 이야기한다. 그리고 마지막으로 대도시와 중소도시 그리고 농어촌 사이의 시 · 도간 격차가 더욱 커지고 있다는 점 등이다. 한마디로 종합해 보면 소득이 많을수록 대도시에 살수록 그리고 아이가 어릴수록 사교육의 비중이 점점 더 커진다는 것이다. 부가 증가할수록 생기는 가처분 소득이 고스란히 아이들의 사교육비용으로 들어가고 있다.

소득과 사교육비 관점에서 분석한 결과는 몇 가지 시사점을 준다. 소득구간별로 200만원 미만 소득과 700만원 이상 소득 등 7개 구간으로 나눠 분석한 결과를 보자. 200만원 미만 소득자 자녀의 월평균 사교육비는 2007년 9.2만원에서 2019년 10.4만원으로 높아진 반면 700만원 이상 고소득자 자녀의 경우 2007년 46.8만원에서 2019년 51.5만원으로 높아졌다. 구간별 상승비율에서는 저소득층 상승률이 높으나 절대금액에서 차이는 고소득층 자녀의 사교육비가 압도적으로 높은 것을 알 수 있다. 또한 가계소득 증가와 자녀수 감소 추세는 자녀 1인당 사교육비 지출을 더 부추기는 요인으로 작용하는 것으로 보인다.

소득의 차이가 교육성과의 차이를 낳게 하고 궁극적으로 교육을 통한 주류 사회로 나아갈 수 있는 사다리가 점점 없어질 수 있다는 불안감을 갖게 하는 요소이다. 최근 발표한 정부의 대학입시

정책의 변화가 옳고 그름을 떠나 사교육 시장을 요동치게 만들었다는 점은 주지의 사실이다. 우리나라 사교육비는 정책에 매우 탄력적으로 움직인다. 대학의 입시정책이 바뀔 때마다 정책의 좋고 나쁨에 관계없이 일관되게 사교육비는 증가한다. 학원에서는 마케팅의 좋은 기회로 학부모들은 불안감 때문에 학원의 문을 두드리기 때문이다.

이러한 초 · 중 · 고 사교육비의 지속적인 증가가 과연 대학교육에는 어떤 도움을 줄 수 있을까? 대다수의 학부모와 학생이 사교육을 받는 이유를 학교수업보충 · 심화(48.5%) > 선행학습(22.9%) > 진학준비(15.8%) > 불안심리(4.3%) 순으로 꼽았다. 결국 대학진학과 연계된 수요가 87.3%에 달한다. 그런 논리라면 대학을 진학하는 시점에서 공교육과 사교육을 받은 학생들이 역량은 갈수록 강화될 것이며 이미 대학을 진학하기 전 대학에서 필요로 하는 지식을 모두 가질 것이다. 대학은 어쩌면 이렇게 잘 훈련된 학생들을 가르치기 때문에 별 준비 없이 '공짜 점심'을 먹을 수 있을 것이다. 적어도 투자의 원리에서 보자면 그렇다는 것이다.

그러나 현장의 목소리는 전혀 다르다. 오히려 학생들의 학력수준은 해가 갈수록 떨어진다고 말하는 교수들이 많다. 나 역시 비슷한 견해다. 대학에서 5년째 아이들을 가르치고 있지만 해마다 조금씩 아이들의 실력이 떨어진다는 느낌을 받는다. 좀 더 자세히 말한다면 실력이 아니라 태도인 경우가 많다. 특히 배움에 대한 자세와 열정은 해가 갈수록 떨어지고 있는 느낌이다. 전공을 선택하고 온 학생들조차 자신의 전공에 대한 확신이 없는 경우가 많다. 최근 교육부가 대학의 진로와 취 · 창업 지원을 위해 2019년 2,324억원에서 2020년 2,505억원으로 7.8%P 예산증가 추이를 봐서도 대학생들의 진로교육이 얼마나 필요한지를 알 수 있다. 결국 입시위주의 교육이 입시 전 · 후의 분절된 교육성과를 갖게 한다는 사실을 알 수 있다.

이제 대학 진학은 끝이 아니라 시작이다. 그런 의미에서 우리 아이들에게 필요한 것은 대학입학을 위한 실력 이전에 자신의 삶을 계획하고 실행할 수 있는 삶의 기술(Life Skills)일 것이다. 미래 교육에서 교수자들에게 요구하는 것은 덜 가르치고 많이 배우게 하는, 'Teach Less Learn More'의 철학이다. 이제 부모로서 우리는 자녀교육의 투자를 결정하는 시점에서 덜 투자하고 더욱 아이들이 세상을 경험하게 하는 'Less Invest More Experience' 철학을 기준으로 삼고 의사결정을 하면 어떨까? 사교육비 21조원은 스카이캐슬에 살고 있는 부모들이 내는 금액이 아니라 대한민국 대부분의 학부모들이 부담하고 있는 돈이기 때문에 더욱 그렇다.

3
당신은 경제적으로 행복한가요?

대한민국에서 경제적으로 가장 행복한 그룹은 어떤 그룹일까? 경제행복의 관점에서 접근하면 30대 미혼의 전문직 여성이라고 한다. 그렇다면 가장 경제적으로 불행한 그룹은 어떤 그룹일까? 40대 대졸의 자칭 '중산층'이라고 한다.

영화 '라스트 홈(Last Home)'은 2008년 미국발 국제금융위기를 자초한 서브프라임 모기지 사태로 인해 양산된 '주택 압류' 속에서 집을 잃고 길거리로 쫓겨나는 사람들의 이야기를 다룬 영화다. 영화를 보면 빚을 내서 집을 샀다가 집값이 폭락하는 바람에 채권 금융기관으로부터 집을 압류 당하는 '하우스 푸어(House Poor)'의 참담한 광경을 볼 수 있다. 이처럼 집값이 대출보다 떨어질 때 양산되는 '하우스 푸어' 현상은 적어도 우리에게는 생소한 개념이다. 그러나 우리에게는 '하우스 푸어' 보다 무서운 '에듀케이션 푸어(에듀 푸어)'가 존재한다.

현대경제연구원에 따르면 2015년 말 기준으로 전국에 2인 이상 도시가구 중 소득보다 지출이 더 많은데도 불구하고 동일 수입의 전체 가구 평균보다 교육비를 더 쓰는 가구는 약 60만 가구로 추정된다. 이는 자녀 교육비 지출이 있는 614만 가구의 약 10%에 해당한다. 인구수로 환산하면 약 222만 명이 에듀 푸어 가구에 속한다는 뜻이다.

교육 빈곤층의 정의, 현대경제연구원

구분		교육 빈곤층
정의		부채가 있고 적자 상태임에도 불구하고 평균보다 많은 교육비
4가지 기준	교육비 지출 유무	• 도시에 거주하는 2인 이상 가구로 자녀 교육비 지출이 있는 가구
	교육비 지출 수준	• 자녀 교육비 지출이 있는 가구의 평균보다 교육비 지출이 높은 가구
	부채 유무	• 비소비지출 중 이자비용 또는 기타지출 중 부채 감소를 위한 지출이 있는 가구(즉, 부채가 있는 가구)
	가계 수지	• 가계 소득보다 지출이 많은 적자 가구

에듀 푸어 가구의 수입은 전체 가구 평균보다 28% 적지만 교육비로 85% 이상 더 투자하는 것으로 나타났다. 쉽게 말해 월평균 361만원을 벌어 소득의 26%인 94만6000원을 교육비로 썼

고, 이로 인해 가구당 월평균 65만9000원의 적자를 내고 있는 것이다.

이러한 '에듀 푸어' 현상은 소득이 올라갈수록 심화된다. 소득 분위로 볼 때 1분위에서 5분위까지의 소득 격차가 약 4.6배인데 비해 교육비 투자는 10배 정도에 달한다. 소득이 커질수록 우리 국민의 교육에 대한 투자는 거의 '맹목적'이라 할 수 있는 대목이다. 보건복지부 추산으로 태어나서 대학 4년을 졸업할 때까지 약 3억천만원이 자녀 양육비(교육비 포함)로 평균 지출된다. 대학 4년간의 필요 자금만 해도 평균 7,700만원이 넘어간다. 더욱이 소위 투자 대비 회수 기간은 점점 길어지고 있다. 이유는 갈수록 처음으로 직업을 갖는 입직연령이 점점 늦어지기 때문이다. 입직연령이 늦어지면서 처음 결혼을 하는 '초혼연령'이 IMF 직후인 1998년에 남자 28.8세, 여자 26세였던 것이 2017년 남자 32.9세, 여자 30.2세로 점점 늦어지고 있다.

사실 투자적인 관점에서 보면 배우는 시간보다 3배 더 많은 시간을 경제활동에 투자하며 돈을 벌어야 성공한 투자라 할 수 있다. 학령인구 기준으로 초등학교 1학년부터 고등학교 3학년 까지 12년 그리고 대학 4년을 합치면 평균 16년을 공부한다. 그러면 48년 정도 경제 활동을 해야 한다는 계산이 나온다. 평균수명이 80세를 훌쩍 넘어가는 지금 평균 입직연령이 27세라고 가정할 때 75세까지는 일을 해야 한다는 계산이다. 그러나 이 셈법은 현실적으로 실현하기가 어렵다. 입직연령은 30세 이상으로 넘어가고 직장인들의 평균 퇴직 연령이 55세 정도임을 감안하면 평균적으로 25년 정도를 경제활동하고 있는 것이다. 사회적으로 보아도 큰 손실이다. 해법은 간단하다. 배움의 기간을 가급적 단축하고 평균 입직연령을 낮추고 그리고 경제활동을 더 오래 하는 것이다. 해법은 간단하지만 실천하기가 어렵다. 따라서 이 문제는 정부도 고민해야 하는 문제이지만 우리의 의식을 바꾸는 노력도 필요하다.

경제행복의 관점에서 '교육비 투자'의 수익률을 계산하지 않더라도 우리는 자녀 교육 투자의 방향이 4차 산업혁명 시대를 맞이해 변화해야 한다는 생각을 하게 된다.

자녀 교육의 투자에 있어서 우리와 비교되는 유대인 자녀교육의 방향을 한번 살펴볼 필요가 있다. UN이 발간한 교육보고서 자료에 따르면 대한민국 아이들의 지적 능력을 측정하는 IQ는 평균 104로 홍콩에 이어 세계 2위를 차지한다. 반면, 이스라엘 아이들의 평균 IQ는 94로 세계 45위에 불과하다. 공부시간도 우리 아이들이 훨씬 많다. 물론 극성스러움의 상징인 '엄마'도 우리는 유대인 엄마들과 비교할 정도의 적극성을 가지고 있다. 오죽 했으면 뉴욕 타임스에서 한국의 극성스러운 엄마에게 'New Jewish Mom(새로운 유대인 엄마)'이라는 별칭을 붙여 주었을까?

이처럼 기본 역량에서나 환경적 측면에서 우리보다 나을 게 없는 유대인들은 사회에 진출할 때 엄청난 가성비를 나타낸다. 미국 내 약 600만 명에 불과한 유대인들 중에는 노벨상 수상자의 23.6%, 할리우드 부유층의 40%, 예일대 대학원생의 60%, 영향력 있는 지식인의 76% 그리고 최고 부유층의 23% 이상을 기록하고 있을 정도로 예술, 문화, 연구, 경제 등 거의 전 분야에서 압도적으로 두각을 나타내고 있다.

이러한 유대인 자녀들의 교육적 성과의 결과물은 '달란트' 교육에서 비롯된다. 아이의 타고난 재능을 어렸을 때부터 부모들이 발견하고 아이들의 생각을 경청하면서 아이들 스스로 진로를 선택하게 하는 'Voice & Choice' 교육이 지금의 유대인 교육의 성공을 가져오게 한 원동력이 되고 있다.

유대인의 달란트 교육의 효율성을 반면교사로 삼아야 한다. 무분별하고 방향성 없는 교육투자에서 벗어나야 한다. 갈수록 떨어지는 교육비 투자의 효율성을 차치하고라도 취업에 장기간 실패하거나 취업을 했다 하더라도 적응을 못해 다시 공부를 하는 '스터디 룸펜(Study Lumpen)'을 양산하는 교육이 계속된다면 대한민국 교육에는 희망이 없다.

그러기 위해서는 끊임없는 한 줄 서기 교육과 '서 · 연 · 고 · 서 · 성 · 한 · 중 · 경 · 외 · 시'와 같은 대학 서열화 중심의 진학 교육에서 학생들의 진정한 끼를 발견하고 사회의 직업 수요가 요구하는 진로교육 중심으로 전환해야 한다. 진로교육의 목표가 상급 학교 진학이나 4년제 대학 중심의 진학 목표 달성이 아니라 각각이 가지고 있는 자신의 강점을 살릴 수 있는 360도 방향성 교육과 우리 사회가 요구하는 직업 중심의 진로교육으로 전환돼야 하는 이유다.

4

부·재·중 : 늙어가는 대한민국, 부모재정의 중심

통계청이 발표한 '2018년 생명표'를 보자. 2018년 출생아 기대수명은 남녀평균 82.7세이다. 우리나라 남자의 기대수명(79.7년)은 OECD 평균(78.1년)보다 1.7년, 여자의 기대수명(85.7년)은 OECD 평균(83.4년)보다 2.4년 높다. 초고령 사회로 가는 데 세계에서 가장

기대수명(남녀 전체) 및 증감 추이, 1970-2018년

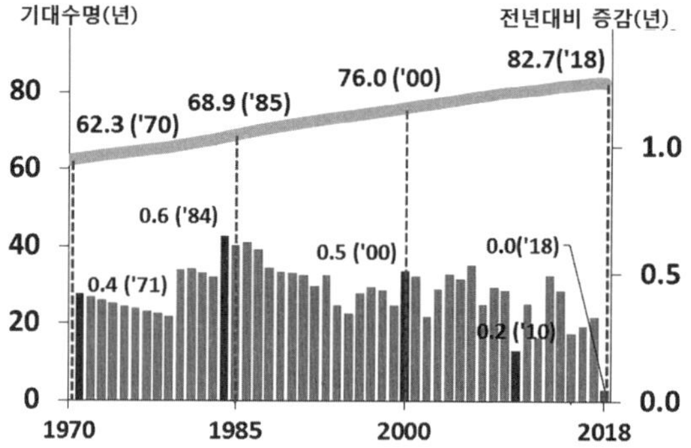

성별 기대수명 및 남녀 차이 추이, 1970-2018년

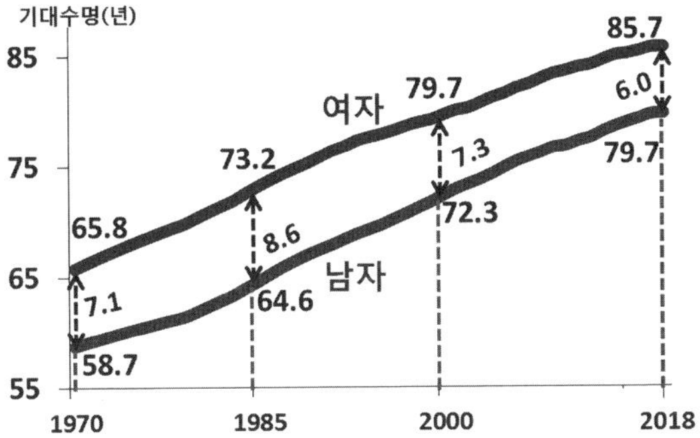

※ 자료: 통계청발표 2018생명표

빠르게 진행되는 국가 또한 우리나라이다. 1970년대 63세에 불과했던 평균 수명이 20년 이상 연장된 것이다.

그렇다면 은퇴자를 기준으로 하는 기대여명은 어떤가? 2018년 60세 남자의 기대여명은 22.8년, 여자의 기대여명은 27.5년이다. 역시 세계 최고 수준이다. 60세 은퇴를 가정해도 적어도 25년 이상을 더 산다는 이야기이다. 통계청은 만약 COVID-19나 암과 같은 병만 치료된다면 평균 3.6년은 더 살 수 있다고 분석한다.

늙어가고 있는 대한민국 당신의 노후는 안전한가요? 2019년 1월 정부는 인구구조변화를 반영한 연령 간 경제적 자원의 흐름을 특정한 계량지표로써 '국민이전계정'을 처음으로 공표했다. 통

성 · 연령별 기대여명, 1970, 2018년

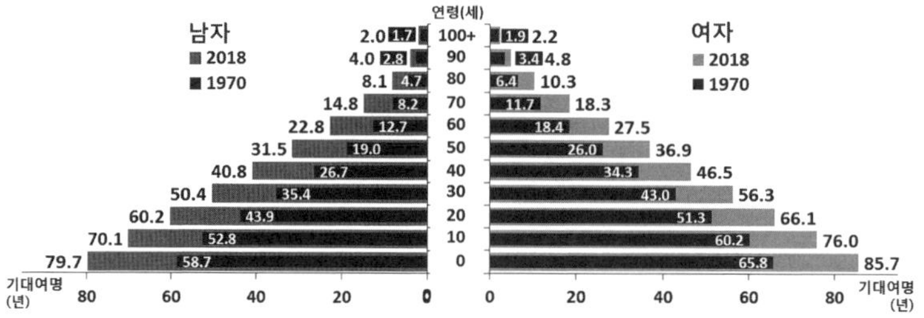

※ 자료: 통계청발표 2018생명표

계청이 2019년 처음 발표한 국민이전계정은 자녀교육비 투자에 따른 노후자금 부족에 대한 이유를 설명하고 있다.

국민이전계정을 공부해 보자. 국민이전계정이란 국민 전체의 연령별 소비와 노동 소득에 대한 정보를 활용하여 개인 단위의 연령별 경제 활동에 대한 흑자와 적자구조를 파악해 내는 것이다.

2016년 기준으로 보면 대한민국 국민 전체 생애주기적자의 총량은 110조원이다. 생애주기적자는 노동으로 얻은 소득에서 소비로 지출한 비용을 뺀 값이다. 2016년 전체 노동소득은 842조원인데 반해 소비는 952조원이다.

연령계층으로 나누어 보면 흥미로운 결과가 나온다. 생애주기에서 가장 큰 적자는 언제일까? 바로 소득이 없는 0세부터 14세까지 유년층과, 노령인구로 접어드는 65세 이상 노년층이다. 유년층은 약 130조원 적자, 노령층은 약 112조원 적자를 기록하고 있다. 반면 노동활동연령층인 15세부터 64세 까지는 112조원의 흑자를 기록했다.

이를 더 세분화해서 보면 1인당 생애주기적자는 16세에서 2,867만원으로 최대 적자를 보인다. 41세에는 1,435만원으로 최대 흑자가 나타난다. 1인당 생애주기적자는 연령 증가에 따라 '적자 → 흑자 → 적자' 순서의 3단계 구조로 진행된다. 흑자가 처음 나타난 나이는 27세이고 59세가 되면 다시 적자로 전환된다. 다시 말해 소득보다는 지출이 더 많이 발생하고 있다는 의미이다.

생애주기적자(1인당)

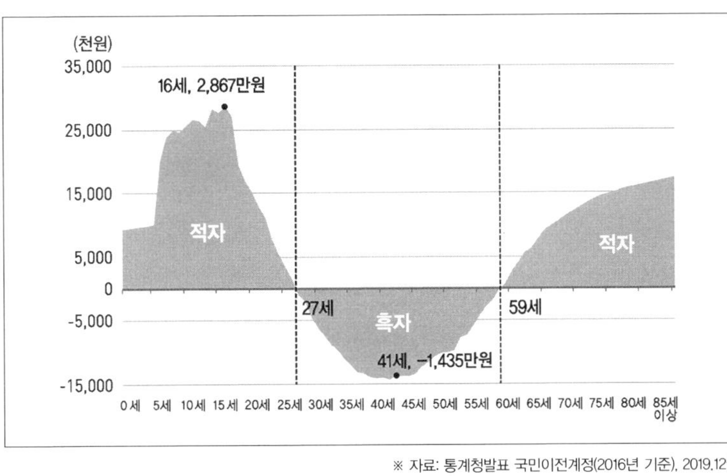

※ 자료: 통계청발표 국민이전계정(2016년 기준), 2019.12월

16세에 가장 큰 적자가 나는 이유는 무엇일까? 가장 큰 이유 중의 하나가 바로 교육부문에 대한 소비 때문인 것으로 나타난다. 교육부문의 소비는 공공부문 교육소비와 민간부문 교육소비로 나눈다. 공공부문은 공교육에 투자하는 부문이고 민간부문 교육소비는 사교육 투자부문이다. 초등학교 5학년이 되는 연령인 11세 때 1인당 공공 교육 소비는 981만원으로 최대가 된다.

1인당 공공 교육소비 (단위: 천원)

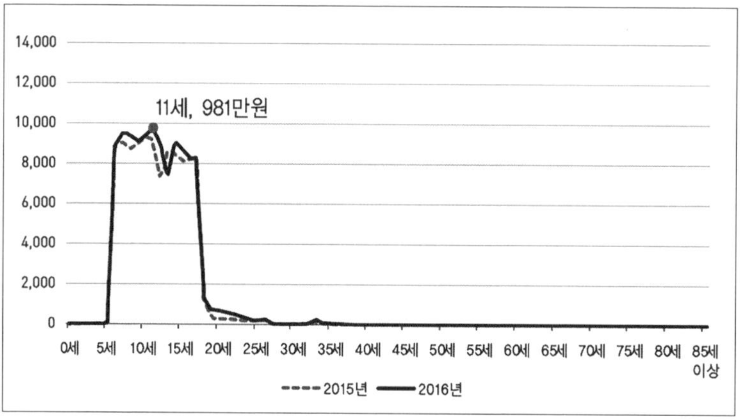

※ 자료: 통계청발표 국민이전계정(2016년 기준), 2019.12월

더 큰 문제는 민간부문 교육소비이다. 민간 교육소비는 유년층에서 21조원이 발생한다. 2019년 사교육통계와 거의 유사하다. 민간 교육소비는 전년 대비 3.5% 증가하는 등 계속 증가하고 있다. 민간부문 교육소비가 최정점에 달하는 시기는 16세이다. 학

령나이로 보면 고등학교 1학년이 된다. 중학교 2학년에서 고등학교 1학년까지가 사교육비 지출의 정점인 셈이다.

1인당 민간 교육소비 (단위: 천원)

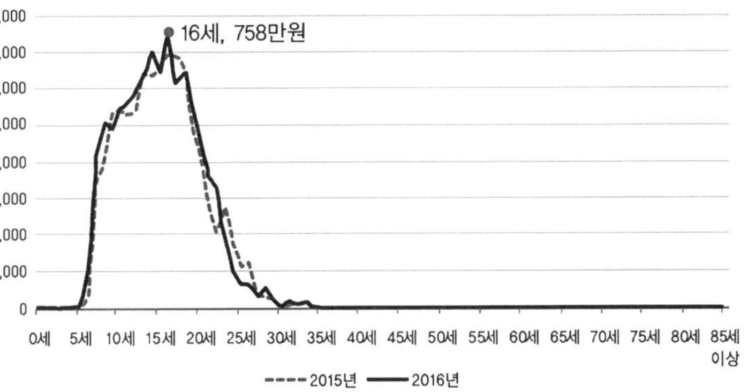

※ 자료: 통계청발표 국민이전계정(2016년 기준), 2019.12월

이처럼 우리나라의 경우 학령기에 접어드는 5세부터 대학교에 입학하는 20세 이전까지 공공부문과 민간부문 할 것 없이 교육비에 대한 지출이 가장 많은 부문을 차지한다. 교육이 100년 대계이고 지금까지 대한민국을 세계 최고의 성장국가로 만들어 놓은 데는 교육이 큰 역할을 했다는 점에서 이의는 없다. 다만 공공부문의 교육지출은 이해가 되지만 민간부문의 교육지출이 학령인구가 계속 감소함에도 불구하고 증가한다는 사실은 한번 생각해 볼 필요가 있다. 왜냐하면 민간부문의 지출은 곧 내 노후자

금이 없어지고 있다는 사실을 의미하기 때문이다.

현재 기준으로 1인당 소득은 41세에 3,209만원으로 정점에 오른다. 그러나 59세에 이르면 노동소득은 1,776만원으로 줄어든 반면 소비는 1,855만원으로 늘어난다. 적자가 79만원이 된다. 적자 인생이 시작되는 시점이다. 60세 이상의 기대수명이 평균 25년 이상임을 감안할 때 25년 이상 동안 적자를 메꾸는 준비를 해야 할 것이다.

지금까지는 교육비의 관점에서 우리 노후자금을 바라보았다. 시각을 조금 바꿔서 우리 노후자금 관점에서 교육비를 바라보자. 2020년 3월 구인구직 사이트인 '사람인'에서 직장인 1,538명을 대상으로 노후자금에 대한 설문조사를 했다. 조사결과 직장인들은 평균 7억원이 있어야 노후대비가 가능하다고 생각하는 것으로 나타났다. 그러나 대부분은 은퇴시점에서 자금을 마련하긴 힘들 것으로 예상하고 있다. 응답자 10명 중 8명(78.9%)은 노후에 대한 불안감을 느낀다고 밝혔다.

2012년 발표한 보건복지부 통계에 따르면 자녀 한 명이 태어나 대학 졸업까지 드는 비용이 3억 896만원이다. 양육비를 제외한 순수 교육비는 1억원이다. 부모의 입장에서 보면 자녀에 대한

양육비용이 노후 자금의 가장 큰 걸림돌이다. 이제 학부모가 아닌 부모로서 아니, 노후를 준비하는 자연인 개인으로서 냉정한 판단을 해야 할 때가 되었다.

부모재정의 중심은 어디인가요?

경제학자 이스털린의 역설(Easterlin's Paradox)처럼 소득과 부가 증가한다고 반드시 행복이 증가하지는 않을 것이다. 그러나 전례없이 빨리 진입한 초고령 사회를 경험하고 있는 베이비부머 세대는 자식의 교육농사가 자신의 행복이라고 여겼던 우리 부모 세대와는 달리 이스털린의 역설을 거부한다. 특히 경제력이 뒷받침되어 누리는 경제행복은 행복의 요소 중에 최고라고 한다. 노후에 만끽하는 '행복경제학'을 우리는 누릴 필요가 있다.

II

Chapter

누구에게나 말 못할 고민은 있다

다르게 배워야 다르게 성장한다

1
6세 아이를 둔 부모에게

엄마의 고민 : 세 아이를 둔 엄마입니다. 학교 입학 전에 한글읽기, 쓰기, 수학 연산까지 마스터하고 보내야한단 말을 들었던 지라 학습지도 늦지 않게 시작해서 벌써 3년 정도 된 것 같아요. 아이가 수업 중에 산만한 것도 있지만 이제야 한글을 조금씩 읽기 시작하고 숫자도 100까지 겨우 쓰는 것 같아요. 언제 읽고 쓰고 할지 걱정입니다. 제가 직접 해보려고 학습지 숙제와 다른 교재로 수업을 해봤지만 제 목소리만 커지고 아이는 교재를 조금하다가 1분도 안돼서 다른 걸하고 집중을 잘 못합니다. 이러다 공부에 흥미를 잃을까 걱정 됩니다. 어떻게 하면 집중도 높은 아이로 키울 수 있을까요?

To 부모님!

6세 아이인데 3년 전부터 학습지도를 하셨다면 상당히 빠른 편입니다. 유아기의 아이들도 성향에 따라 학습을 받아들이는 형태가 다양합니다. 아이의 경우는 한 곳에 집중하기 보다는 여러 가지를 해보고 싶은 우뇌형 기질이 있는 아이인 것 같습니다. 물론 대부분의 아이들은 좌뇌와 우뇌 성향을 동시에 가지고 있습니다. 또한 뇌유형은 학습 환경에 따라 바뀌기도 합니다.

어머니의 고민을 읽다보니 어머니의 개입도가 아이의 학습 성향에 비추어 볼 때 높은 것으로 생각됩니다. 이유는 엄마가 직접 아이를 가르치면서 아이의 눈높이 보다는 엄마의 눈높이에서 아이를 보고 있기 때문입니다. 예를 들어 '6세 아이가 100까지 쓰는 것'은 아이의 목표가 아니라 엄마의 학습 목표이기 때문입니다. 따라서 아이가 엄마의 눈높이를 맞추는 것 보다는 엄마가 아이의 눈높이를 맞추는 노력이 필요할 것 같습니다.

또한 '아이가 산만하고 집중하지 못한다는 것'은 엄마의 표현이지 아이가 '산만한' 상태는 아닙니다. 그런 경우라면 얌전하지만 책상 위에 앉아서 아무것도 하지 않는 아이 역시 산만한 아이와 다를 게 없습니다. 아이가 집중하지 못하는 데는 여러 가지 원인이 있습니다. 그러나 아이들은 특수한 경우를 제외하고는 대부분 양육 태도로 인해 산만해지는 경우가 더 많습니다. 산만함과 집중력은 100% 상관관계가 있는 것은 아니지만 산만해지기 때문에 집중력이 떨어지는 것은 사실입니다. 산만함 때문에 집중력이 떨어진다면 엄마가 아이에게 지나치게 참견하거나 아이의 능력을 넘어선 과도한 요구나 기대수준을 가지고 있는가를 살펴보아야 합니다.

공부 외에도 공부방의 환경이나 가정의 유대감 정도 등도 아이의 집중력과 관계되는 요인이 될 수 있습니다. 따라서 평소에 집안에서 큰 소리가 난다든가 부부싸움이 잦거나 하는 경우도 집중력을 떨어뜨리는 원인이 되기도 합니다. 이제 유치원이나 어린이집에 다니는 6세가 되면 아이의 산만함이 눈에 띄게 나타납니다. 그러나 이러한 아이의 산만함은 성장의 한 과정이지 집중력이 떨어져서 문제가 되는 것은 아닙니다. 오히려 이를 고치기 위해 이리저리 궁리를 하다가 아이들이 산만해지는 경우가 더 많다는 점을 이해해야 할 것입니다. 마치 어린 시절 연날리기를 하면서 연이 날지 않는다고 계속 이리저리 달리다가 '달리기 연'을 만들어서 정작 바람이 불 때는 연을 띄우지 못하는 경우라고 할 수 있습니다.

엄마에게 아이의 집중력을 높이기 위한 3가지 조언을 드립니다.

첫 번째는 환경개선입니다. 집 안이 어지럽고 산만하면 아이도 들뜨고 긴장 상태에 있게 됩니다. 따라서 집 안을 차분하고 조용하게 꾸밀 필요가 있습니다. 벽지나 바닥재도 정서적으로 안정된 톤으로 선택하고 밖의 소음을 차단하기 위해 커튼을 다는 것도 하나의 방법입니다. 아이가 좋아하는 놀이를 할 때는 TV소음

등 불필요한 소음을 줄여주는 방법입니다.

두 번째는 놀이기구를 통해 아이가 집중할 수 있는 힘을 길러주는 것입니다. 가장 좋은 방법은 블록이나 퍼즐 등의 놀이를 통해 완성시키는 기쁨을 맛보게 하는 것입니다. 조금 시간이 걸린다 하더라도 아이가 몰입해서 완성할 수 있도록 기다려 주어야 합니다. 이러한 놀이는 아이에게 차분함과 몰입을 높여주는 에너지를 만들어 줍니다. 몰입은 향후 학습과정에서 가장 긍정적 영향을 미치는 요소 중의 하나가 됩니다.

마지막으로 가장 중요한 부분은 아이의 기질을 이해하고 아이와 눈높이를 맞추는 일입니다. 아이들의 타고난 기질은 다 다릅니다. 그러기 때문에 같은 또래 다른 아이와의 비교를 통해 판단을 하는 것은 금물입니다. 특히 학습 성장과 관련해서 상대적으로 많이 앞서가는 아이들을 보면서 우리 아이를 비난한다든가 핀잔을 주는 행동은 절대 해서는 안 됩니다. 우리 아이만이 가지고 있는 좋은 점과 긍정적인 요소를 발견하여 이를 더욱 잘 할 수 있도록 지지해 주는 것이 좋은 부모의 역할인 것입니다. 아이가 자존감이 높을 때 집중력이 현저히 좋아지고 몰입을 하면서 학습에 대한 향상도 자연스럽게 이루어지기 때문입니다.

※ **권장도서** : 6세 아이에게 꼭 해줘야 할 59가지, 중앙M&B편집부, 중앙M&B주니어

2

초등학교 1학년 아이를 둔 부모에게

아빠의 고민 : 초등학교 1학년 자녀를 둔 아빠입니다. 4~5살부터 본인이 오빠 공부하는 것을 보고 학습지 시켜달라고 말을 하더군요. 처음엔 흥미로 시켜보기로 했습니다. 본인이 스스로 규칙적으로 학습지를 해 나가는 게 기특하기도 하고 걱정이 없겠다 싶었는데…, 몇 년 지난 지금은 문제가 조금이라도 어렵고 생각 좀 해야 하면 마음잡고 풀면 2초도 걸리지 않을 걸 1분도 걸립니다. 동기부여를 해주면 맘 잡고 잘 하는데, 그런 것이 없으면 연필을 잡고만 있으니, 속이 답답하기도 하고 얼마나 하기 싫으면 저럴까 싶기도 하고 걱정입니다.

To 부모님!

아이가 오빠의 공부하는 모습을 보면서 스스로 학습지를 시켜달라고 요청하는 것을 보면 성격적으로 꽤나 적극적이며 외향적임을 알 수 있습니다. 아이가 유아기를 지나 아동기에 들어서면 사고와 인지기능의 변화와 함께 환경적 변화를 겪게 됩니다.

바로 정규교육과정인 초등학교 1학년이 되는 것입니다. 2017년부터 적용된 2015개정교육과정은 과거 9차 개정교육과정에 비해 학습량이 줄었다고는 하나 초등학교 1학년 1학기 학습 분량을 보더라도 국어 교과서 344쪽, 수학 교과서 220쪽으로 여전히 초등학교 1학년에게는 부담스러운 것이 사실입니다.

이러한 갑작스런 학습 환경의 변화는 아이들의 인지기능이나 정서기능의 발달과는 일치하지 않습니다. 이유는 초등학교에 입학하는 시기가 되면 아이들은 논리적 사고와 인지를 담당하는 좌뇌도 발달하지만 공간 · 입체적인 사고기능과 상상력을 담당하는 우뇌도 함께 발달하기 때문입니다. 따라서 이 시기가 되면 아이들의 신체적인 활동도 활발해지고 아이들의 상상놀이도 절정에 다다르게 됩니다. 좌뇌와 우뇌가 골고루 발달해야 한다는 것을 의미하는 것입니다.

그러나 초등학교 1학년이 되면 학교의 학습 환경이나 부모의 요구사항은 아이들의 뜻대로 진행되지 않습니다. 바로 학교 공부는 읽기와 수를 계산하는 논리적 사고를 하고 계획을 세우기를 권하는 좌뇌 발달과 관련 되어 있기 때문입니다. 우뇌가 뛰어난 우리 아이의 경우는 이러한 학습 환경 변화에 잘 적응을 못하는 경우라고 생각이 됩니다.

공부머리를 키우는 BDNF를 들어 보셨나요? 뇌과학적 관점에서 BDNF(Brain derived neurotrophic factor)는 뇌유도 신경영양인자를 말합니다. BDNF는 뇌에서 자연적으로 만들어지는 단백질입니다. 학습, 공부, 기억과 관련이 있는 곳인 해마, 측두엽, 전두엽에서 가장 많이 만들어 집니다. 아시다시피 해마는 단기 기억이 머무는 장소이고, 측두엽은 언어를 관장하는 영역이며, 전두엽은 인지와 사고 전반을 다루는 영역입니다. 다시 말해 이 세 영역은 공부와 학습에서 빼놓을 수 없는 뇌의 핵심영역이 되는 것입니다.

특히 초등학교 1학년이 되면 본격적으로 공부를 시작하는 시기이므로 BDNF가 상당히 중요합니다. 그런데 BDNF라는 공부 단백질은 스트레스에 상당히 예민합니다. 스트레스를 느끼고 불안한 마음이 들면 BDNF는 생성을 멈추고 뇌세포에 단백질 공급을 끊게 됩니다. 그러면 결국 기억력에 문제가 생기고 학습도 제대로 할 수 없게 됩니다.

우리 아이가 문제풀이를 할 때 시간을 많이 소비하는 것은 바로 문제풀이에 있어서 스트레스를 받는다는 것입니다. 답을 맞추기 위해 시간을 보낸다기보다는 일시적인 스트레스 때문에 문제풀이는 하지 않고 그 상황에서 엉뚱한 상상을 하는 것을 의미합니다. 이러한 문제는 우리 아이 뿐만 아니라 많은 아이들이 시험

문제를 풀 때 발생하는 현상이기도 합니다. 이럴 때 야단친다거나 큰 소리를 지르게 되면 아이의 스트레스 지수는 더욱 높아지고 급기야는 뇌의 활동을 멈추게 됩니다.

따라서 우리 아이에게는 다음과 같은 3가지 해결방법을 통해 정상적인 뇌 활동을 할 수 있도록 해야 합니다.

첫째, 불안을 느끼지 않도록 마음이 편안한 환경을 제공해야 합니다. 문제 하나라도 틀릴까봐 전전긍긍하고 학원시간에 쫓기는 등 공부에 시달리면 BDNF 생성에 적신호가 켜지는 것은 당연하기 때문입니다.

두 번째는 적절한 신체활동이 중요합니다. BDNF는 몸을 움직이며 땀 흘리는 시간을 보낼 때 더욱 잘 만들어 집니다. BDNF는 아이가 재미있게 뛰어노는 동안에 그 원료를 차곡차곡 만들어 놓았다가 공부를 하면 그 원료를 뇌세포에 제공하는 신기한 시스템을 따르기 때문입니다.

마지막으로는 지나치게 서두르면 아이의 공부머리를 형성하는 데 방해만 될 뿐이기 때문에 적절하게 몸을 움직이면서 공부를 하도록 도와주어야 합니다. 아이가 스스로의 학습 속도에 맞추어 천천히 편안한 마음으로 공부할 때 공부머리가 원활하게 형성된다는 점을 잊지 말기 바랍니다.

※ **권장도서** : 초등 6년 공부머리 만들기, 곽윤정, 지식채널

3 초등학교 2학년 아이를 둔 부모에게

엄마의 고민 : 초등 2학년 딸아이를 키우고 있습니다. 아이는 학원 두 곳과 학습지 6과목을 하고 있습니다. 아이가 학교수업 마치고 집에 돌아오면 5시에서 5시반 정도 됩니다. 그냥 수업만 충실히 하는 것 같아요. 복습이라고는 전혀 없고요. 노는 시간도 솔직히 없긴 하지만 스트레스 받을까봐 복습을 하라고 잔소리 하는 것이 무섭습니다. 엇나갈까봐서요. 그나마 시키는 대로 따라와 주는 것이 다행이다 싶기도 합니다. 학교에서 받아쓰기나 단원평가 하는 전 날이면 발등에 불 떨어집니다. 미리미리 복습을 하면 좋을텐데 시간이 조금이라도 생기는 날이면 친구들과 놀려고만 하니 답답할 뿐입니다. 어느 날 큰아이가 그러더군요. 자기는 공부랑은 적성에 안 맞는 것 같다고요. 공부에 관심이 없는 걸까요? 이 아이를 어쩌면 좋지요?

To 부모님!

어머니의 고민은 엿보이나 성장기적 관점에서 보면 크게 걱정하지 않아도 될 것 같습니다. 초등학교 2학년이 되면 아이들의 학습 부담이 생기기 시작하는 시기입니다. 학원 2곳과 학습지 6

과목을 소화해 내는 초등학교 2학년의 하루를 상상해 보시지요. 아이들의 입장에서 보면 그렇게 흥미롭지 만은 않은 일상입니다. 9살쯤 되는 2학년 아이들은 가장 신체활동이 활발한 시기를 맞게 됩니다. 공부보다는 친구들과 어울려서 이리저리 다니거나 운동하는 것을 좋아하는 시기입니다. 따라서 아이들이 원하는 만큼의 신체활동이 따라주지 않으면 학습과 관계되는 인지활동도 약화되기 마련입니다. 초등학교 2학년이 되면 아이들도 스스로 시간을 관리하기 시작하는 시기입니다. 따라서 아이의 경우도 엄마의 말을 거슬리지 않은 선에서 공부를 하고 자투리 시간은 자신만의 시간을 갖는 멘탈 어카운팅(Mental Accounting)을 하게 됩니다. 이러한 자신만의 시간관리 방식이 부모의 눈으로 보면 합리적이거나 효율적으로 보이진 않습니다. 그런 이유로 부모와 아이 사이에는 인식의 차이가 생깁니다. 표면적으로는 잔소리가 본격적으로 시작되는 시기가 이때입니다.

제가 진단하기에는 현재 아이의 학습 부담이 아이가 갖고 있는 인지학습 역량에 비해 많은 것 같습니다. 그렇다고 아이가 공부에 뒤쳐진다는 이야기가 아닙니다. 또래 아이들이 가지고 있는 평균적인 현상을 겪고 있는 것입니다. 그런데 이 시기에 부모의 입장에서 잊지 말아야 할 부분은 부모가 계속 아이들에게 공부를 강요하거나 아이의 시간 관리에 너무 개입하면 아이들이 타성에

젖어 자기 삶의 주도권을 잃게 된다는 사실입니다. 어떤 아이는 표면적으로 부모에게 불만을 표시하지만, 많은 아이들이 표시를 하지 않고 입을 다무는 경우가 있습니다. 이러한 경우는 많은 시간이 지난 후에야 문제가 있음을 깨닫게 되지만 그때는 많이 늦은 것이 될 수 있습니다.

현재 다니는 학원이나 학습지를 좋아하지 않고 숙제 하듯이 기본만 한다는 것은 아이의 입장에서 보면 학습에 대한 부담을 가지고 있다는 신호음이 감지됩니다. 이런 상황에서는 2가지를 조언 드리고 싶습니다.

첫 번째는 게임의 룰을 바꾸어서 스스로 자신의 스케줄을 짜도록 유도하는 것입니다. 아마도 학원 2곳과 학습지 6개는 아이의 룰이 아니라 엄마의 룰일 가능성이 많습니다. 따라서 아이에게 선택권을 부여하면 아이도 나름대로의 선호 순위를 가지고 학원과 학습지를 고를 것으로 생각됩니다. 이 부분에서 아이는 흥미와 스스로 결정했다는 책임감이 생기게 됩니다. 비록 학습의 성과와 진도가 늦어진다 하더라도 학습효과는 시간이 갈수록 상승하는 모습을 볼 수 있을 것입니다.

두 번째는 독서활동을 권하고 싶습니다. 초등 2학년의 독서는 인지발달 과정에서 창의성과 감수성을 풍부하게 하는 아주 중요한 활동입니다. 또한 아이들이 지적 호기심을 가지고 독서력을 키우는 데 있어서 아주 중요한 시기입니다. 현재 우리 아이의 상황을 본다면 스스로 찾아서 하는 독서를 하는 것은 불가능해 보입니다. 독서가 단순한 책읽기가 아니라 독서를 통해 스스로 생각하는 힘을 길러주는 역할을 한다는 점을 아시면 좋을 것 같습니다. 아이의 생각을 지지하고 스스로 생각하는 힘을 길러주는 환경을 만들어 주는 것이 좋은 부모의 역할입니다.

4
초등학교 3학년 아이를 둔 부모에게

엄마의 고민 : 초등학교 3학년 딸아이를 둔 엄마입니다. 요즘 들어 부쩍 공부에 흥미가 없어지고 학습지조차 풀려고 하지 않아요. 매일매일 챙긴다고 해도 했다고 거짓말까지 해가면서 눈속임을 하고 있어요. 맘 같아선 푸는데 시간 많이 안 걸리니까 빨리 풀고 놀았으면 좋겠는데. 그게 잘 안되네요. 혼자 하라고 해서 그런가 해서 옆에 두고 풀어보라 해도 제 속만 터지고 '이게 뭐지?'란 생각까지 듭니다. 포기해버릴 수도 없고. 공부에 잠시 흥미를 잃은건지 공부 자체가 싫은건지 알 수가 없어요. 이제 3학년이라 공부할 분량도 많은데 이 많은 과목을 어찌 지도해야 할지 난감합니다. 어떤 지도가 좋을까요?

To 부모님!

초등학교 3학년이 되면 학교에 따라서는 과목별로 시험을 치르게 됩니다. 아이가 학원을 다닐 경우는 시험대비 문제풀이가 시작되는 시기입니다. 처음으로 아이가 자신이 평가 받는다는 것을 느끼는 순간입니다. 정도의 차이는 있으나 대부분의 아이들은 스트레스를 받기 시작합니다. 특히 엄마의 개입이 많아지면 많아질수록 아이들의 스트레스는 가중됩니다.

이러한 스트레스에 아이들의 반응은 제각각입니다. "엄마! 공부하기 싫어" "학원 안 갈래!" 하는 표현은 직접적인 의사표시입니다. 그러나 많은 아이들은 직접적 의사표시 보다는 간접적인 의사표시를 통해 부모에게 시그널을 줍니다. 이 신호음을 감지한다면 부모는 당연히 반응을 보여야 합니다. 그런데 아쉽게도 많은 부모들은 이 신호음을 무시하거나 심지어는 오히려 아이들을 더 자극하게 됩니다. 잔소리가 큰소리로, 큰소리가 욕으로 바뀌는 순간 아이들은 자신들만의 피난처를 찾게 됩니다. 대표적인 피난처가 '거짓말의 동굴'입니다. 아이들의 거짓말은 유아기인 3~4살 때부터 시작될 정도로 일반적인 것입니다.

유아기에 하는 거짓말은 주로 현실과 상상을 구분하지 못해 하는 거짓말입니다. 아이들의 엉뚱한 상상력을 부모 입장에서 거짓말로 받아들일 수 있습니다. 초등학교 3학년인 10살 아이들이 하는 거짓말은 주로 자기 과시나 자기 존재감을 드러내기 위한 것입니다. 그런데 이런 거짓말을 하는 아이들에게 부모가 야단을 치거나 "너 자꾸 거짓말 하면 밥 안 줄거야!"와 같은 출구 없는 대안을 제시하는 경우 아이들은 더 큰 일탈을 생각하게 됩니다. '거짓말의 동굴'과 유사하지만 비교되는 현상 중의 하나는 부모에게 자신을 잘 보이고 싶어 거짓말을 하는 '착한 아이 신드롬(Good Boy & Girl Syndrome)'이 있습니다. 아이가 다른 사람의 눈치를 지나치게 살피면서 자신의 의견을 잘 내세우지 못하고 다른 사람이 자신을 어떻게 평가하는지에 대해 유난히 관심이 많다면 '착한 아이 신드롬'일 가능성이 높습니다. 착한 아이 신드롬에 빠진 아이들은 숙제도 잘 하고 학원도 잘 갑니다. 그러나 자신이 잘못한 게 아닌데도 친구에게 사과를 하고, 어쩔 수 없는 상황 때문에 잘못을 했을 때도 부모님이나 선생님이 화를 내는 것이 무서워서 무조건 잘못했다고 합니다. '착한 아이 신드롬'은 적어도 부모의 입장에서 보면 문제가 아닌 것처럼 보이는 경우가 많습니다. 그러나 이 역시도 아이의 자존감과 자신감이 부족해서 나오는 현상입니다.

이 두 가지 현상은 모두가 아이들의 자존감이 떨어질 때 나오게 됩니다. 따라서 우리 아이가 이런 문제로 고민하고 있다는 것을 인식했을 때 2가지로 조언을 드리고 싶습니다.

첫 번째는 '칭찬과 지지하기'입니다. 칭찬과 지지는 아이의 자존감을 높이는데 있어서 가장 필수적인 요소입니다. 따라서 '거짓말을 하거나 알고 있는 문제임에도 불구하고 문제를 풀지 않고 딴 짓을 하는 경우'라 하더라도 직접적으로 아이를 비난하기 보다는 간접적인 칭찬을 통해서 아이들이 '우리 엄마는 세상에서 나를 가장 지지해 주는 사람'이라는 생각을 하도록 해 주어야 합니다.

두 번째는 공부하는 환경 바꿔주기를 권합니다. 초등 3학년이 되면 이제 본격적으로 '학습과 평가'라는 잣대로 아이를 보기 시작합니다. 그러나 아이들은 여전히 다양한 활동을 하고 싶어 합니다. 따라서 너무 많은 문제풀이 보다는 아이가 좋아하는 신체활동이나 책을 읽게 하는 독서습관 등을 길러주는 것을 추천합니다. 아이들이 하는 활동에는 신체활동, 예술활동, 인지활동이 있습니다. 이 3가지 중에서 아이들이 가장 좋아하는 활동은 신체활동이고 두 번째가 예술활동 그리고 마지막이 인지활동입니다. 반면 부모들은 인지활동을 가장 선호하고 신체활동을 가장 선호하지 않습니다. 그러나 학습과 연관성이 있는 인지활동도 신체활동과 예술활동이 수반될 때 훨씬 오래가고 지속적으로 발달하게 되기 때문입니다.

※ **권장도서** : 신의진의 초등학생 심리백과 / 갤리온 / 신의진 지음

5
초등학교 4학년 아이를 둔 부모에게

엄마의 고민 : 초4학년 남자아이를 둔 엄마입니다. 두 명의 누나들의 영향인지 또래 남자아이들에 비해 차분한 편이고 학습지도 미루지 않고 잘하는 편이었습니다. 올해 들어 사춘기가 시작된 건지 모든 행동이나 말투가 작년과 너무 다릅니다. 학습지도 특히 수학은 어제 풀었던 것을 모른다고 해서 알려줘야 풀고 다음날 같은 문제를 또 한 번 알려줘야 합니다. 당연히 몇 달 전에 풀었던 문제들은 처음 보듯 모른다고 하네요. 왜 그럴까요?

To 부모님!

두 명의 누나와 엄마 틈 속에서 자라나는 우리 아이가 10살 전까지는 자신의 생각보다는 누나들이나 엄마의 행동을 따라하거나 말을 듣는 것이 자연스럽습니다. 그러나 초등학교 4학년이 되면 남자아이들도 사춘기 초기라 불리는 제2차 성징기에 들어섭니다. 빠른 아이들은 초등학교 3년부터 늦은 아이들은 초등학교

5~6학년 때 대부분 나타나는 현상입니다. 우리 아이처럼 남자아이들의 경우는 남성 호르몬이 본격적으로 나오기 시작하는 시기이기도 합니다. 이 시기가 되면 아이들은 엄마와 누나 등 자신이 가장 의존했던 가족들에 대한 의존성에서 탈피하고 스스로 생각을 하게 되는 자아를 만들어 갑니다.

그러나 이러한 자연스러운 성장에 반해 표면적으로 나타나는 아이의 반응은 부모들이 보기에는 그리 자연스럽지 못한 현상으로 나타납니다. 갑작스런 아이의 반말, 자신의 방문을 닫고 문을 잠그는 행위, 엄마가 보기에는 뻔한 거짓말 등이 대표적으로 나타나는 현상들입니다.

우리 아이도 자연스러운 성장의 단계를 밟고 있습니다. 내면적으로 이 시기가 되면 아이들의 마음속에는 두 명의 자아가 싸움을 시작합니다. 독립을 하고 싶은 자아와 여전히 의존적인 자아가 싸움을 하는 것입니다. 엄마에게 거짓말을 하면서도 한편으론 혼날까봐 전전긍긍하고 숙제를 하고 싶지 않으면서도 숙제를 하지 못했다는 의무감에 스스로 자책하기도 합니다. 곁에서 지켜보는 부모보다 더 혼란스러움을 겪고 있는 것입니다.

이러한 아이의 행동을 이해하지 못하면 부모의 반응은 아주

극단적으로 나타납니다. 아이에게 소리를 지르거나 아이의 행동을 제재하는 등 더 많은 개입을 하기 시작합니다. 정도의 차이는 있지만 대부분의 가정에서 아이가 초등학교 4학년 때 겪는 일상으로 보시면 됩니다.

특히 우리나라와 같이 초등학생의 학습 부담이 큰 나라에서는 그 정도가 심한 경우가 많습니다. 예를 들어 초등학교 4학년이 되면 수학과목도 진분수나 대분수 등 분수의 개념이 나오기 시작하고 생각을 하면서 풀어야 하는 스토리텔링형 문제들이 본격적으로 나오기 시작합니다. 단순 연산이나 암기만으로 풀 수 있는 문제들이 아니라 생각을 하면서 단계별로 풀어야 하는 문제들이 나오는 시기가 됩니다. 게다가 불안한 부모들은 선행을 위해 아이들에게 더 많은 학습 부담을 주기도 합니다. 이제 막 걸음마를 떼고 걷기 시작한 아이에게 뛰는 것을 강요하는 격이 됩니다. 이때 아이들의 숨어있던 자아가 강한 반작용을 나타내기 시작합니다. 공부라는 행위가 전혀 즐겁지 않습니다. 문제를 풀 때 유체이탈이 자주 발생합니다. 손과 머리가 따로 노는 것입니다. 모르는 것이 아니라 모르는 척하기도 하고 생각의 단계를 밟아야 하는 문제는 쉽게 포기하는 경향을 보입니다.

이때 아이들의 학습 환경에 잘못 대처하여 부모가 자신의 생각대로 반응을 하면 아이들의 학습에 대한 지구력이 현저히 떨어집니다. 따라서 학습량에 신경을 쓰기 보다는 스스로 학습에 대한 흥미를 계속 유지시키는 노력이 중요합니다. 어려워지는 수학 문제를 풀어가면서 아이가 흥미를 느끼도록 하기 위해서는 스스로 생각하면서 문제를 해결할 수 있는 학습 환경을 만들어 주어야 합니다. 1분이면 푸는 문제가 아니라 1시간을 생각하면서도 단계별로 풀어가는 연습이 필요합니다. 퍼즐을 맞추듯, 게임의 레벨을 올리듯 스스로 흥미를 가지고 문제를 풀 수 있도록 도와주어야 합니다. 지금 필요한 것은 부모의 인내입니다. 기다려 줄 수 있는 용기와 지켜봐 줄 수 있는 배려가 필요한 때입니다.

6 초등학교 5학년 아이를 둔 부모에게

엄마의 고민 : 초등 5학년 여아 엄마입니다. 학교에서 아이는 모범생입니다. 타고난 영재가 아닌, 엉덩이 힘과 성실성으로 모든 과목을 커버하고 있습니다. 다른 이들이 본인에게 갖는 기대치 때문인지 모든 것에 최선을 다하려는 듯 보입니다. 그것이 밖에서 보이는 늠름한 아이의 모습이고 집에서는 사뭇 다릅니다. 한 예로 본인이 풀고 있는 문제가 빨리 풀리지 않거나 정답이 눈에 보이지 않으면 짜증을 내거나 결국 혼자 폭풍오열하며 울어버립니다. 그런 문제 때문에 저도 아빠도 항상 함께 이야기하며 다독여줍니다만 그 순간뿐이더군요. 제가 봤을 때 욕심은 많지만 본인이 따라가지 못한다는 좌절감 때문에 더 힘든 게 아닌가 싶기도 합니다. 본격적으로 공부해야 할 시기도 아닌데, 벌써부터 이렇게 실망하고 좌절하다 너무 빠르게 포기하면 어쩌지란 불안감도 듭니다. 어떤 대화로, 어떤 행동을 해야 이 아이가 공부라는 스트레스에 맞서 이겨내고 즐길 수 있을까요? 고견 부탁드립니다.

To 부모님!

우리 아이가 문제를 풀다가 우는 경우는 2가지 원인으로 분석이 될 수 있습니다. 첫 번째는 자신의 능력보다 어려운 문제를 접했을 때 풀어내지 못하는 감정적 표현을 우는 것으로 나타내는 경우입니다. 두 번째는 초등학교 고학년이 되는 여자 아이들이 일시적인 스트레스를 받을 때 나타나는 일반적인 현상 중의 하나입니다.

첫 번째의 경우를 좀 더 자세히 살펴보면 학습에 대한 역량을 평가하는 인지기능에 있어서 초등학교 고학년이 되면 과목별 선호도가 달라져 과목별 편차가 발생하면서 나타나는 현상으로 보셔도 될 것 같습니다. 예를 들어 아이들의 언어능력과 수리능력의 차이가 초등 고학년부터 서서히 나타나기 시작합니다. 국어나 영어의 경우 기본적으로 언어 기능의 학습 부문이기 때문에 암기력이나 독서력 등을 통해 어느 정도 자신의 실력을 보여줄 수 있어 자신감과 자존감이 높은 반면 수리능력의 경우 단순 연산을 제외하고는 스토리텔링 수학 등에서 요구하는 논리력과 단계별 사고력 등은 언어 기능과는 다른 유형의 역량을 요구합니다. 물론 반대의 경우도 존재하지만 흔히 볼 수 있는 현상은 언어적 능력과 수리적 능력의 차이 때문에 발생하는 인지기능의 차이현상을 이해하지 못해서 나타나는 경우라고 보시면 될 것 같습니다. 이런 경우는 국어와 사회과목 등 언어 능력이 필요한 과목의 문제는 비교적 잘 풀다가도 논리적 단계를 거쳐야 하는 수학 문제에 부딪혔을 때 스스로 풀어내지 못한다는 생각 때문에 감정을 자제하지 못해 우는 현상으로 나타나기도 합니다. 이때 야단을 친다든가 더욱 부담을 주는 이야기를 부모가 하게 되면 아이들은 해당 과목에 대한 자신감을 더욱 잃게 되어 급기야는 자신이 잘한다고 생각하는 언어능력에 까지도 부정적인 영향을 끼치게 됩니다. 이러한 경우 가장 좋은 해법은 '칭찬과 지지하기'입니다. '칭찬'은 아이가 잘하는 부분에 대해 하는 것이지만 '지지'는 아이가 어려워하거나 부족한 부분이 보일 때 해야 효과가 있습니다. 따라서 우리 아이가 특정 문제를 풀지 못해서 부담감에 우는 경우는 충분히 울게 하거나 신체활동 등을 유도하여 조금 아이가 심리적인 안정감을 찾게 하면서 어려운 문제보다는 조금 쉬운 문제부터 다시 천천히 해보도록 환경을 만들어 주어야 합니다. '칭찬과 지지'의 효과는 단박에 나타나는 것이 아니라 시나브로 나타나기 때문에 이 부분에서는 부모의 인내력이 요구됩니다.

두 번째 경우는 흔히 감정처리에 서투른 초등학교 아이들에게 나타나는 현상으로 이해하시면 좋을 것 같습니다. 남자아이들도 나타나지만 여자아이들에게 흔히 많이 나타나는 현상으로 이해하면 됩니다. 특히 우리 아이처럼 책임감이 강하고 성실한 아이의 경우 자신에게 주어진 과제를 달성하지 못했거나 스스로 자신감이 떨어질 때 다른 형태의 감정 분출이나 행동으로 나타내기보다는 우는 것으로 자신의 감정을 표현하는 경우가 있습니다.

자신의 감정을 처리하는 기술이 부족한 초등학생 아이들에게 나타나는 현상으로 보시면 될 것 같습니다. 이런 경우는 순간적이거나 일시적인 현상이 아니라 거의 1년 이상 지속되는 경우도 있습니다. 우는 것은 아이들이 나쁜 감정을 가장 빨리 털어내기 위한 자연스러운 현상입니다. 따라서 운다는 것을 어른들이 우는 것과 같은 감정 상태로 받아들여서는 곤란합니다. 이때 울지 못하게 하거나 우는 행위를 금기시하는 언어를 사용하게 되면 아이들은 자신의 감정을 표현하는 방법을 부정당하게 된다는 인식을 가질 수 있습니다. 특히 책임감이 강하고 성실한 우리 아이의 경우는 자칫 하면 자신의 감정을 부모에게 표현하지 않고 감정의 문을 닫아 버릴 수도 있습니다. 따라서 부모님의 고민에서 보듯이 아이가 성실하게 공부를 하는 아이이기 때문에 충분히 잘하고 있다는 표현을 되도록 많이 해주고 아이가 어려워하는 부분이 있으면 잠시 숨을 고르고 돌아가더라도 늦지 않는다는 것을 아이에게 가르쳐주는 현명한 부모로서의 여유를 가지시길 바랍니다.

7
중2병을 앓고 있는 부모에게

엄마의 고민 : 운동을 좋아하는 아들. 다방면에 운동하는 건 좋아하지만 확실한 꿈이 있는 것도 아니고 갑작스레 프로게이머가 되겠다고 하질 않나? 아무튼 이제는 공부 좀 해야 하는데 전혀 하려 하지 않고 답답합니다. 수학은 문제집이라도 하지만 영어는 전혀 하려 하지 않습니다. 친구들이 좋은 시기라는 건 알지만 벌써 2년이 지나가는 지금 언제까지 기다려 줘야 할까요?

To 부모님!

우리 학생의 경우는 2가지로 고민이 요약됩니다. 하나는 진로에 대한 고민이고 두 번째는 학습에 관한 고민입니다.

먼저 진로에 대한 고민에 대해 조언 드립니다. 운동을 좋아해서 다양한 운동을 섭렵하는 것은 진로선택과는 관련 없지만 운동을 좋아하는 대부분의 학생들은 한번쯤 운동선수가 되고 싶은 생각을 갖게 됩니다. 우리 학생도 그런 면에서 아주 일반적인 아이라고 생각이 됩니다. 또한 '프로게이머'도 게임을 좋아하는 아이들이 가장 많이 하고 싶어 하는 선호직업에 속합니다. 문제는 이러한 꿈이 구체화 되지 못하고 대부분 잠깐의 생각에서 그친다는 점입니다.

중학교 시기가 되면 아이들은 학교에서 또는 가정에서 '자신의 진로에 대한 고민을 구체적으로 해보라'는 압박을 본격적으로 받기 시작합니다. 특히 중학교 1학년 시기를 시험 없이 다양한 진로체험을 하는 '자유학년제'는 아이들의 선택을 조기에 요구하는 수단으로 종종 쓰이기도 합니다. 더욱이 특수목적 고등학교, 자율형 사립고등학교, 특성화 고등학교 등에 진학을 생각하는 학생들은 학교생활기록부 기록에 신경 써야 하므로 진로에 대한 의사결정을 빨리 해야 하는 숙제를 안고 있습니다. 최근 2015개정교육과정에서 요구하는 '창의융합형' 인재 양성도 이러한 조기 진로선택에 한 몫을 하고 있습니다.

그러나 이러한 교육과정이나 입시환경은 학생 개개인의 발달상황이나 선호도하고는 거리가 있습니다. 특히 여러 가지 것을 해보고 싶어 하는 호기심 많은 우리 학생은 이러한 환경에서 선택을 강요받는 것을 아주 싫어하는 경향을 보입니다. 아마 학생은 다양한 것을 경험하고 싶고 신체와 예술적 지능이 발달한 우뇌중심형 학생이 아닌가 싶습니다.

따라서 우리 학생에게는 '어떤 직업을 가져야 한다'라는 압박보다는 스스로 결정할 수 있게 분위기를 만들어 주는 것이 중요합니다. 특히 우리 학생은 자존감이 비교적 강한 아이이기 때문에 스스로 진로를 결정할 때 훨씬 진로선택의 효과도 오래갑니다.

두 번째 학습의 문제는 조금 개입이 필요합니다. 왜냐하면 호기심이 많고 신체활동 선호도가 높은 학생의 경우 학습에 대한 지구력이 부족한 경향이 있습니다. 따라서 우리 학생의 경우 교과학습에 어려움을 겪을 가능성이 높습니다. 특히 문제풀이에 있어서 틀린 문제를 다시 풀거나 수학의 개념노트와 오답노트 등을 정리해서 학습하는 습관을 들이는 데 있어서 다른 유형의 학생들보다는 어려움이 있습니다. 따라서 우리 학생에게는 공부법과 학습방법에 대한 코칭을 받기를 권합니다. 사교육 기관도 있지만 최근에는 다양한 공익목적의 교육기부 등을 통해 학생들의 공부법이나 학습법을 코칭해 주는 기관이나 캠프 등이 있습니다. 이번 겨울방학에 이러한 기회를 학생에게 줄 수 있도록 가까운 지자체나 대학생 동아리에서 주관하는 학습법이나 공부법 캠프를 경험하게 하는 것이 좋은 방법일 것 같습니다.

8

삼성 해외주재원, 자녀교육에 대한 고민

지난 2014년부터 7년째 매달 삼성그룹 해외주재원들을 대상으로 '자녀교육' 특강을 진행하고 있다. 삼성전자, 삼성SDI, 삼성생명 등 삼성그룹 계열사에서는 매년 1,200여명의 해외 주재원들이 나가고 들어온다. 삼성은 전 세계 50개국 이상에 해외 공장, 사무소, 법인 등을 두고 있다. 따라서 주재원이 부임하는 국가는 미국, 캐나다, 멕시코, 아르헨티나, 브라질 등 북미와 중남미 지역, 중국, 베트남, 인도, 인도네시아 등 아시아 지역, 영국, 프랑스, 독일, 헝가리, 체코와 같은 유럽 지역과 나이지리아, 남아프리카공화국 등 아프리카 지역에 이르기 까지 전 세계에 걸쳐 있다. 그야말로 전 세계 모든 대륙에 삼성의 주재원들이 일을 하고 있는 것이다.

주재원들의 가장 큰 고민은 생소한 해외 업무적응에 있다. 그러나 의외의 고민 중 하나가 자녀 교육관련 고민이다. 처음 삼성 주재원 대상으로 강의를 했을 때와 비교했을 때 최근 가장 큰 변화 중 하나는 주재원들의 연령대가 점점 젊어지고 있다는 것이다. 과거에는 주로 중학생과 고등학생 자녀가 있는 주재원이었기 때문에 자녀들의 대학입시에 대한 고민은 한국에 있는 부모들 보다는 덜 하는 편이었다. 이유는 해외 주재원들을 위한 해외특례 전형이 있기 때문이다. 그러나 최근에는 주재원 자녀들의 평균 연령대가 점점 낮아지고 있다. 따라서 약 70% 이상의 주재원 자녀는 초등학생과 유아에 해당한다. 따라서 이들은 3년에서 5년간의 해외 주재원 생활을 마치고 한국에 들어와도 대학입시 특례전형에 해당되질 않는다. 특례대상이 된다고 하더라도 최근 대학입시 3년 특례전형의 경우, 대학 입학 정원의 2%로 정해져 있기 때문에 경쟁률은 점점 올라가고 있다. 이유는 대학 입학 정원은 점점 줄어드는 반면 대입 특례전형의 대상이 되는 학생은 계속 증가하고 있기 때문이다. 중국에만 약 7만명 정도의 한국 국적 학생들이 공부하고 있다. 이들 중 거의 95% 이상의 학생들이 한국 대학을 지원한다고 생각하면 쉽게 이해할 수 있을 것이다.

7년 전 강의를 시작할 때 내 강의의 주제는 해외주재원을 위한 대입 특례전형에 대한 준비 전략이었다. 그러나 점점 대학을 특례로 입학하는 자녀는 줄어든 반면 유아, 초등 그리고 중학생까지 아이들의 스펙트럼이 다양해지면서 강의 내용도 더 다양해 질 수밖에 없었다. 자녀들의 현재 적응에서부터 진학계획, 학원선택 그리고 한국에 다시 돌아올 때 연착륙을 위한 준비에 이르기까지 고민의 정도도 많아졌다. 강의가 거듭될수록 전달해야 할 정보의 양은 많아지고 정보의 질도 깊어질 수밖에 없다. 강의 준비를 위해 미국뿐만 아니라 주요 국가들의 대학입시 정보도 알아야 했다. 최근에는 멕시코, 아르헨티나, 헝가리 등 아주 생소한 국가의 대학입시에 관한 내용까지도 공부해야 할 필요를 느꼈다. 사실 돈을 받고 하는 유료 컨설팅은 아니지만 주재원들의 다양한 질문에 대해 가능하면 도움이 되는 답변을 해주어야 하기 때문이다.

강연이 끝나면 이메일이나 문자 메시지를 통해 질문이 쏟아진다. 질문의 내용은 거의 전방위적이다. 가장 많이 오는 질문을 몇 가지 분류해 보면 다음과 같다. 편의상 대상을 초등학교에서 대학교까지 나누어 보았다.

삼성그룹 해외 주재원들의 연령별 3대 자녀교육 고민 유형

대상	고민 내용
유아	① 영어유치원 비용이 한 달에 100만원 정도로 만만치 않은데 영어실력 유지를 위해 영어유치원을 계속 다녀야 할까요? ② 사교육이 심한 한국과 정체성 문제가 되는 외국 사이에서 아이를 어느 곳에서 어떻게 키워야 할지 걱정입니다. ③ 자녀교육 방향과 관련해서 아내의 생각과 제 생각이 다릅니다. 어떻게 합리적으로 조정을 해야 할까요?
초등학생	① 중학교 특례대상 학교가 점점 줄어드는데 국제중학교 입학은 어떻게 준비할까요? ② 한국에 오니 아이들이 모두 학원에 가고 없습니다. 학원에 꼭 보내야 하나요? 한국에서 학원 선택의 기준은 어떤 것인가요? ③ 아이가 한국 학교에 적응을 잘 못합니다. 대안학교를 보내려고 하는데 추천 부탁드립니다.
중학생	① 학기제 차이 때문에 1년을 늦춰야 할지 아니면 그냥 본 학년에 진학해야 할지 고민입니다. ② 나중에 한국에 들어오면 수학이나 사회과목 성적이 떨어진다고 해서 해외에서도 한국처럼 공부를 해야 하는지요? 방학 때 한국에 들어와서 보충이 필요한가요? ③ 집 근처에 있는 일반고, 영어 과목만 보는 외고 · 국제고 그리고 전국 선발하는 자사고 중 어떤 학교를 선택하는 것이 좋을까요? (비용, 내신 성적, 그리고 대학진학 유불리 관점에서 검토해 주세요)
고등학생	① 특례전형입학과 일반 국제학부 전형 중 어떤 것이 유리할까요? 특례전형 준비를 위해 꼭 학원에 다녀야 하나요? 학원을 추천해 주신다면? ② 한국의 복잡한 입시 때문에 한국에 데려와야 할지 그냥 현지에 놔두고 저만 들어와야 할지 고민입니다. ③ 한국대학, 미국대학 그리고 현지대학 중 어디가 좋을까요? (비전, 비용 그리고 취업 관점에서 알려주세요)
대학생	① 미국의 버클리대학, 한국의 카이스트 그리고 홍콩 과기대에 합격을 했습니다. 어떤 선택이 현명할까요? (비용과 비전 관점에서 검토) ② 영주권이 없어서 미국 취업이 불가능 하다고 하던데, 아이는 미국에서 공부하기를 원합니다. 어떻게 설득해야 할까요? ③ 현지 의과대학을 다니고 있습니다. 나중에 한국에서 의사로 활동할 수 있는 방법이 있을까요?

사실 해외주재원은 일반인들에게 걱정의 대상이라기보다는 부러움의 대상이다. 아이들이 안정적인 환경에서 부모와 함께 해외에 있는 학교를 다닐 수 있는 사람들이 얼마나 될까? 그런 의미에서 보면 자녀교육에 있어서 큰 혜택은 맞다. 그러나 그들의 고민을 듣다보면 말 못할 고민도 많다. 특히 최근에 가장 걱정하는 것 중 하나가 경제적인 부분이다. 아무리 삼성이라는 대기업에서 안정적인 급여를 받는다 하더라도 몇몇 국가의 국제학교나 보딩스쿨 그리고 사립대학의 학비는 상상을 초월할 정도로 많이 들어간다. 우리나라에 돌아와서도 마찬가지다. 한 달에 100만원이 넘어가는 영어 유치원, 몇 백 만원이 훌쩍 넘는 과외, 학비만 4천만 원 이상 되는 제주도나 송도에 있는 국제학교에 이르기까지, 만약 이러한 학교나 교육과정을 선택한다면 가계 재정 측면에서 큰 부담이 아닐 수 없다.

자녀들의 교육비와 관련해서 남편과 아내가 갈등이 생겼을 때 대부분은 일방적으로 아내의 승리로 끝이 난다. 그런데 아내의 선택에는 확실하게 남편의 선택보다는 재정적으로 많이 투자되는 것은 분명하다. 가끔 이러한 갈등 때문에 나에게 메일로 또는 문자로 급하게 질문을 하는 경우가 있다. 나는 단호하게 말한다. 가능하면 돈이 덜 들어가는 쪽으로 선택하라고 한다. 문제는 설득이다. 아내를 설득하기 위해서는 남편이 한국의 입시나 아이들 진로문제에 대해 진지한 고민을 해야 한다. 그리고 합리적인 설득의 논리를 아내와 자녀에게 제공해 주어야 한다는 전제를 단다. 누가 승리했는지 알 순 없지만 전화 피드백이 다시 오는 쪽은 남편의 의견이 관철되는 게 맞는 것 같고, 전화가 오지 않는다면 필시 아내가 승리한 게 맞다. 그런데 생각해 보면 전화가 오지 않은 쪽이 훨씬 많은 것 같다. 내공이 부족했나보다.

III

Chapter

4차 산업과 창의융합인재

다르게 배워야 다르게 성장한다

1

4차 산업혁명과 미래인재

지난 1989년 국민은행에 처음 입행할 당시 은행은 국제전문인력에 대한 수요가 있었다. 당시는 영어를 잘 하는 것이 국제적 경쟁력을 갖춘 인력이라고 생각할 정도로 인재를 설명하기에는 부족함이 있었다. 첫 부임지인 태평로 지점에서 나는 예비인력으로 선정되어 종로에 있는 파고다학원 같은 영어학원에서부터 시청 근방에 있는 영국문화원에 이르기까지 많은 학원과 영어교육기관에 다녔던 기억이 있다. IMF 이후 본격적인 금융시장 개방이 시작되면서 글로벌 경쟁력을 갖춘 인재의 정의가 달라지기 시작했다. 영어는 기본이고 해당업무에 대한 해박한 지식이 중심이 되었다.

2003년 시카고대학 경영대학원을 마치고 삼성금융계열사에 해외 핵심인력으로 채용되었을 때 나는 또 하나의 인재군으로 분류되어 있었다. 그러나 정작 내가 어떤 기준에 의해 인재로 분류되었는지는 모르겠다. 단지 미국의 유수한 대학출신과 국민은행 경험 등이 고려되었을 것으로 생각된다. 삼성금융연구소 수석연구원을 그만두고 영어학원으로 유명한 청담어학원의 모회사인 주)청담러닝으로 갔을 때는 내가 인재라기보다는 인재를 뽑는 임원으로서 역할을 했다.

대학을 갓 졸업한 많은 인재들이 청담러닝을 지원했다. 교육회사와 성장하는 회사라는 매력 때문이었으리라 생각된다. 직원을 뽑은 자리에서 나는 내가 평소 생각하는 수동적 의미의 인재상이 크게 잘못 되었다는 생각을 했다. 인재란 좋은 학벌이나 좋은 성적을 가진 사람이 아니라는 사실을 깨닫게 되었다. 직원을 뽑고 함께 일을 해보니 가장 중요한 인재의 덕목은 '업무에 임하는 태도와 속한 조직에 대한 충성도'라는 사실을 깨닫기 시작했다. 그런 기준으로 본다면 과거 내가 속한 조직에서 나는 인재가 아님에 분명했다. 업무에 대한 태도도 진지하지 못했으며 조직에 대한 충성도도 떨어졌었기 때문이다. 이처럼 인재의 정의는 지극히 상대적이지만 보편적인 진리 중의 하나는 '태도와 충성도'라는 사실에는 변함이 없다.

요즈음 많이 이야기하는 제4차 산업혁명시대에 요구되는 인재상을 탐구해 보자.

대공황 직후인 1933년부터 1953년까지 무려 20년간 하버드대학 총장을 맡은 코넌트(James Bryant Conant)는 당시 새로운 인재상에 대한 사회적 요구를 갈파했다. 그는 하버드대학 최초로 대학 내에 문·이과 구분이 없는 자유전공학부를 개설했다. 세계지성사의 위대한 책 중 하나인 토머스 쿤의 〈과학혁명의 구조〉는 코넌트 총장의 학문 간 통섭 과정인 자유전공학부의 산물이다. 당시 물리학과로 입학한 쿤은 화학자이면서 과학사에도 조예가 깊었던 코넌트 총장의 조교로 임명돼 인문사회계열대상의 자연과학개론 교육과정을 만들면서 자연과학 뿐만 아니라 철학, 심리학, 언어학, 사회학 분야의 폭넓은 독서와 토론을 통해 인문학적 소양을 키우게 된다. 쿤이 〈과학혁명의 구조〉에서 처음으로 이야기한 '패러다임'의 개념은 우리 사회가 직면한 4차 산업혁명 변화에 그대로 적용된다. 쿤이 정의한 새로운 패러다임의 출현은 관련 지식의 오랜 축적에 따른 변화가 아니라 오히려 천동설이 패러다임일 때 지동설을 주장한 코페르니쿠스처럼 갑자기 예상치 못하게 오는 '혁명적 단절'을 의미한다.

비록 4차 산업혁명의 시작은 다보스포럼 이사회 의장인 클라우스 슈밥으로부터 출발했지만 새로운 패러다임으로 우리에게 다가온 것은 데미스 하사비스의 딥 마인드를 장착한 구글의 알파고부터 일 것이다. 알파고와 같은 인공지능은 이미 보통 인간의 지능을 넘어선 인간지능의 최고봉이라 할 수 있는 아인슈타인의 지능을 능가할 지경이다.

이러한 '혁명적 단절' 시대에 요구되는 인재상은 과연 무엇으로 정의할 수 있을까? 많은 전문가들이 4차 산업혁명 시대 미래 인재상을 정의하기 시작한다. '생각을 넘어 상상을 만들어낼 수 있는 인재' '점과 점을 잇는 선을 연결하고 자신만의 면을 만들어 내는 인재' '기업가 정신과 창의성을 가진 인재' 등이 그것이다. 이것보다 한발 더 나아가서 고 이민화 교수는 4차 산업혁명 시대 필요한 인재상을 '협력하는 괴짜(Cooperative Greeks)'로 정의한다. 그는 집단창조성을 이끌 인재를 양성하기 위해 지금 우리 사회는 '협력하는 괴짜'를 양성할 수 있는 교육시스템이 필요하다고 역설한다.

지난 정부의 미래준비위원회가 만든 '10년 후 대한민국, 미래 일자리의 길을 찾다' 보고서에서는 광범위한 전문가 인터뷰와 분석을 통해 4차 산업혁명 시대에 필요한 역량을 3가지로 정의하고 있다. 첫째, 창의성을 바탕으로 복잡한 문제를 인식하고 해결할 수 있는 능력, 둘째, 인간과 기계의 공생을 통해 다양성의 가치를 조합하는 대안 도출 능력, 마지막은 기계와 협력하고 소통할 수 있는 역량이다. 미래인재위원회가 정의하는 미래인재상은 한 마디로 '창의성 기반의 문제해결력' '기계와 공생을 통한 대안도출능력' 그리고 '기계와 협력하는 소통능력'을 가진 인재로 정의된다.

'미래에는 코딩, 디자인, 보고서 작성 등 인간이 해오던 인지영역들이 기계로 대체되기 때문에 정보를 활용해 대안을 도출하는 인지 과정에서 기계와 차별화되면서도 기계를 활용해 보다 많은 가치를 창출할 수 있는 역량을 갖춘 인재가 미래인재'라고 이 보고서는 정의한다.

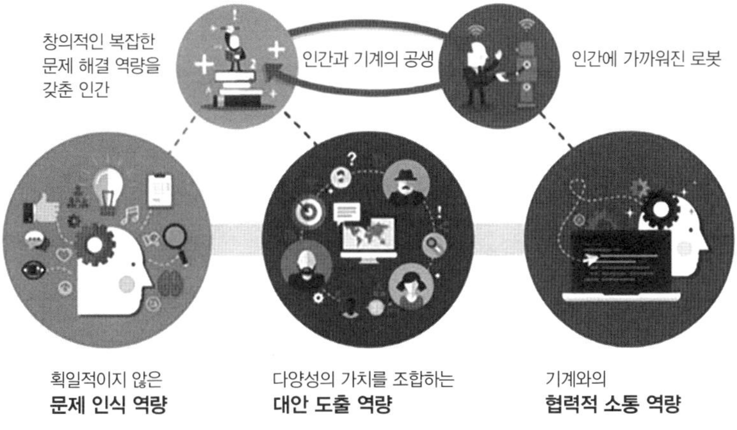

▲**인간에게 필요한 3대 미래역량**(사진 = 미래전략보고서)

정부의 4차 산업혁명 시대 미래인재상은 이미 OECD가 1997년부터 제시한 생애핵심역량(DeSeCo; Definite and Selection of Competencies)과도 상당 부분 일치한다. DeSeCo 프로젝트에서 제시하는 미래사회 3대 핵심역량은 '도구의 상호작용적 활용(Use tools interactively)' '이질적인 그룹과의 사회적 상호작용(Interact in heterogeneous groups)' '자율적 행동(Act autonomously)' 등이 그것이다. 단순한 지식과 기술이 아니라 변화하는 세상에 '소통'과 '융합'을 통해 새로운 가치를 창출할 수 있는 기본적인 소양과 다른 사람을 함께 배려하는 공동체 구성원으로서의 가치를 강조하고 있다.

3대 역량	필요한 이유	세부역량
도구의 상호작용적 활용능력	- 신기술에 대한 적응 - 목적에 맞는 기술의 활용 - 세상과의 능동적인 대화	- 다양한 소통도구 활용능력 - 지식과 정보 활용능력 - 새로운 기술 활용능력
이질적인 그룹과의 사회적 상호작용	- 다원화사회 다양성의 중요성 - 공감능력의 중요성 - 사회자본의 중요성	- 협동능력 - 인간관계능력 - 갈등관리 및 문제해결력
자율적 행동	- 자신의 정체성과 목표의 실현 - 권리행사와 책임수행 - 둘러싼 환경과 기능의 이해	- 빅픽처 속에서의 행동능력 - 인생계획, 프로젝트 구상, 실행능력 - 권리, 관심사, 한계, 필요성을 주장, 옹호하는 능력

그렇다면 4차 산업시대를 맞이한 이러한 미래인재상의 정의를 기업에서는 어떻게 받아들일까? 4차 산업혁명을 최전선에

서 이끌고 있는 구글의 경우 인재상을 '구글다움'(Googleyness 또는 Googliness)으로 정의한다. 구글이 추구하는 Googleyness는 △남들이 재미없어 하는 걸 즐기고 자신이 틀릴수도 있다는 걸 인정하는 지적 겸손 △주인의식 △개방적인 자세 △과감하게 실행하는 용기 △다양성과 융합 능력 △문제를 발견하고 분석하는 능력 등의 개념으로 정의한다. 구글과 같은 기업이 추구하는 미래인재상은 정부나 공적 기구가 정의하는 인재상보다는 훨씬 소프트한 능력을 중시함을 알 수 있다. 창의성과 더불어 인성과 같은 소프트한 역량 역시 중요하다는 점을 강조하고 있는 것이다.

이제 우리는 '자동차를 운전하는 사람'에서 '자동차가 운전하는 차를 타는 사람'으로 변하고 있는 시대에 살고 있다. IoT로 대표되는 초연결사회로 인해 만들어진 빅 데이터를 인간의 뇌가 아니라 인공지능이 분석해내는 세상에 우리는 이미 깊숙이 들어와 있는 것이다. 제조를 기반으로 했던 전통적 기업들이 무너지고 구글, 아마존, 페이스북과 같은 '가치'로 무장한 소프트한 기업들이 전 세계 기업순위의 최상위를 점령하고 있다. 우리 사회도 창의력과 기업가정신을 기반으로 새로운 '가치'를 만들어내고 궁극적으로 새로운 패러다임을 창출할 수 있는 인재를 양성하기 위한 인재양성소를 만들어내야 하는 숙제를 안고 있다. 학교는 그 일을 해야 하는 곳이다.

심리학자 로저 생크는 《위험한 생각들》에서 '지금까지 대부분의 사람들은 학교가 아이들에게 나쁘다는 사실을 별로 진지하게 생각해 보지도 않고, 그런 생각 자체를 거부해 버린다는 점'을 지적했다. 학교의 변화를 바라는 그는 '학교를 폐지하라. 그리고 그곳을 레크리에이션 센터로 바꿔라'라고 역설했다.

4차 산업혁명의 미래인재를 양성하기 위한 학교교육은 혁신적 교수학습방법론을 요구하고 있다. 이번 정부가 주도적으로 추구하고 있는 '메이커운동'이나 '기업가정신을 기반으로 하는 창업과정' 등도 실효를 거두기 위해서는 새로운 교수학습방법론과 이를 뒷받침할 수 있는 에듀테크를 동반해야 한다. 고등직업교육을 전문으로 하는 전문대학에 기업이 필요로 하는 현장의 미래인재를 양성하기 위해 에듀테크를 구현할 수 있는 캠퍼스 인프라 구축이 더욱 필요한 이유다.

2

데미스 하사비스와 알파고

90년대와 2000년대 초반을 흔히 인공지능의 암흑기라고 부른다. 인공지능의 요체인 인공신경망(Artificial Neural Network)의 개념은 이미 1940년대부터 제기된 이슈였고 1956년 다트머스대학에서 열린 '다트머스 AI컨퍼런스'에서 이미 인공지능의 개념이 등장했었다. 그러나 2000년대 초반까지는 뚜렷한 성과가 없었기 때문에 많은 학자와 국가들이 인공지능 연구를 포기하는 상황이었다. 가시적인 성과가 없는 것은 아니었다. 1997년 IBM에서 만든 딥블루(Deep Blue)는 당시 세계 챔피언이었던 러시아의 카스파로프와의 체스 경기에서 승리함으로써 '생각하는 컴퓨터' 인공지능의 건재를 과시하기도 했다. 그러나 초기 AI는 결국 스스로 생각하는 컴퓨터가 아니라 인간이 직접 룰을 지정해 주는 방식이었다. 한계가 분명한 연구였고 거기서 멈추었다. 그 후 인터넷과 연결된 스마트폰이 등장한 2000년대 초반에 AI 연구의 반전이 시작됐다. 아이러니하게도 인공지능 발전의 모멘텀은 학자가 제공하는 것이 아니라 무명의 수많은 인터넷 소비자들이 제공하게 된 것이다. 소위 빅 데이터 시대가 열린 것이다.

빅 데이터 기반의 인공지능에 대한 학문적 기반은 많은 인공지능 학자들에 의해 만들어졌지만 우리에게 가장 익숙한 인물이 바로 알파고를 만든 데미스 하사비스 이다. 데미스 하사비스는 1976년생이다. 시리아계 영국인으로 네 살 때부터 체스를 배우기 시작해 10살 되던 해 영국의 체스 챔피언에 올랐다. 고등학교를 졸업한 후 하사비스는 대학에 들어가지 않았다. 대신 게임 개발사에 들어가서 시뮬레이션 게임인 '테마파크'를 개발하다 케임브리지대학 컴퓨터과학과에 진학했다. 이후 그는 학문적 호기심으로 유니버시티 칼리지 런던에 진학해서 뇌과학 연구로 2009년 박사학위를 받는다. 이듬해 그는 알파고를 만든 딥 마인드를 창업했다. 딥 마인드는 창업한지 4년 만에 구글에 약 4억유로(5,300억원)에 팔렸다. 이후 그는 인공지능의 총아로 등장한다.

2016년 3월 이세돌 9단과 알파고의 대결은 극적이었다. 4대 1로 인간이 패하면서 한국인들에게 큰 충격을 안겼지만, 4차 산업혁명이라는 단어를 국민들 머리 깊숙이 자리잡게 한 계기가 된 사건이 되었다.

바둑을 시작한지 채 5년이 되지 않은 알파고가 이토록 바둑을 잘 둘 수 있었던 이유는 무엇일까? 알파고의 엄청난 기력은 크게 두 가지 기법의 조합으로 구성된다. 첫 번째는 모든 가능한 수를 조사하지 않아도 제한된 시간 내에 효과적으로 수를 계산하는 몬테카를로트리탐색(Monte Carlo tree search, MCTS)방법이고, 두 번째는 딥 러닝(Deep Learning)을 통해서 이 MCTS를 더 효과적으로 수행하는 것이다. 알파고의 MCTS 이외에도 딥 러닝은 일반적인 강화학습(reinforcement learning)에도 많이 사용되고 있다. 이러한 형태의 강화학습을 deep reinforcement learning 이라고 부른다.

알파고는 총 4가지 버전으로 존재한다. 2015년 10월 천재바둑기사 판 후이 2단을 이긴 '판(Fan)', 2016년 3월 이세돌 9단을 이긴 'Lee', 그리고 세계 챔피언 커제 9단을 이긴 'master' 그리고 2017년 네이처지를 통해 공개된 알파고 제로(Zero)가 바로 그것이다. 그러나 알파고 제로는 기존 3개의 버전과는 차원이 다르다. 전 버전의 알파고에서는 15만 건의 기보로부터 3,000만개의 수를 입력받아 지도학습 방식으로 학습해 나갔다. 알파고는 강화학습을 통해 스스로 전략을 발견하고 바둑에서 이기는 법을 학습했다. 반면 알파고 제로는 인간이 만든 기보나 수를 전혀 학습하지 않았다. 오로지 바둑의 규칙만을 가지고 자가 바둑을 두면서 스스로 바둑의 이치를 터득해 나갔다. 인간으로부터 전혀 배운 것이 없는 알파고 제로는 인간의 선입견과 한계로부터 자유를 얻은 것이다.

이러한 알파고 제로가 인간의 능력을 어디까지 초월해서 인간을 대체할 것인가? 레이 커즈와일이 예측한 특이점(singularity)이 올 것인가?

특이점 : 인공지능이 비약적으로 발전해 인간의 지능을 뛰어넘는 기점을 말한다. 컴퓨터 중앙처리장치의 내장형 프로그램을 처음 고안한 미국의 수학자 존 폰 노이만, 영국의 컴퓨터 과학자이자 수학자인 앨런 튜링, 미국 컴퓨터 공학자인 버너 빈지 등이 이 개념을 발전시켜 왔다. 레이먼드 커즈와일은 2005년 저서 《특이점이 온다》를 통해 2045년이면 인공지능(AI)이 모든 인간의 지능을 합친 것보다 강력할 것으로 예측하면서 인공지능에 대한 우려를 나타냈다. 즉, 2045년이 되면 인공지능이 만들어낸 연구 결과를 인간이 이해하지 못하게 되며 이는 인간이 인공지능을 통제할 수 없는 지점이 올 수도 있는데 그 지점이 바로 특이점인 것이다. [네이버 지식백과] 특이점 [singularity](한경 경제용어사전)

아무도 모른다. 다만 인간 역시 학습의 방법이 바뀌고 있다는 것을 의미한다. 답이 없는 세상에서 생존하기 위해서 인간은 이제 스스로 학습을 강화해야 한다. 알파고 제로가 정책망(Policy Network)과 가치망(Value Network)을 통합한 신경망 통합을 이루어 냈

듯이 인간의 학습 방법도 기존의 가치에 매여 학습하는 방식을 버려야 한다. 마치 중세시대 스콜라 철학과 관습을 학습하던 기존의 학습방식을 구하지 않고 스스로 경험에 의해서 르네상스 시대를 열었던 레오나르도 다빈치처럼.

그런 의미에서 데미스 하사비스 역시 천재라기보다는 타고난 노력가로 분류할 수 있을 것이다.

3 제임스 코넌트, 토마스 쿤, 칼 세이건

1920년대부터 시작한 입학사정관제는 미국 동부대학들을 중심으로 시대의 흐름에 따라 변화를 거듭했다. 처음 입학사정관제의 도입 목적은 당시 주류사회였던 미국 청교도 집안의 엘리트들을 보호하고 양성하기 위함이었다. 따라서 증가하는 유대계 학생들을 효과적으로 제한하기 위해서는 성적에 의한 선발이 아닌, 보다 주관적으로 학교 당국이 선발에 대한 권위를 가질 수 있는 다른 기준이 필요했던 것이다. 그러나 이러한 입학사정관제도를 통한 선발은 1929년 대공황이 오면서 많은 도전에 직면한다. 대공황은 정치, 경제적으로 미국 사회에 많은 영향을 주었지만, 특히 사회적으로도 많은 변화를 가져왔다. 그 중 가장 첫 번째가 능력 있는 인재에 대한 사회적 갈증이었다. 당시 하버드대학을 비롯한 미국의 명문대학 졸업생들은 대공황의 영향 아래서 자유롭지 못했다. 부모의 사회적인 유산과 영향력 속에서 성장을 했던 이들은 대공황이라는 엄청난 충격 속에서 헤어나질 못했다. 미국은 새로운 리더십이 필요했고 새로운 인재상이 필요했다.

대공황 직후인 1933년부터 1953년까지 무려 20년간 하버드대학 총장을 맡은 제임스 브라이언트 코넌트(James Bryant Conant)는 새로운 인재상에 대한 사회적인 요구를 갈파했다. 그는 하버드대학 입학을 위해서 집안의 배경이나 부가 더 이상 절대적인 기준이 아님을 절감했다. 특히 당시 당연한 것처럼 여겨졌던 집안의 배경이 입학사정기준에서 절대적인 영향을 준다는 분위기를 부정했다. 그는 하버드대학에 잠재력이 있고, 업적이 있는 학생들이 들어오기를 희망했다.

이러한 그의 신념을 실현하기 위해서는 하버드대학의 학생 선발 기준을 대대적으로 개혁할 필요가 있었다. 그가 총장으로 처음 취임한 후 쓴 뉴스레터에는 아래와 같은 글귀가 적혀있다. '재능이 뛰어난 학생은 그가 부유하든지 가난하든지, 아니면 보스턴명문가 출신이든지 서부의 샌프란시스코 출신이든지 관계없이 누구든 하버드대학에서 공부할 수 있다'라고 말을 할 수 있어야 한다.('We should able to say that any man with remarkable talents may obtain his education at Harvard, whether he be rich or penniless, whether he comes from Boston or San Francisco')

그는 집안의 배경이 없고 부유하지 않더라도 재능이 있는 학생들이 하버드대학에 입학해야 한다는 사실을 공개적으로 천명했다. 당시 그의 이와 같은 행동은 일부 주류 백인들에게 강한 도전을 받았지만 대공황을 겪고 난 이후 미국 사회의 반성이 그의 주장을 지지했다.

최근 미국 대학에 입학하기 위해 보는 표준화 시험인 SAT(Scholastic Aptitude Test)도 당시 코난트 총장이 도입한 제도였다. SAT가 도입되기 전에는 주관식 시험이 주류를 이루었다. 당시 미국 주류사회의 자제들은 이러한 주관식 시험에 어렸을 적부터 많이 노출되어 있었기 때문에 다른 학생들보다 훨씬 유리한 입장에서 입학경쟁을 할 수 있었다. 1934년 당시 코난트 총장은 유력 가문의 자제들만 하버드에 입학하는 것을 막기 위해 SAT를 채택했다. 표준화 테스트는 점수 위주의 일방적인 선발기준을 벗어날 수 있는 좋은 장치였기 때문이다. 이후 SAT는 오히려 부유층 자제들이 준비하기가 더욱 유리하다는 비판에 직면했고, 여러 차례 수정을 거듭했지만 당시 코난트 총장의 시험에는 큰 의미가 있었다고 할 수 있다.

코난트 총장이 오늘날의 입학사정관제도와 관련하여 매우 의미 있는 일을 한 것은 하버드 대학 내에 자유전공학부를 개설한 것이었다. 세계 지성사에 하나의 이정표를 제시한 '과학혁명의 구조'를 쓴 토마스 쿤은 그의 서문에서 하버드대학 시절 자유전공학부의 과목을 수강한 사실이 자신의 업적과 커다란 관련이 있음을 이야기 한바 있다. 당시 물리학과로 입학한 토마스 쿤은 화학자이면서 과학사에도 조예가 깊었던 제임스 코난트 총장이 하버드대학에 개설한 비자연과학계열 대상의 자연과학개론강의를 들으면서 과학의 역사적인 측면에 깊은 관심을 갖게 되었다. 그는 이후 자연과학뿐 아니라 철학, 심리학, 언어학, 사회학 분야의 폭넓은 독서와 토론을 하는 과정에서 점차 과학혁명 이론에 대한 형태를 갖추게 된다. 그의 이러한 실험정신은 코난트 총장이 개설한 다양한 교양과목이 절대적인 도움을 주었던 것이다.

코난트 총장은 이러한 다양한 입학정책의 변화와 대학 내 커리큘럼의 변화를 통해 급속하게 변화하는 사회 속에서 궁극적인 경쟁력을 지니게 될 미래인재를 양성하는 데 혁혁한 공을 세웠던 것이다.

하버드대학에 제임스 코난트 총장이 있다면 시카고대학에는 5대 총장인 R.M 허친스 총장이 있다. 'Great Books Program'으로 이름 지어진 시카고 플랜을 통해 시카고대학에 입학한 학생들은 졸업할 때까지 100권이 넘는 인문고전 분야 책을 읽어야 했다. 많은 학생들이 이 프로그램을 통해 위대한 학자로 거듭났다. 그 중 대표적인 인물을 꼽으라면 코스모스의 저자 칼 세이건을

들 수 있다. 1951년 시카고대학에 입학한 칼 세이건은 학부에서 인문학을 그리고 석사는 천문학을 그리고 박사는 천체물리학을 공부했다. 1980년 과학방송 역사상 신기원을 이루었던 '코스모스'를 통해 20세기 가장 대중적 천문학자로 이름을 날린 칼 세이건은 '창백한 푸른점(Pale Blue Dot)'을 통해 천문학을 철학의 경지로 끌어올리는 위대한 역할을 했다. 우크라이나 이민 노동자의 아들로 뉴욕의 빈민가에서 태어났던 칼 세이건이 위대한 천문학자와 인문학자가 될 수 있었던 이유 역시 그의 다양한 학문적 경험이 한 몫을 했다. 그의 학문적 경험의 밑바탕은 인문학과 과학을 함께 섭렵했던 간학문(inter-study)의 융합효과 덕분이다.

※ **간학문(間學問)** : 양쪽 학문 분야를 연결하거나 아우르는 학문.

4

창조적 괴짜, 협업하는 괴짜, Geeks를 향하여

신인류, 새로운 인재상을 이야기할 때 등장하는 개념 중의 하나가 괴짜(Geeks)다. 사실 괴짜는 긍정적인 의미 보다는 부정적인 의미가 더 강하다. 적어도 부모의 시각에서 보면 우리 아이가 괴짜가 되기보다는 평범한 사람이 되기를 더 바랄 것이다. 괴짜란 아웃사이더, 일탈자 그리고 체제 비순응자(nonconformist)란 의미를 담고 있기 때문이다.

시대가 변했다. 아니 이미 세상의 수많은 괴짜들이 새로운 세상을 만들어 내고 있다. 코페르니쿠스, 뉴턴, 아인슈타인 그리고 에디슨과 같은 사람들이 모두가 이 범주 안에 들었던 것이 아닐까? 그럼에도 불구하고 몇 명의 천재 괴짜들처럼 우리 아이가 괴짜가 되기를 원하는 부모가 있을까? 사실 피곤한 부모보다는 편안한 부모가 되는 것이 정답이다. 그러나 조금 시각을 바꿔 보면 다르게 생각하는 아이가 문제가 있다고 판단해서 아이의 생각을 바꾸려고 하는 부모, 왼손을 사용하는 것이 좋지 않다고 오른손을 사용하게 하는 부모 등이 우리 부모들의 모습이다.

적어도 한국에서 괴짜들의 삶은 순탄하지 않을 것이다. 그런 이유로 수많은 괴짜들이 생기기도 전에 가정에서 그리고 학교에서 평범한 사람으로 만들어질지 모른다. 역설적으로 태생적 한계 때문에 정규학교에 가지 않아서 '세상의 위대한 창조적 리더'로 불렸던 레오나르도 다빈치처럼 괴짜의 싹수가 있는 아이에게 덜 가르치고 덜 지적하면 어떻게 될까? 실험은 어렵겠지만 사실 이 아이들에게 덜 가르치고 덜 지적하는 게 정답이다.

'괴짜(Geeks)'와 관련된 개념을 우리는 두 곳에서 만날 수 있다. 창조적 괴짜와 협력하는 괴짜이다. 창조적인 괴짜는 2012년 가라오케 캐피탈리즘(KARAOKE CAPITALISM)이란 원제를 '창조적 괴짜가 세상을 움직인다'라는 제목으로 번역하면서 우리에게 소개된 개념이다. 창조적인 괴짜는 스웨덴의 트렌디한 두 명의 경영학자 첼 노오스트롬과 요나스 리더스트릴러가 창안했다. 그들이 정의한 창조적 괴짜란 '자신만의 강력한 재능과 창조적 사고로 무장하고 전 세계로 가는 여권을 쥔 글로벌 인재'이다. 아무도 예측할 수 없는 세상에서 기존의 관습과 규칙을 따라 하는 것은 괴짜들에게는 무의미한 일이다. 세상은 규칙을 준수하는 룰 테이커(Rule Taker)에서 규칙을 깨뜨리는 룰 브레이커(Rule Breaker)와 규칙을 창조하는 룰 메이커(Rule Maker)로 옮겨지고 있다. 최근 우리는 주위에서 다양한 형태의 체제 비순응자(nonconformist)를 만날 수 있다. 흔히 주의력 결핍 과잉행동장애라 불리는 ADHD(attention deficit / hyperactivity disorder)를 앓았던 경험이 있는 사람 중에는 모차르트, 에디슨, 피카소, 레오나르도 다빈치와 같은 천재들이 있었다. 최근에는 수없이 많은 동성애자와 보헤미안들이 경제 성장을 이끈다. 저자들은 조직 내 일탈자나 아웃사이더에게 주목해야 한다고 강조한다. 그들에게는 보통 사람보다 더 뛰어난 호기심, 디테일 그리고 집착력이 있다고 판단하기 때문이다.

우리가 만나는 두 번째 괴짜는 첫 번째 괴짜 보다는 훨씬 대하기 편한 '협력하는 괴짜(Cooperative Geeks)'다. '협력하는 괴짜(Cooperative Geeks)'는 얼마 전 작고한 한국의 위대한 경영학자 이민화 교수가 주장한 개념이다. 고 이민화 교수가 주장하는 협력하는 괴짜는 다음과 같다.

▷**전제** : 경천동지할 패러다임의 변화는 앞으로 수백만 개의 일자리를 만들어낼 것이다. 4차 산업혁명은 기술을 넘어 인간과 사회의 혁명이라는 점에서 기존의 산업혁명과 차원을 달리한다.

한국의 4차 산업혁명 전략으로 사물(thing)을 다루는 과학기술과 나(me)를 다루는 인문과 우리(we)를 다루는 경제사회가 초융합하는 초생명사회가 될 것이다. 이제 새로운 일자리 대부분은 과거에 존재하지 않던 일자리에서 창출될 것이다.

▷**미래직업의 방향** : 지금의 현상을 반영한 미래 직업은 창조와 재미, 윤리 등 3가지가 될 것이다. 다시 말해 앞으로 인간은 반복적이지 않은 일을 통해 혁신을 이끌어내는 역할에 매진해야 하는 것이다.

▷**미래인재 정의** : 반복적인 일에 특화된 로봇과 인간이 공존하면서 경쟁력을 갖출 수 있는 인재, 다시 말해 로봇과의 차별화를 통해 혁신을 이끌어야 하는 괴짜만이 가능하다.

▷**협력이 중요한 이유** : 한 사람의 괴짜로는 로봇보다 나은 창조성을 이끌어내는 것이 어렵다. 새로운 수학 공식을 발견하는 괴짜, 글쓰기나 작곡에 능한 괴짜처럼 한 분야에 특성화된 괴짜들이 협력을 해야만 전체적인 변혁을 이끌어낼 수 있다. 협력 없이는 아무것도 이루어지지 않는다. 협력을 통해 사회적 가치를 만들어낼 수 있다. 그래서 우리에게 필요한 것은 천상천하 유아독존의 괴짜가 아닌 '협력하는 괴짜(Cooperative Geeks)'이다.

▷현재 우리 교육의 문제 : 대한민국 교육이 마주하고 있는 불편한 진실은 정답을 맞히는 스펙형 인재 교육에 치중하고 있다는 것이다. 정답을 찾는 데에만 집중하는 스펙형 인간은 인공지능과의 경쟁에서 도태되고 말 것이다. 이미 인터넷과 클라우드에 공개되어 있는 정답을 맞히기 위해 20년 가까이 교육을 할 이유는 없지 않는가?

교육의 목표는 지식(knowledge) 교육에서 학습 능력(context) 교육으로 전환되어야 한다. 지식의 양은 방대해졌고 지식 습득은 인간계 영역을 벗어났다. 이제 우리는 아이들에게 물고기를 주는 것이 아니라 왜 물고기를 잡아야 하는지 그 이유를 알려주어야 한다. 아이 스스로 도전하게 해야 한다. 그래서 미래에 대한 꿈을 스스로 키워야 한다. 남들이 강제로 시키는 것이 아니라 스스로 주도한 의미를 찾아 도전하는 삶. 그 재미를 느끼는 아이들이 바로 협력하는 괴짜가 될 것이다.

5
'드라마 스토브리그와 영화 머니볼'에서 배우는 지혜

나는 드라마를 잘 보지 않는다. 대신 영화는 장르 구분 없이 가리지 않고 즐기는 편이다. 35년 전 사병으로 복무했던 군에서 보직이 영화 상영을 하는 정훈병이었으니 말이다. 최근 종영된 드라마 중 흥미 있게 지켜보았던 드라마가 바로 '스토브리그'이다.

드라마 스토브리그는 만년 꼴찌 야구팀 '드림즈'의 신임 단장으로 부임한 전 핸드볼 단장의 이야기이다. 나는 드라마의 전개나 내용보다는 '스토브리그'가 구단주나 구단 관계자에게 던져주는 투자대비 수익률의 관점에서 바라보았다. 사실 '드림즈'의 문제를 통해 프로야구 구단의 다양한 문제점과 이를 해결해 나가는 각자의 방식과 리더십을 다루고 있지만 프로야구 관중 800만, 경제적 효과 규모 2조원 이라는 시장에서 구단의 생존방식이 중심이다.

인재를 영입하는 과정은 기업이든 대학 입시든 스포츠 구단이든 비슷하다. 가장 중요한 것은 가성비다. 즉, 투자대비 효율성을 따지는 문제이다. 좋은 인사 담당자, 능력있는 입학사정관, 그리고 능력있는 스포츠 에이전트를 가늠하는 기준이 바로 ROI(Return on Investment) 라고 불리는 투자대비 효율성이기 때문이다.

영화 머니볼은 어떤가? 브래드 피트가 주연한 영화 '머니볼'은 제목에서 풍기듯이 가장 많은 돈이 오가는 미국 메이저리그 야구단과 관련된 이야기다. 메이저리그 만년 최하위에 있는 '오클랜드 애슬레틱스'에 경제학을 공부한 초보단장, 빌리 빈이 부임한다. 그는 기존 단장들이 해왔던 메이저리그의 선수방식을 거부한다. 대신 파격적인 '머니볼' 이론을 따라 새로운 도전을 시작한다. 메이저리그 역사 150년 동안 경험과 직관에 의존했던 선수 선발방식을 데이터에 기초한 선발방식으로 바꾸어 나가는 것이다. 그러나 영화의 이면에는 결국 어떻게 최소한의 투자로 최대의 효과를 얻을 수 있을까? 라는 투자대비 수익률의 관점에서 누가 과연 옳은가의 문제가 깔려 있다.

기업에서 혹은 대학에서 인재를 뽑은 것은 프로야구 선수를 스카우트하는 스카우터와 비슷하다. 삼성경제연구소가 발간한 '베이저리그에서 배우는 인재선발 진략'에서 그 좋은 예를 볼 수 있다. 2000년대 들어 메이저리그의 만년 꼴찌 팀이었던 템파베이의 성공사례를 눈 여겨 보자. 월가의 투자은행가 출신인 앤드류 프리드먼(Andrew Fridman)은 2007년 템파베이의 단장으로 취임한다. 비록 그는 야구선수 출신은 아니었지만 인재를 볼 줄 아는 뛰어난 혜안을 가지고 있었다. 2007년 프리드만이 템파베이 레이스에 부임했을 때, 팀은 메이저리그 아메리칸리그 동부 디비전에서 창단 이래 '메이저리그 최약체'를 벗어나지 못하고 있었다. 지난 10년간 승률이 0.399에 불과할 정도였다. 그런데 프리드먼이 부임한 이후, 두 시즌 만에 월드시리즈 진출이라는 기적을 연출했다. 2008년 정규리그 97승, 승률 0.599로 전통의 명문구단 뉴욕 양키스와 보스턴 레드삭스를 제치고 디비전 1위를 차지했다.

그렇다면 이러한 기적이 어떻게 가능한 것일까? 기적의 출발점은 인재선발의 혁신에 있었다. 대부분의 전임 단장들이 자신의 주관적인 판단이나 관행에 의해 선수를 선발한 반면 프리드먼은 구단의 현재 상황에 가장 적합한 인재상을 정립했다. 그런 다음 그런 인재를 가려낼 수 있는 평가지표에 의해 선수를 선발했다. 프리드먼이 가장 심혈을 기울였던 것은 현재는 유명하지 않아도 잠재력 있는 선수를 선발하는 것이었다. 또한 프리드먼은 수비력이 뛰어난 선수를 선호했다. 왜냐하면 리그 경쟁자였던 뉴욕 양키스와 보스턴 레드삭스의 강타선을 무력화 할 수 있는 '실점 최소화'의 첨병이 필요했기 때문이다. 같은 디비전에 속해 있는 뉴욕 양키스와 보스턴 레드삭스가 공격력이 강하다는 점도 있었지만, 수비력이 강한 선수가 상대적으로 저평가되어 있었기 때문에 이를 발굴하는 것이 결국 재정적으로 훨씬 높은 부가가치를 가져올 수 있다는 생각 때문이었다. 이러한 프리드먼의 실행전략은 불과 2년 만에 템파베이를 메이저리그 수비력 전체 4위, 팀 방어율 전체 2위라는 놀라운 결과를 안겨다 주었다.

두 번째 프리드먼이 취한 전략은 개별 선수들의 투자대비 수익률을 환산하여 선수를 선발하는 원칙이었다. '최소지출로 최대성과를 노린다'는 원칙이다. 구체적으로 보면 타자의 경우, 타율보다는 점수를 낼 수 있는 기준인 출루율, 장타율, OPS(출루율+장타율)와 수비 성공률을, 투수의 경우는 WHIP(Walks & Hits divided by Innings Pitched: 1이닝 당 출루 허용 수)를 선수 선발 기준으로 적용했다.

프리드먼이 선수 선발에 성공한 가장 근본적인 이유는 선수 선발에 대한 차별적인 전략을 가지고 있었다는 점이다. 그는 선수를 선발하는 데 있어서 템파베이는 물론 경쟁팀들의 상황까지를 모두 고려했다. 팀의 약점과 경쟁팀의 강점 속에서 구체적인 전략안을 만들었고, 템파베이 팀 컬러에 맞는 인재상을 도출해 냈던 것이다. 이러한 구체적인 선발방식을 적용함으로써 쓸모없거나 지나치게 투자를 많이 하는 오류를 최소화 한 것이다.

마지막으로 프리드먼이 선수를 선발할 때 가장 중점을 두었던 것은 선수끼리의 팀워크였다. 그 결과 이미 한물간 선수로 평가받았으나 젊은 선수들에 대한 리더십이 뛰어나고 포스트 시즌과 마무리 경험이 풍부한 LA 에인절스 출신의 트로이 퍼시벌을 영입하여 막강 구원 투수진을 구축하였다.

결국 경영학을 전공한 투자 은행가로 야구에는 문외한이었던 프리드먼은 당시 템파베이를 메이저리그 최우수 구단의 하나로 만들었던 것이다.

이처럼 경영학을 전공했던 템파베이의 프리드먼 단장이나 경제학을 전공했던 오클랜드의 빌리 빈 단장은 투자대비 효율성 측면에서 선수를 선발하였고 성공으로 이어졌다. 과거의 관행보다는 객관적 사실에 근거하는 판단 전략은 어쩌면 자녀교육에서도 필요해진 전략이 아닐까?

6

성적보다는 잠재력, 인재의 기준이 바뀌고 있다

폴 웨이츠 감독, 폴 러드와 마이클 쉰 주연의 '어드미션(Admission)'이라는 영화를 본적이 있다. 영화의 구성은 단순하지만 프린스턴대학의 입학사정관으로 일하는 '포샤'의 입학사정관으로서 활동을 그린 영화다. 영화의 하이라이트는 개교한지 얼마 안 되는 시골의 대안학교 학생인 '제레미야'의 입학을 결정하는 과정이다. 제레미야는 천재성을 가지고 있으나 기존 프린스턴대학의 입학사정기준에는 전혀 미치지 못하는 아이이다. 더욱이 제레미야가 다니는 학교는 한 번도 프린스턴대학 합격자를 배출한 적이 없는 학교이다. 아무리 잠재성을 본다고 하지만 가능성만으로 학생을 뽑을 수 없는 노릇이다. 결국 포샤의 노력에도 불구하고 제레미야는 불합격 통보를 받는다. 물론 영화에서는 포샤가 합격서류를 조작해서 제레미야를 합격자 명단에 넣는 불법을 저지르기는 하지만 말이다. 이 영화에서 보여주고 있는 프린스턴대학의 입학심사 과정은 미국 명문대학의 전형적인 입학전형 절차를 보여 주고 있다.

하버드, 예일, 프린스턴대학 등 아이비리그의 3대 명문대학에서 시작된 미국의 입학사정관제는 시대별로 그리고 각 대학별로 다양한 변화를 거듭해 왔다. 시대의 흐름을 거치면서 미국 대학들은 공정하다고 생각하는 공통의 가치를 선정하고, 이를 각 대학의 전통이나 환경, 가치에 맞게 학생을 선발하는 기준으로 발전시켜왔다. 미국 대학의 입학 관계자들은 '입학사정관제는 지원자가 대학이 원하는 가치를 지니고 있는지를 살피는 매우 주관적이고 집단적인 판단 과정'이라고 말한다. 미국 대학의 입학 심사에서는 모든 사람이 인정하는 절대적인 기준을 가진 공정성을 찾아보기는 어렵다. 사람이 하는 일에는 항상 시행착오나 그 사람이 가진 특성에 의해 선발의 기준이 바뀔 수 있는 주관적인 부분이 분명하게 있는 것이다.

시카고대학의 경우도 리더십, 에세이, 사회봉사활동, 성숙도, 추천서, 성적 등 8가지 평가요소에 의해 평가가 되고 평가자들을 위한 교육이나 평가요소의 고려점이 있지만, 결국 선발에 대한 많은 권한을 입학사정관에게 위임하고 있다. 그런 의미에서 보면 지원학생에 따라 얼마든지 다른 기준을 정해 뽑을 수 있는 개연성이 있다. 다만 다수의 입학사정관이 3개월 이상이 넘는 기간 동안 개인심사 과정과 입학사정관 간의 다단계 토론을 거쳐, 그 대학이 원하는 학생을 가려내는 합의의 과정 속에서 선발의 객관성이 존재할 것이다. 이처럼 미국 대학들은 또 대학별로 길게는 근 100년 시행착오와 변화를 거치면서, 각각의 역사와 문화적 특성에 따라 독자적인 전형 원칙을 발전시켜왔다.

최근 미국 대학 입학사정관제의 화두는 늘어나는 아시아계 학생들에 대한 대책과 날로 부담되는 학비로 인해 경제적으로 어려움을 겪는 우수한 학생들이 아이비리그 대학을 지원하지 못하는 현상에 대한 대안이다. 또한 최근 미국 명문대학들은 넘쳐나는 지원자들로 인해 골칫거리다. 정보통신의 발달로 인해 전 세계적으로 많은 엘리트 학생들이 미국대학을 지원하고 있다. 특히 인터넷지원서 정립으로 인해 지원자수가 급증하고 있다. 그 과정에서 미국 교육계가 전가의 보도처럼 사용하고 있는 차별금지법(affirmative action)의 본래 취지가 흔들리고 있다. 부와 실력을 겸비한 아시아계 출신의 지원자들 때문이다. 여기에 하버드대학이 대안을 제시하고 있다.

2019년 하버드대학의 전 세계 지원자는 50,000명이 넘는다. 2009년 25,000명 수준이었던 지원자 수가 급증한 이유는 IT발달로 인해 전 세계 어느 곳에서나 지원이 가능해졌다는 점이다. 특별한 경우가 아니면 인터뷰를 하지 않고 서류평가로 모든 것을 결정하기 때문에 전 세계의 인재들이 몰리는 탓도 있다. 이러한 지원자들의 급증은 성적 인플레이션으로 이어졌다. 따라서 표준화 시험인 SAT와 ACT 테스트에서 거의 만점을 맞은 학생들의 수가 전체 합격생 수를 초과하는 현상을 보였다. 이러한 이유로 몇몇 대학에서는 SAT나 ACT를 필수 사정기준에서 제외하고 선택기준으로 변경하는 움직임을 보였고, 하버드대학 역시 이러한 움직임에 참여할 것이라는 생각을 가졌다.

50,000명의 전 세계 지원자 중 하버드대학의 성적 기준인 SAT나 GPA(내신성적)의 기준점을 넘는 학생 비율은 90%가 넘기 때문에 점수를 통해 학생의 변별력을 좌우할 수는 없다. 따라서 많은 아시아계 학생들이 주장하는 점수에 있어서 아시아 학생들에 대한 차별적 평가는 별로 설득력이 없어 보인다. 물론 경우에 따라서 일부 입학사정관들의 주관적인 평가가 들어갈 수는 있지만 전체적으로 보아 성적의 기준으로만 학생을 선발하지는 않기 때문이다. 가장 좋은 성적을 채택하는 'Score Choice'가 자칫 부유층 자제나 좋은 성적만을 가지고 대학에 입학하려는 학생들을 선발할 수 있는 위험성도 있기 때문이다. 하버드의 경우 점수가 중요한 요소이긴 하지만 점수 이외에도 성숙도(Maturity)와 독립

적인 마인드셋(Independent mindset) 등을 종합적으로 고려하여 학생을 선발하기 때문에 점수만 좋아서 입학하는 학생은 없을 것이다.

또한 최근 미국 명문대학들의 핫 이슈는 저소득층 자녀의 입학기준 완화에 대한 이야기가 더 관심이다. 최근 하버드대학의 가장 큰 변화는 저소득층 자녀들에 대한 입학 기회를 대폭 확대한 것이다. 특히 연소득 $60,000 이하 가정의 경우는 학비를 면제해 줌으로써, 학비 부담 때문에 하버드대학에서 공부할 기회를 찾지 못하는 경우를 없앴다. 이밖에도 $60,000에서 $180,000 이하의 소득층 자녀에 대해서는 그들 소득의 10% 규모에서 학비를 부담시키는 제도를 만들었다. 그 결과 연봉 $80,000이하 가정 학생들의 입학비율이 제도 시행 후 30% 증가했다.

2020년 하버드대학의 입시는 또 하나의 도전에 직면한다. 그 동안 꾸준히 증가했던 지원자수가 3,000명이나 줄어든 4만 3,300명으로 큰 폭으로 감소해 3년 만에 최저 수준으로 떨어진 것이다. 하버드는 감소의 이유를 아시아계 학생들의 지원 감소와 12학년 학생들의 인구 감소로 들었다. 그러나 또 하나의 이유는 하버드대학의 강력한 경쟁자가 탄생하고 있다는 것을 의미한다.

학생들이 대학 대신 오히려 대안 프로그램을 선호한다는 것이다. 가장 강력한 경쟁자로 떠오른 것은 대학이 아니라 미네르바

대학, 에꼴 42, 그리고 나노 디그리 등 대안교육 프로그램이다. 미네르바대학은 캠퍼스 없이 7개국 주요 도시를 돌아다니며 학생이 현장을 경험하는 구조다. IT를 활용해 수업 참여도를 높여 하버드대학보다 경쟁률이 높기로 유명하다.

이제 대학이 학생의 잠재력을 보면서 선발하기 보다는 학생이 대학의 잠재력을 보면서 지원하는 추세로 바뀌고 있다는 것을 대학은 알아야 한다. 대학 지원 시장이 판매자 중심 시장에서 구매자 중심 시장으로 바뀌고 있다.

7

대학이 원하는 인재, 기업이 원하는 인재

'미래인재'라는 개념이 왜 필요할까? 미래인재에 왜 삼성의 글로벌 인재상이 관련이 있을까? 먼저 학생들과 기업을 연결하는 대학의 인재상을 보자. '세계를 선도하는 창의적 지식 공동체 추구(서울대)' '진리와 자유의 정신을 갖춘 글로벌 리더(연세대)' '개척하는 지성, 창조적 인재(고려대)'

각 대학 인재상

대학	인재상
서울대학교	세계를 선도하는 창의적 지식 공동체 추구
연세대학교	진리와 자유의 정신을 갖춘 글로벌 리더
고려대학교	개척하는 지성, 창조적 인재
서강대학교	학구 탐구, 정의 실천, 인류 공동체 발전에 헌신!
성균관대학교	인의예지 품성을 갖춘 글로벌 리더
한양대학교	교양인, 전문인, 실용인, 세계인, 봉사인

각 대학마다 원하는 인재상이 다르다. 그러나 대학이 추구하는 인재상은 '미래'를 담고 있다. 미래를 열기 위해서 세계화, 창의성, 개방성 등은 필수적으로 갖추어야 할 요소이다. 그러나 이러한 인재상은 단지 이념이나 이상에 머물지 않아야 한다. 카이스트에서 담고 있는 인재상처럼 '심오한 이론은 물론 실제적인 응용력을 갖춘 인재'가 되어야 한다. 실제적으로 다가서는 인재상, 그리고 미래의 요소를 담고 있는 인재상이 바로 글로벌 기업들이 추구하는 인재상이다.

한국을 대표하는 기업 중 하나인 삼성의 인재상을 살펴보자.

2020년 1월 현재 글로벌 삼성의 브랜드 가치는 3,017억 달러로 세계 18위다. 인텔, AT&T, 중국공상은행 등에는 앞서 있지만 10년 전 경쟁자였던 애플(2위), 마이크로소프트(3위) 등과 비교해서는 뒤진다. 그러나 삼성은 여전히 아시아 기업 중에서는 가장 뛰어난 브랜드 가치를 갖고 있는 기업이다. 삼성은 반도체, 휴대폰, LCD, 그리고 백색 가전제품 등에서 세계적인 경쟁기업인 소니, 도시바, 모토롤라 등을 따돌리고 글로벌 기업으로 우뚝 섰다. 현재 삼성전자가 생산하고 있는 세계 1위 제품은 반도체 메모리 부문의 S RAM, D RAM, Flash Memory와 핸드폰의 CDMA, LCD Panel, LCD TV, PDP TV 등 7개 제품이다. 이러한 제품 실적 이외에도 매출액 230조, 임직원 수 10만5천명에 이른다.

삼성의 전체 매출의 80% 이상이 해외에서 나온다. 전 세계 130여 국의 나라에서 삼성의 제품이 팔리고 있다. 이러한 글로벌 기업 삼성이 추구하는 미래인재상은 무엇일까?

삼성그룹을 대표하는 삼성전자의 인재상을 보자. 삼성전자 인재상은 열정 / 창의혁신 / 인간미 · 도덕성 이다.

– Passion(열정) : 끊임없는 열정으로 미래에 도전하는 인재
– Creativity(창의혁신) : 창의와 혁신으로 세상을 변화시키는 인재
– Integrity(인간미 · 도덕성) : 정직과 바른 행동으로 역할과 책임을 다하는 인재

과거 아날로그 시대에는 축적된 경험이 경쟁의 원천이었지만 디지털 시대에는 빠른 두뇌와 독창성이 경쟁력의 원천이기 때문이다. 따라서 부단히 과거를 부정하며 새로운 미래를 향해 도전할 줄 아는 열정과 창의혁신이 기본이다. 또한 협업의 시대를 맞이해서 따뜻한 인간미와 도덕성은 능력보다도 우선시 하는 덕목이 되었다. 과거에는 인간미와 도덕성은 상징적인 의미 그 이상 그 이하도 아니었다. 그러나 최근 기업문화의 흐름과 지속성장

가능 기업의 특성을 고려할 때 따뜻한 인간미와 도덕성은 기업인이 가져야 할 필수 항목이 되고 있다.

삼성그룹뿐만 아니라 급변하는 글로벌 경쟁시대에 핵심 인재의 중요성이 한층 높아지고 있다. 기업이 경쟁 우위를 점할 수 있는 길은 결국 인적자원 확보와 관리에 달려있다고 해도 과언이 아니다. '핵심인재 한 명이 만 명의 직원을 먹여 살린다'라는 과거 삼성그룹 이건희 회장의 언급에서 핵심 인재의 중요성을 엿볼 수 있었다. 그러나 이제는 한 명의 인재가 아니라 여러 명의 인재가 협업을 통해 기업을 먹여 살리는 협업과 통섭의 시대가 되었다. 지식 정보화 사회에서는 '지식과 학문을 융합해서 새로운 것을 만드는 것'을 뜻하는 '통섭(Consilience)'이 대세가 되었다. 분야가 서로 다른 과학자와 인문학자가 공동연구를 하는가 하면, 경제현상을 연구하면서 정치학, 사회학, 법학 등 인접학문의 지식을 동원하는 등 현대사회가 점차 복잡해지면서 생기는 다중적인 문제 해결을 위해 분야 간 경계 허물기와 지식의 융합이 광범위하게 시도되고 있다. 이러한 시도들은 기업의 미래 전략에도 잘 드러난다. 많은 기업들이 '통섭 경영'을 강조하고 있다. '통섭 경영'이란 클라이언트의 본질적인 문제를 해결해 줄 수 있는 창의적인 아이디어를 창출 및 실행하는 기업을 뜻한다. 이를 위해서 직원 모두가 창의적인 사고를 가지고 새로운 가치를 만들어 내는 일에 끊임없이 도전해야 함을 거듭 강조했다.

대표적 국내 기업인 포스코는 미래를 여는 전략으로 '통섭형 인재양성'을 내걸었다. 이를 위해 직원 대상 교육을 대폭 강화하고, 다양한 경험을 쌓을 수 있도록 순환보직을 활성화했다. 신입 직원의 경우 1년 동안 생산 현장에서 배우는 프로그램을 만들기도 했다. 이 같은 시도는 일부 대기업에서도 생겨나 통섭형 사고를 바탕으로 창의성과 도전정신을 가진 인재를 선발하겠다고 공언하는 상황이다.

위 기업들이 요구하는 통섭형 사고의 능력을 살펴보면, 한 분야만이 아닌 다양한 분야에 적극적으로 도전하는 정신과 창의적인 사고로 새로운 가치를 만들어 내는 능력, 바로 현대 기업들이 원하는 인재의 자질인 '창의성과 도전정신'과 일치한다. 창조적 괴짜와 협력하는 괴짜의 시대가 도래한 것이다.

기업이 원하는 타고난 인재, 영원한 인재란 없다.

'Good to Great'의 저자 짐 콜린스는 "위대한 기업에서는 사람이 가장 중요한 자산이 아니다. 적합한 사람이 가장 중요한 자산이다"라고 강조한다. 또한 'Top-grading'의 저자 브래드포드 스마트는 A급 직원을 '그 정도 돈을 받고 일할 만한 상위 10%'라고 정의하고 있다. 짐 콜린스와 스마트가 말하는 인재의 정의를 종합적으로 살펴볼 때, 기업에 있어 인재의 절대적 기준은 없다. 회사의 필요나 받고 있는 연봉 수준에 따라 인재인지의 여부가 상대적으로 정해진다는 것을 알 수 있다. 따라서 오늘의 인재가 내일은 평범한 사람이 되기도 하고, 오늘 평범한 사람이 내일 인재가 되는 사례가 비일비재한 것이 현실이다. 즉, 영원한 인재란 없다고 할 수 있다. 누구든 노력만 하면 인재가 될 수 있다는 것이다.

그렇다면 기업이 원하는 인재가 갖추어야 할 자질은 무엇일까? 현재 기업의 인재상을 이해하기 위해서는 그 배경이 되는 시대적 인재들의 변천에 대해 알아볼 필요가 있다.

미래 기업은 어떤 인재를 필요로 하는가?

2018년 국내 매출액 상위 100대 국내 기업 및 외국계 기업들을 대상으로 인재상을 조사해 본 결과 기업에서 가장 원하는 인재의 자질은 바로 소통 · 협력과 전문성으로 나타났다. 과거 1순위였던 창의성과 도전정신은 순위가 다소 밀렸으나 여전히 중요한 인재상으로 나타난다.

100대 기업의 인재상 변화

구분	2008년	2013년	2018년
1순위	창의성	도전정신	소통 · 협력
2순위	전문성	주인의식	전문성
3순위	도전정신	전문성	원칙 · 신뢰
4순위	원칙 · 신뢰	창의성	도전정신
5순위	소통 · 협력	원칙 · 신뢰	주인의식
6순위	글로벌 역량	열정	창의성
7순위	열정	소통 · 협력	열정
8순위	주인의식	글로벌 역량	글로벌 역량
9순위	실행력	실행력	실행력

자료 : 대한상공회의소

기업의 인재상은 산업의 발전에 따라 달라졌다.

1970년대 제조업을 중심으로 공업화를 시작했을 당시, 기업들은 조직문화를 강조하며 성실하게 일하는 인재를 선호했고, 공업화가 성숙했던 1980년대에는 각 산업부문별로 집중적인 투자가 이루어지면서 이를 잘 이끌어 갈 수 있는 사명감과 책임감으로 무장한 인재를 필요로 했다. 이후 1990년도에 이르러 국제화, 정보화 시대가 도래하자 기업들은 글로벌 역량을 요구하기 시작했고, 이러한 니즈는 2000년도 초반까지 이어지는 양상을 보였다. 이렇게 기업들은 산업의 발전과 변화에 따라 적합한 인재들을 찾아 선발하고 양성하면서 성장해 온 것이다.

기업이 원하는 인재상으로 미래 인재상을 예측하자

기업이 원하는 인재상이 바뀌고 있다. 1970년대 이래 경제 사회 환경의 변화와 더불어 주요산업이 변화하였으며, 그에 따라 기업이 선호하는 인재상도 변화해 왔다. 1970년대 제조업을 중심으로 공업화를 시작했을 당시에는 기계주의적 작업 조직이 지배적이었으므로 기업은 내려진 명령을 충실히 이행하는 로봇형 인간 즉, 통제가 용이한 사람을 주로 선발했다. 이 같은 배경에는 경직화된 기술 환경, 대기업 중심의 산업구조, 통제를 중심으로 한 양적 성장이 중시된 당시 기업의 주요 조직 목표 등이 작용했다.

공업화가 성숙했던 1980년대의 기업들은 주력사업을 정해 집중적인 투자를 시작했고, 일부 관리 직원에게 의사결정의 기회를 주기도 했다. 관리직에는 전국적으로 최고의 엘리트를 배치해 그들에게 투자사업 성공의 책임감과 사명감을 요구했다.

1990년대에 이르자. 국제화, 정보화 시대의 도래로 주력상품에 집중 투자하여 세계무대로 도약하려는 기업들이 생겨났고 이를 위해 국제 감각과 외국어 능력을 가진 직원들이 대거 필요하게 되었다. 기업에서는 이 능력을 글로벌 역량이나 글로벌 마인드로 불렀다.

시기	시대	인재상
1970년대~1980년대	조직문화 강조 시대	인화와 협동성, 성실성
1980년대~1990년대	산업발전 분배시대	회사에 충성하는 책임감, 사명감, 협동성
1990년대~2000년대 초반	국제화 정보화 시대	글로벌 역량, 전문지식
2000년대 중반 이후	지식통합시대	창의성, 도전성, 전문성, 직무 경험자

2000년대 중반 이후, 세계화가 심화되고 지식이 서로 통합되면서 새로운 가치 생산이 가장 중요한 요소로 등장했다. 이에 따라 기업들은 경쟁력의 원천을 유형 자산보다는 무한한 잠재능력을 가지고 있는 무형 자산에서 찾았다. 이와 더불어 가치를 창출해 내는 창의적인 사고와 실행의 원천인 인적자원에 대한 중요성이 그 어느 때보다 강조되기 시작한 것이다. 특히 지식이 중시됨에 따라 기존의 화이트칼라와 블루칼라로 나누던 근로자의 구분도 지금은 지식근로자와 보통근로자로 나누어지기까지 한다.

기업이 원하는 인재상 상위 5개의 자질

인재상	내용	기업수(개)
창의성	기존의 틀에서 벗어나 새롭고 창조적인 의견을 제시하고 새로운 가치를 창출하는 인재	19
도전정신	실패를 두려워하지 않고 신념과 의지를 가지고 적극적으로 업무를 추진하는 인재	18
글로벌 역량	국제적 감각과 세련된 매너, 외국어 능력을 갖춘 인재	14
팀워크	타인을 존중하며 시너지 제고를 적극적으로 협동하는 인재	12
전문적 역량	전문 지식을 가지고 끊임없이 탐구하며 자기계발에도 노력하는 인재	10

이제 사회가 그리고 기업이 원하는 인재는 단순하게 정의할 수 없는 단계에 이르렀다. 이유는 경제적 현상이 그리고 사회구조가 비선형적으로 다양하게 분화되기 때문이다. 정답을 요구하고 정답지를 잘 찾았던 인재가 선호된 산업사회에서 답이 없는 문제를 다양한 답안지로 풀어내는 가치창출의 사회가 창의적인 인재를 선호하게 된 것이다. 이제 1등을 따라가던 2등의 추격 전략은 더 이상 새로운 가치를 주지 않는다. 모두가 1등인 동시에 모두가 순위 경쟁을 하지 않는 다원화된 사회에 살고 있기 때문이다. 창의적 사고보다도 우리 아이들에게 가장 요구되는 덕목은 자신감이고 자존감이다.

IV

Chapter

세상을 바꾸는 10가지 직업

다르게 배워야 다르게 성장한다

1

세상을 바꾸는 10가지 직업

세상을 바꾸는 10가지 직업을 구상한 것은 2013년부터다. 메디치연구소를 만들어서 한창 콘텐츠개발에 몰두하고 있을 때였다. 삼성그룹, 메트라이프 생명보험, 빨간펜으로 유명한 교원그룹 그리고 전국의 초 · 중 · 고등학교에 진로교육과 자녀교육에 대한 강의를 많이 다니던 시기였다. 강의를 하다 보니 진로교육에 대한 미래방향성을 찾고 싶었다. 그때부터 자료를 구하기 시작했다. 우선 국내의 대표적인 민간연구소인 삼성경제연구소, LG경제연구원, 포스코경제연구소 등의 미래 예측과 산업동향 분석 자료를 찾았다. 그리고 KDI와 같은 국책연구소 자료와 한국직업능력개발원에서 운영하는 커리어넷의 발간자료와 한국고용정보원에서 운영하는 워크넷의 자료를 참고했다. 최근 2년간의 자료를 통해 찾아낸 10가지 직업이 바로 '세상을 바꾸는 10가지 직업'이다.

처음 이 주제로 강의를 시작했을 때 청중들의 반응은 별로였다. 당시 EBS입시분석위원과 tbs교통방송의 '상담받고 대학가자'의 주진행자로 대입분석과 관련된 강의도 자주 했던 터라 강의 주제에 따라 상당히 반응이 달랐다. 대학입시 관련 강의는 몰입도가 높았고 반응도 뜨거웠다. 물론 청중도 많았다. 경희대학교 평화의 전당, 건국대학교 국제회의장 등의 강의 참석자는 1,000명 이상이었다. 그러나 '세상을 바꾸는 10가지 직업'이라는 강의는 청중들의 반응은 별로였지만, 나에게는 아주 의미있는 강의였다.

그런데 2016년 대반전이 일어났다. 바로 알파고와 이세돌 9단이 서울에서 세기의 대결을 벌이고 난 이후였다. 당시만 해도 '제4차 산업혁명'이라는 용어는 생소한 먼 나라 이야기였다. 그런데 알파고 상륙 이후 한국은 '제4차 산업혁명'의 최전선이 되었다.

정확하게 2016년 봄학기부터 '세상을 바꾸는 10가지 직업'은 히트 상품이 되었고 지금도 여전히 잘 팔리고 있는 스테디셀러가 되었다. 강의 제목을 몇 가지로 변화시킨 게 주효했다. '제4차 산업혁명과 세상을 바꾸는 10가지 직업' '창의융합인재양성과 세상을 바꾸는 10가지 직업' 등이 그것이다. 전국의 초등학교에서 강의 요청이 들어왔다. 기존에 강의하던 기업에서도 대학입시 보다는 '세상을 바꾸는 10가지 직업'과 관련된 강의를 더 좋아했다. 서울시 교육청, 경기도 교육청, 강원도 교육청, 전국 여자교장회, 경북교육청의 교사 직무 연수에도 들어갔다. 교육부 중앙교육연수원의 학부모 강좌에도 포함되었다. 빨간펜 교원그룹, 삼성그룹 자녀교육, 메트라이프 연례 컨퍼런스, 성균관대학교 MBA과정 특강, 그리고 한국과학창의재단이 주관하는 2017년, 2018년 대한민국교육기부박람회 특강, 교육부 주관의 2018년 대한민국인재상 수상식 특강 등에도 포함되었다.

아이러니하게도 2013년 이후 8년 이라는 기간 동안 세상은 변했으나 내가 정의한 세상을 바꾸는 10가지 직업은 하나도 바꾸지 않았다. 게을러서가 아니라 그대로 진행되고 있다는 나름대로의 확신 때문이다.

나는 아이들에게 특정 직업 선택을 미래 진로로 이야기 하는 것을 경계한다. 왜냐하면 변호사, 의사, 유투버, 애견관리사 등을 정의하는 특정 직업으로 미래 진로 로드맵을 설정 하다보면 자기모순에 빠질 위험이 많기 때문이다. 세상에 자식이 의사나 변호사가 되기를 원하지 않은 부모는 몇이나 될까? 된다고만 한다면 감사할 일이 될 것이다. 그러나 여기에는 커다란 함정이 존재한다. 한국에서 의사가 되려면 적어도 고등학교 때까지 일반고 기준으로 전교 1~2등을 해야 한다. 수능 성적을 기준으로 의대, 치대, 한의대에 입학하려면 상위 3% 안에 들어야 할 것이다. 어릴 적 경험으로 의사의 꿈을 꾸는 아이들과 부모의 대리만족을 위해 의사가 되어야 하는 아이들도 성적 앞에서는 속수무책이다. 의사가 아니더라도 우리나라에서 선호하는 직업을 선택하기 위해서는 숙명적으로 성적과의 연계성을 따져야 한다. 아무리해도 3등급 이상 성적을 받지 못하는 학생에게 "성적이 안 되니 의사의 꿈을 포기해"라는 조언은 잔인할 수밖에 없다. 그런데 공교육의 선생님이나 사교육에 있는 학원 컨설턴트들은 이러한 조언을 해야만 하는 숙명을 가지고 있다. 아무리 생각해도 이런 방식의 진로지도와 진학지도는 올바른 방법이 아니다. 해법을 찾아보니 결국 특정 직업을 가지고 아이들의 미래 진로와 매칭 시키는 것이 옳지 않다는 것을 깨달았다. 조금은 작위적일지 모르지만 아이들에게 산업의 트렌드를 가지고 진로를 이야기 하는 것은 어떨까? 예를 들어 의사로서의 직업을 이야기 하는 아이들에게 "앞으로 커서 보건 · 의료산업에 종사하는 직업을 갖는 게 어때?"라고 조언하면 훨씬 아이들의 진로 스펙트럼이 넓어진다.

한국고용정보원 발간 자료의 보건 · 의료 · 생명과학 분야에 종사하는 대표적인 직업 9개를 살펴보자. 여기에는 의사, 한의사, 치과의사도 있지만 간호사, 간호조무사, 물리 및 작업치료사, 수의사, 생명과학 연구원 등도 포함되어 있다.

향후 10년간 취업자 수 증가 직업 및 증가요인

연번	분야	직업명	증가요인
1	보건 의료 생명 과학	간병인	중심에서 국가지원 중심으로의 돌봄환경의 변화, 치매 및 요양시설 증가
2		간호사	건강관리 및 의료 비용 지출 투자, 간호사의 활동분야 확대, 간호 · 간병통합서비스
3		간호조무사	고령인구 증가, 간호조무사의 활동분야 확대
4		물리 및 직업치료사	고령인구 증가, 보험시장 확대로 인한 의료서비스 증가
5		생명과학 연구원	고령화, 식품 및 보건 연구 활성화, 생명과학 기술 발전 및 사업화 진전, 기업 생명과학 투자 증가, 바이오에너지 및 생물다양성 연구 활성화, 법제도 및 정부정책 요인(제3차 생명공학육성기본계획, 과학기술 기반 아이오경제 연구 활성화)
6		수의사	반려동물 문화 확대, 글로벌화에 따른 검역업무 증가, 생태계 보존 필요성 증가
7		의사	고령인구 증가, 건강에 대한 관심 증가
8		치과의사	고령인구 증가, 건강보험 적용 확대(고령자 임플란트)
9		한의사	고령인구 증가, 한의학 접목 산업 확대 및 의료기술 수출, 건강보험 적용범위 확대

※ 자료 : 한국고용정보원, 향후 10년 간 (2018~2027년) 일자리 전망

굳이 강조하지 않더라도 병원에서 일을 하고 싶은 아이들의 직업은 생각보다 훨씬 다양하다. 위에서 이야기한 9가지 직업 외에도 병원 행정, 미술치료사, 음악치료사 등의 직업도 최근 각광받는 직업군이 된다. 따라서 특정 직업을 선택하는 진로교육이 아니라 전체 산업을 보고 이야기 할 수 있는 진로교육이 되어야 할 것이다.

'세상을 바꾸는 10가지 직업'도 이러한 고민의 배경에서 나왔다. 비록 직업명을 정의하기는 했지만 큰 틀에서 보면 대표적인 산업군으로 이해하면 쉬울 것이다.

내가 선택한 10가지 직업의 토대는 향후 대한민국호의 성장을 견인할 6가지 테크놀러지 분야와 인문학적 상상력을 기본으로 하는 창의산업 등 크게 2가지로 나누었다.

우선 6가지 테크놀러지 하면 IT(정보통신), BT(생명공학), CT(문화공학), NT(소재공학), ET(환경공학), ST(우주항공공학) 으로 정의된다.

6가지 테크놀러지는 단순히 독립적으로 작용하는 것이 아니라 상호작용을 통해서 융합효과를 가져가는 것이 특징이다. 이러한 융합의 최전선에서 일하는 인재를 창의융합인재라고 정의할 수 있다.

구분	직업명	분야	Key word
1	빅데이터 큐레이터	IT	예측기술, 상황인식기술, 빅데이터
2	네트워크 메신저	융합, 플랫폼	소셜미디어, 복잡계 메신저
3	대체에너지전문가	ET	그린 · 녹색성장분야 : 환경산업
4	소재이네이블러	NT	초경량소재, 소재산업(웨어러블)
5	DNA텔러	BT	생체인식, 줄기세포
6	스토리텔러	CT(인문학+기술)	해리포터, 창조경제
7	우주항공엔지니어	ST	우주, 항공, 천문
8	창조기업가	창업	이스라엘, 기업가정신, 창직
9	니즈디자이너	사회, 복지, 교육	노동인력의 변화, 유연한 조직, 파트타임 근무, 맞춤형컨설팅
10	디지털판옵티콘	IT, 통신, 금융	클라우드, 블럭체인

① 빅데이터 큐레이터

현재와 가까운 미래가 빅데이터 시대임을 모르는 사람들은 없을 것이다. 문제는 '빅데이터'가 직업으로서 어떻게 아이들에게 다가올까? 이미 나는 2012년부터 '빅데이터 큐레이터'라는 직업이 등장할 것이라고 이야기했다. 여기서 말하는 빅데이터 큐레이터는 특정 직업을 의미하는 것이 아니라 전체 산업에 다양하게 걸쳐 있는 많은 직업군을 대표하는 단어로 이해하면 될 것이다.

기업의 입장에서 빅데이터 큐레이션은 최적의 전략을 제시하고 빅데이터 구축, 분석, 활용까지 전 과정을 지휘하는 활동을 의미하며 이를 주도하는 사람을 빅데이터 큐레이터로 볼 수 있다. 빅데이터 큐레이션이 쓰이고 있는 산업 분야를 살펴보자.

우선 다양한 산업의 미래예측을 위해 쓰일 것이다. 여기에는 빅데이터를 활용하여 예측의 정확도와 실효성을 향상시킴은 물론 실시간 예측 및 자동 업데이트가 가능해야 하는 것이다. 예를 들어 의료산업에서 쓰임을 살펴보자. 환자 정보의 데이터를 추출해서 '증세-질환-입원' 연관 패턴을 발견해서 예방조치 운영에 활용할 수 있을 것이다.

두 번째는 숨은 니즈를 발견하는 것이다. 신용카드 회사나 소비재 상품을 만들어 판매하는 기업이 필요로 하는 것이다. 소비자의 일상생활에서 새로운 패턴을 파악해서 숨은 니즈를 찾아내고, 빅데이터로부터 소비자의 감성과 선호를 추출해서 가치 있는 패턴을 발견해 내는 것이다. 예를 들어 세계적인 자동차 회사인 폭스바겐의 경우 차량에 설치된 센서를 이용해 운전자의 운전습관, 주행환경 등 데이터를 수집해서 제품이나 서비스에 활용하는 것이다.

세 번째는 기업이 가지고 있는 미래의 위험을 줄이는 데 한몫을 하는 것이다. 정성적 정보가 반영되면서 관리 가능한 리스크 범위의 정확도를 증대시키는 것이다. 또한 고객 불만의 우선 순위를 정해 근본적으로 불만요소를 식별한다. 예를 들어 미국의 대표적 렌트카 회사인 허츠에서는 전 세계 지점의 이메일, 콜센터와 온라인 VOC에서 고객 불만에 대한 키워드를 자동으로 추출해서 전사적인 서비스 개선에 활용하는 것이다.

네 번째는 최근 가장 활발하게 빅데이터를 활용하는 분야는 실시간 맞춤형 서비스이다. 개별 상황에 대한 정확한 이해를 바탕으로 메시지를 효과적으로 전달해서 서비스 효용의 극대화를 통해 고객별 차별화로 정보를 제공하는 것이다. 미국의 아마존과 넷플릭스는 협업 필터링(Collaborative filtering) 기술을 통해 상황 및 감정관련 데이터를 분석해 '콘텐츠 콘셉트'를 도출해 낸다.

마지막으로 빅데이터 큐레이션이 활용되는 분야는 실시간 대응이다. 고객과 경영환경에 대한 실시간 모니터링과 즉각적인 대응이 가능하다. 많은 유통기업들이 실시간으로 빅데이터를 분석해서 최적의 가격을 책정하고 재고를 관리한다. 소비자들이 쇼핑을 시작할 때 특정 제품에 대한 할인 쿠폰을 실시간으로 발급해서 매출증대는 물론 재고해소에도 도움이 되는 것을 말한다.

한마디로 빅데이터 큐레이터는 전방위적으로 전 산업에 걸쳐 필요한 직업이다. 그렇다면 우리 아이가 빅데이터 큐레이터가 될 수 있을까? 결론은 얼마든지 가능하다. 빅데이터 큐레이터가 되려면 컴퓨터도 잘 다루어야 하고, 수학 지식도 뛰어나야 한다는 고정 관념이 있을 수 있다. 그러나 오늘부터 이러한 고정관념을 버리자. 중요한 것은 할 수 있다는 자신감과 지속적으로 이를 실천할 수 있는 꾸준함이다.

② 네트워크 메신저

넷플릭스를 통해 본 '소셜 네트워크, Social Network'는 마크 주커버그의 페이스북 탄생을 그린 영화다. 2003년 가을, 하버드 대학교의 컴퓨터 천재 '마크'는 비밀 엘리트 클럽의 윈클보스 형제에게 하버드 선남선녀들만 교류할 수 있는 '하버드 커넥션' 사이트 제작을 의뢰 받는다. 여기서 획기적인 아이디어를 생각해낸 주커버그는 인맥 교류 사이트 '페이스북'을 개발한다. 페이스북은 순식간에 모두의 마음을 사로잡는 SNS 플랫폼이 된다. 마크 주커버그의 페이스북이 성장을 하게 된 결정적 계기는 냅스터의 창시자 '숀'의 참여부터다. 숀의 참여 이후 페이스북은 곧 기업가치 58조원으로 뛰어올랐으며, 그리고 주커버그는 전 세계 최연소 억만장자가 된다. 영화에서도 그려졌듯이 마크 주커버그는 SAT에서 만점을 받을 정도의 뛰어난 수재였다. 그러나 문제는 그의 취약한 사회성에 있었다. 사람들과 잘 어울리지 못하는 성격을 가진 존재였다. 따라서 그는 약점인 인간관계를 개선하기 위해 SNS라는 훌륭한 소통 도구를 만드는데 마음과 시간을 투자했다. 그 결과 페이스북이 탄생한 것이다. 절박함이 새로운 기회를 가져다 준 것이다.

세상과 세상, 사람과 사람을 연결해주는 SNS는 미래에 또 하나 직업의 보고가 될 것이다. 우리가 사는 사회란 결국 점과 점을 연결하는 수많은 선으로 연결된 네트워크이다. 사회학자 밀그램 박사의 '6단계 분리' 이론에 따르면 지구상의 어떤 사람도 평균 다섯 사람을 거치면 서로 아는 사이가 된다. IT기술과 통신망의 발달로 인해 세상은 이제 하나의 네트워크로 연결되어 있다.

비록 주커버그가 페이스북을 통해 SNS라는 새로운 세상을 열었지만, 주커버그 이전에도 이러한 시도는 수없이 많았다. '네트워크 메신저'라는 직업군도 이 범주에 포함하여 해석한다면 다양한 직업들이 나올 것이다.

직업으로써 네트워크 메신저는 우리 주위에서 쉽게 찾아 볼 수 있다. 과거 결혼 상대자들을 주선했던 직업인 '마담 뚜'도 이러한 직업의 대표적인 예이다. 이제 '마담 뚜'는 진화해서 결혼 정보회사로 성장했다. 페이스북과 같은 소셜 네트워크 서비스를 이미 우리는 많이 경험했다. 출신 학교별 사람과 사람 사이를 이어주었던 '아이 러브 스쿨'이 있었다. 지금의 인스타그램처럼 다양한 추억의 사진과 경험을 공유했던 '싸이월드'도 있었다. 지금은 먼 기억으로 남아 있지만 어쩌면 한국 사람들에게 있어서 SNS는 커다란 네트워크의 바다가 될 것이다.

이제 우리 아이들이 하버드의 마크 주커버그처럼 '네트워크 메신저'로서 활동할 수 있는 다양한 영역을 찾아보자.

2014년 정부에서 발표한 신직업 44개 중 '소셜 미디어 관리전문가'가 나온다. 이미 미국에는 'Social Media Manager'라는 직업군이 형성되어 있다. 샌프란시스코 베이지역의 경우 연봉이 평균 8만달러(약 9천만원)로 형성될 정도의 전문 직업군이다. 소셜 미디어 관리전문가는 기업의 소셜 미디어 계정을 기획 · 운영하는 전반적인 일을 한다. 소셜 콘텐츠 기획 및 관리, 소셜 마케팅, 소셜 데이터 분석, 소셜 위기관리 등 소셜 미디어 (Facebook, Twitter, Youtube, Blog, LinkedIn 등) 관련 업무를 수행한다. 그들은 계정을 생성하고 자사와 경쟁사의 상품, 서비스 등에 대한 시장조사와 수요조사 등을 실시한다. 또한 소셜 미디어를 활용한 마케팅 전략을 기획한다. 고객과의 커뮤니케이션을 위한 다양한 이벤트와 프로모션 실행계획을 만들어 낸다. 그들은 포스팅, 소셜 커뮤니티 관리, 체험후기, 동영상, 게시물, 이미지, 정보, 뉴스 등을 기획하고 제작한다. 그리고 소셜 미디어를 활용하여 소통하고 전파한다. 네트워크를 연결하는 메신저인 것이다. 조금 더 전문적인 지식을 가지고 있으면 소셜 데이터 분석을 위한 기초자료를 수집하고 관리하며, 사안별로 적절한 소셜 데이터 분석 방법을 결정하는 일도 한다. 이슈 키워드를 추출하고 산업분야별 인사이트를 통해 데이터로부터 의미를 파악한다. 데이터분석 툴(R-Studio, hadoop, sass 등)과 분석 서비스(Hootwuite, Radian6, Klout 등)를 활용하여 분석 보고서를 작성한다. SNS 모니터링 업무를 수행하는 경우 산업분야별로 핵심 키워드를 도출하는 일을 한다. 시장현황 파악과 고객과의 소셜 네트워킹 업무를 수행한다. 소셜 미디어 상에서의 부정적인 소문의 전파, 온라인 악용, 사이버폭력 등에 대해 관리하는 소셜 미디어 위기관리업무를 수행하는 일을 한다.

이처럼 다양한 일을 하는 네트워크 메신저는 앞으로 수많은 연관직업을 만들어 낼 것이다. 기존의 효율성과 표준화를 기치로 한 제조 중심의 산업혁명이 협업과 공유 서비스 중심의 산업혁명으로 진화하게 되는 것이다. 부모의 시각으로 직업을 해석해서는 안 된다. 미국의 많은 인재들이 뉴욕의 월가를 버리고 실리콘밸리의 스타트 업으로 몰리는 현상을 우리는 주목할 필요가 있다.

③ 대체 에너지 전문가

대체 에너지는 무엇일까? 대체 에너지는 흔히 신에너지와 재생에너지를 구분해서 정의한다. 신에너지와 재생에너지는 기존의 석유와 같은 화석연료를 대체하는 에너지를 총칭해서 부르는 두 개의 개념이다. 신에너지 분야는 연료전지, 수소에너지, 석탄 액화가스 등으로 나뉜다. 재생에너지는 훨씬 영역이 다양하고 세분화 되어있다. 태양광, 태양열, 바이오매스, 수력에너지, 해양에너지, 풍력에너지, 지열에너지, 폐기물에너지 등이 관련 분야이다.

최근 대체 에너지 전문가에 대한 세계적인 수요는 엄청나다. 전 세계적으로 신재생에너지 분야는 2030년까지 2,000만개 이상의 일자리 창출이 전망된다. 그 중에는 태양광 발전 530만개,

풍력 210만개 등 신재생에너지 관련 취업분야가 확대되고 있다.

세계적인 흐름이 대체 에너지전문가를 원하는 데 비해 우리나라에는 에너지 전문가에 대한 아이들의 선호도가 약한 편이다. 아마도 정부의 에너지정책이 왔다 갔다 하는 탓도 있지만 본질적으로 주요 산업이 에너지산업과는 관련이 적은 이유가 될 것이다. 그러나 최근 정부도 미래 에너지산업에 대한 성장을 주목하고 관련 전문가를 양성하는 계획을 의욕적으로 내놓고 있다.

신재생 에너지 산업의 연관 직업을 살펴보자. 최근 정부에서 집중적으로 양성하려고 하는 '폐기물에너지화연구원'이 있다. 폐기물에너지화연구원은 고분자 폐기물로부터 고급 연료유를 생산하는 기술을 만드는 직업이다. 가연성 폐기물로부터 고형연료나 가스를 생산하는 기술뿐만 아니라 유기성 폐기물을 에너지화하는 기술 등을 연구한다. 폐기물에너지화연구원이 되기 위해서는 대학에서 화학공학, 응용과학, 에너지 응용화학 또는 에너지공학, 환경공학을 전공하는 것이 유리하다.

정부가 양성하는 또 하나의 에너지 관련 직업에는 바이오에너지 연구원이 있다. 바이오에너지연구원은 동 · 식물성 자원과 그 파생 물질로부터 나오는 바이오매스를 열화학적 또는 생물학적 기술에 의해 에너지와 연료로 추출하는 연구를 하는 직업이다. 바이오에너지 연구를 통해 메탄, 바이오디젤, 바이오에탄올, 수소, 합성가스 등의 생산 기술을 연구 · 개발한다. 바이오에너지로 얻어진 에너지가 화석연료를 대체할 수 있는 곳은 무궁무진하다. 바이오 고형연료로부터 추출되는 우드칩과 펠렛, 바이오매스로부터 추출되는 메탄과 수소 그리고 바이오디젤, 바이오에탄올과 BTL액상연료 등이 있다. 바이오에너지 연구원은 이와 같은 재생에너지원의 생산과 활용 기술을 연구하고 개발하는 일을 한다. 또한 미세조류의 고농도 배양이나 바이오연료 생산 기술을 연구 · 개발하기도 한다. 특히 최근에는 농작물을 이용한 바이오에너지를 추출하는 산업이 각광받고 있다. 옥수수 등 농작물로부터 통합 바이오가스화를 위한 기술을 연구하고 개발하는 일이다.

직업으로써 신재생에너지 전문가가 되기 위해서는 생물학, 물리학, 지구과학, 화학 등 기초학문을 대학에서 전공할 필요가 있다. 기초학문 위에 분야별 에너지원에 따라 각자의 전문분야를 찾아가는 것이다. 신재생에너지 산업은 석유로부터 정제되는 모든 화석연료를 대체하는 모든 에너지 분야에 광범위하게 걸쳐 있기 때문에 이에 대한 연관직업 선택은 향후 아이들에게 많은 선택지를 부여할 수 있을 것이다.

④ 소재 이네이블러

소재산업은 나노기술에서 시작된다. 4차 산업혁명의 핵심이라 불리는 나노기술은 미래의 핵심소재와 부품을 만들기 위한 필수요소이다. 나노기술의 본질은 기존의 물질들이 나노 크기로 작아질 때 생기는 독특한 특성들을 각 분야에 잘 활용하는 것을 말한다. 이러한 나노기술의 특성을 활용하여 만들어진 나노소재를 가지고 만들어 내는 사람 또는 기업을 '소재 이네이블러'로 정의했다. 하나의 소재를 가지고 다양한 산업분야 제품에 융·복합적으로 활용될 수 있는 특징이 있다.

최근 각광받고 있는 대표적인 소재 중의 하나인 마그네슘(Mg)을 보자. 마그네슘은 자동차, IT 제품, 의료 보조기구 등에 널리 사용되는 비철금속 중 하나다. 1808년 영국의 화학자 험프리 데비(Humphry Davy)에 의해 처음 발견되었다. 그동안 마그네슘은 군사용 장비나 무기제조에 많이 쓰였다. 그러나 최근 마그네슘은 구조재료 중 가장 낮은 밀도를 가지고 있는 관계로 성형이 쉽고 방열 효과가 좋아 다른 산업분야에서 전천후적으로 활용되고 있다. 마그네슘은 진동 흡수와 전자파 차단에 있어서 다른 금속에 비해 탁월한 특성이 있다. 따라서 최근 우주선, 항공기를 비롯해 자전거, 카메라, 프라이팬, LED 조명 방열판 등으로 그 적용 범위를 넓히고 있다. 국제마그네슘협회는 2018년 세계 마그네슘 수요가

584조원에 이를 것으로 예상했다.

마그네슘의 사례처럼 소재산업의 성장성은 무궁무진하다. 소재와 나노기술융합을 통한 산업효과는 창조산업 육성을 견인할 핵심 분야로 인식되고 있다. 나노기업은 소재기업이 50%를 차지하고 있다. 원료나 중간재 생산비중이 높아 나노소재 응용제품의 융합제품화가 나노 융합 사업화를 촉진하는 시발점이기도 하다.

정부는 나노기술을 활용한 소재산업의 활성화를 위해 산업 생태계의 조성과 Supply-Chain 체계 구축 등 기업 활동을 촉진할 수 있는 기술개발 지원이 시급하다. 2019년 우리는 일본과 무역분쟁을 겪었다. 이제 완제품에 있어서 한국과 일본의 기술력 차이는 거의 없다. 오히려 한국이 앞선 부분이 많은 산업도 있다. 그러나 핵심소재의 원천기술에 있어서는 여전히 격차가 있다. 이를 빌미로 지난해 일본은 핵심부품 수출금지령을 한국에 내렸다. 위기가 기회가 되었다. 정부는 2019년 7월 소재산업의 활성화를 위해 2022년까지 소재 · 부품 · 장비 분야의 100대 핵심부품전략 분야에 5조원의 예산을 투입한다고 발표했다. 물론 이 조치는 일본과의 갈등으로 야기된 한 · 일 간의 무역분쟁을 타개하기 위한 조치이다. 그러나 그 이면에는 소재산업에 대한 경쟁력을 확보하지 않으면 한국경제의 근간이 무너질 수 있다는 불안감이 있기 때문이다. 그만큼 소재산업은 향후 한국경제의 버팀목으로 그리고 제4차 산업혁명의 산업기반 확보에 버팀목으로써의 역할이 필요하기 때문이다.

소재산업의 육성은 우리 경제처럼 대기업 위주의 경제를 가지고는 경쟁력을 확보하기 어렵다. 전통적으로 소재산업은 다품종 소량생산의 대표적인 산업이기 때문이다. 따라서 앞으로 소재산업이 성장하기 위해서는 유럽의 독일이나 스위스, 아시아의 대만처럼 원천기술력을 바탕으로 한 강소기업 등장이 필연적이다.

'소재 이네이블러'가 되기 위해서는 어떤 전공을 해야 할까? 가장 관련 있는 전공은 화학과 화학공학, 재료공학, 광물학 등이다. 소재의 특성을 이해하고 나노기술을 활용하여 적용할 수 있는 분야는 전 산업에 걸쳐 다양하다. 기술의 집적이 진화될수록 경량화, 소형화는 계속 진화할 테니까 말이다.

⑤ DNA텔러

몇 해 전 세계적 유명 여배우인 안젤리나 졸리가 유전자 검사 후 '유방절제' 수술을 했다는 기사를 보면서 놀란 적이 있었다. 그러나 그녀는 최근 '자궁절제' 수술도 감행했다. 그녀는 뉴욕 타임즈와의 인터뷰에서 '내 아이들은 더 이상 엄마가 난소암으로 죽었다'라고 말할 일이 없어졌다고 이야기했다. 그녀가 서둘러서 두 번의 수술을 한 이유는 그녀의 가족병력 때문이다. 가족들의 유전자 히스토리를 분석한 결과 가까운 미래에 유전적 요인이 많은 유방암과 난소암에 걸릴 확률이 거의 확실하다는 분석이 나왔기 때문이다. 졸리로부터 촉발된 유전자 분석시장은 미래 유망산업 중의 하나이고 유전자 분석을 통해 장래 걸릴 병을 진단하고 치료법을 제시하는 DNA텔러는 가장 핫한 직업이 될 것이다.

안젤리나 졸리의 사례는 일반인들 입장에서 보면 한 가지 우려가 있다. 바로 비용의 문제이다. 사실 유전자검사 비용은 불과 10년 전만 해도 천문학적 비용이 들어갔다. 2001년 1인당 유전자 분석 비용은 1억 달러였다. 한국 돈으로 환산하면 천억 원이 넘는 돈이다. 아무리 유전자 분석을 하고 싶어도 경제력 때문에 타당성이 없었다. 그러나 생명공학기술의 발달은 유전자 분석 비용을 해가 갈수록 획기적으로 떨어뜨렸다. 2008년에는 100만 달러, 그리고 2019년에는 1천 달러 수준까지 떨어졌다. 이제는 보통의 사람들도 자신의 유전자를 분석하는 데 있어서 경제력이 걸림돌이 되지는 않을 것이다.

직업으로써 'DNA텔러'란 개인의 유전자 정보를 분석해서 현재 앓고 있는 병뿐만 아니라 미래에 발생할지도 모르는 병과 치료법 까지를 알려주는 사람 또는 기업으로 정의하고 싶다.

개인의 유전자 분석 시장 규모는 엄청난 속도로 성장 중이다. 2015년 48억 달러에 불과했던 시장규모가 2018년 64억 달러로 그리고 2024년에는 120억 달러 규모까지 성장할 것으로 예측된다. 2019년 현재 유전자 검사 업체를 통해 소비자가 자유롭게 검사받을 수 있는 미국은 성인 25명 가운데 1명꼴로 유전자 분석 서비스를 받은 것으로 추정된다.

최근 미국에서 블랙프라이데이(Black Friday)때 있었던 에피소드를 소개해 본다. 『23and me』라고 하는 캘리포니아의 작은 스타트업 회사의 제품이 온라인 판매 상품 순위에서 5위를 차지했다. 『23and me』는 개인의 유전자분석을 통해 개인의 혈통(조상의 뿌리)과 향후 발생 가능성이 있는 유전과 관련된 병에 대한 예측서비스를 제공하는 진단키트이다. 『23and me』 진단키트는 가격이 99달러에서 200달러이다. 패키지에 따라 다르지만 한국 돈 10만 원 정도로 최소한의 유전자 분석 서비스를 받을 수 있다.

검사는 비교적 간단하다. 진단 키트에 2mL 정도의 침을 뱉어서 캘리포니아 본사로 보내면 된다. 그러면 DNA를 추출해서 분석한 다음 2~4주 후에 홈페이지에서 본인의 유전자 검사 결과를 확인할 수 있다. 제공하는 서비스 중 가장 인기 있는 정보는 자신의 조상이 어디에서부터 왔는지를 알려 주는 것이다.

지금까지 500만 명이 넘는 이용자에게 유전자 분석 서비스를 제공했다. 미국에서는 유전자 검사 전문 업체만 현재 90여 개 사가 난립하면서 치열한 경쟁 중이다. 주로 가족, 친족 관계 검사, 조상 및 뿌리 찾기, 라이프 스타일 및 웰니스, 질병 검사 등을 주력 사업으로 전개하고 있다.

'DNA텔러' 산업의 성장규모는 앞으로 가늠하기 어려울 정도로 성장을 하게 될 것이다. 미래학자 유발 하라리는 그의 저서 '21세기를 위한 21가지 제언'에서 '정보기술과 생명기술 분야의 쌍둥이 혁명은 경제와 사회뿐만 아니라 신체와 정신까지 재구성할 수 있다'라고 역설했다. 생명기술 분야의 혁명은 어쩌면 호모사피엔스의 종말과 함께 새로운 형태의 '사이보그'를 만들어 낼지도 모른다.

⑥ 스토리텔러

미래학자 유발 하라리는 그의 저서 '호모데우스' 제2부 첫 장에서 스토리텔러를 '이야기의 그물'이라고 말하고 있다. 인간인 호모사피엔스들은 동물들과는 달리 두려움과 욕망 이외에 돈, 신, 국가, 기업에 관한 이야기의 그물이 있다고 주장한다. 인간이 만들어 낸 이야기 그물은 허구의 그물을 중심으로 돌아간다. 그는 종교, 프랑스 공화국, 애플사에 관한 이야기 등이 그것 중의 하나라고 주장한다. 7만 년 전 시작된 인지혁명과 함께 호모사피엔스들은 자신들의 상상 속에서만 존재했던 것들에 대해 이야기하면서부터 '이야기그물'을 만들기 시작했다고 분석한다. 이집트의 파라오, 엘비스 프레슬리, 마돈나와 같은 고대나 현대적 의미의 브랜드나 상표도 최근의 발명품이 아니라 과거부터 있었던 이야기의 그물 즉, 허구의 산물이다. 허구 즉, 픽션은 나쁜 것이 아니다. 허구는 꼭 필요하다. 돈, 종교, 신화, 국가, 기업과 같은 허구적 실체에 대해 널리 통용되는 이야기가 없다면 복잡한 인간사회가 제대로 돌아갈 수 없다. 똑같은 허구적 규칙들을 모두가 믿지 않으면 축구경기를 할 수 없는 것처럼 허구 없이는 인간이 만들어 놓은 시장과 법원의 이점을 누릴 수 없다.

허구를 잘 정제된 이야기의 그물로 만드는 사람을 스토리텔러라고 정의하고 싶다. 세계적인 스토리텔러는 이집트 문명 시대의 피라미드를 건축했던 수많은 프리메이슨에서 일리어드 오딧세이를 저술했던 호메로스 그리고 최근 '해리포터'의 저자 조앤 롤링까지 수를 셀 수 없을 정도로 많다. 스토리텔러는 가장 오래된 직업이자 인간 문명이 존재하는 한 앞으로도 가장 오랜 기간 존재하는 직업군이 될 것이다.

우리에게도 뛰어난 스토리텔러들이 있다. 최근 한국의 문화사업은 눈부실 정도로 세계적이다. BTS를 예로 들어보자. 스토리텔러로서 BTS의 성공요인을 분석한 책 중에서 인상 깊은 책 중 하나가 'BTS를 철학하다(차민주 저)'이다. 미디어학, 철학, 대중문화를 연구한 저자가 BTS의 메시지와 정체성을 철학자들의 이론과 연계하여 감성적으로 해석하고 있다. BTS가 전 세계 젊은이들의 광적인 팬덤을 불러일으키고 있는 원인을 인문학적 관점에서 해석하고 있는 책이다. 이 책에서는 스토리텔러로서 BTS의 경쟁력을 노랫말에 대한 지향점에서 찾고 있다. BTS는 수많은 아미들에게 긍정의 메시지를 전달한다. 긍정의 메시지는 막연한 허상이 아니라 과소비, 차등, 학벌, 무관심, 폭력과 같은 사회의 아픔과 치유를 구체적으로 담고 있다. 그리고 일관되게 긍정의 메시지를 댄스와 노래로 체화해서 전달하고 있는 것이다.

해리포터의 저자 조앤 롤링을 보자. 조앤은 영국의 엑세터 대학에서 불문학과 고전학을 공부했다. 그녀의 초기 삶은 불행의 연속이었다. 불과 28살의 나이에 아이 둘을 둔 이혼녀의 신분이었다. 그러나 그녀의 삶은 우연히 여행한 맨체스터 기차여행을 계기로 극적으로 바뀌게 된다. 맨체스터로 가는 기차가 시골 한복판에서 고장 나 4시간이나 정차해 있을 때 우연히 '자신이 마법사라는 사실을 알지 못한 채 어쩌다 우연히 마법사 학교에 가게 된 소년' 이야기를 구상하게 된다. 그녀는 이 주인공이 11살에서 17살까지 다닌 마법사 학교를 1년에 한권씩 즉, 7권을 만들기로 결심하고 소설을 쓰기 시작했다. 1997년 처음 이 책이 나왔을 때 인세는 불과 우리 돈으로 2백만 원 그리고 초판 판매 부수는 5백부였다. 그러나 이 소설의 폭발성을 알아본 미국의 '스콜라스틱' 출판사의 혜안 덕분에 그 이후 '해리포터'는 소설에서 영화 그리고 다양한 캐릭터 상품에 이르기까지 소위 대박 행진을 거듭한다.

BTS와 해리포터 시리즈의 예를 보면서 우리는 스토리텔러로서의 다양한 직업군을 상상할 수 있다. 소설가, 가수, 만화가, 웹툰 작가에 이르기까지 스토리텔링 산업의 영역은 무궁무진하다.

요즘 가장 핫한 영역인 웹툰 작가의 세계를 보자. 최근 10년

간 우리나라 웹툰 산업은 매년 10% 이상의 성장을 거듭했으며, 2019년 현재 국내 시장 규모를 약 1조원으로 보고 있다. 지난해 네이버 웹툰이 공개한 자료에 따르면 네이버 웹툰에 정식 연재한 작가들 총 359명의 평균 연 수입은 3억1,000만 원 정도였다. 특히 상위 20위까지의 평균 수입은 17억5천만 원에 달할 정도로 고수입이다. 예능 프로그램에 자주 나오는 기안84는 최근 46억 원에 달하는 건물을 매입해 대중들을 놀라게 했다. 그러나 사실 최고 인기 웹툰 작가 중 한명인 기안84의 위상을 생각하면 어쩌면 당연한 일인지도 모른다.

가끔 강연을 마치고 질문을 받을 때면 게임과 판타지소설에 빠져있는 자녀들에 대한 걱정과 해결방안을 물어보는 부모들이 있다. 사실 나도 뚜렷한 답을 주기가 어렵다. 이유는 아이의 적성과 평소 습관 등을 세밀히 보지 않은 상태에서 아이가 공부가 싫어 도피의 수단으로 게임이나 인터넷 소설을 보는지, 진짜로 좋아서 보는지를 가늠할 수 없기 때문이다. 한 가지 분명한 사실은 대부분 성공한 게이머나 웹툰 작가들도 우리 아이들처럼 평범하고 주위에서 늘 상 보는 아이들이었다는 것이다. 부모에게 필요한 것은 지켜봐줄 수 있는 용기와 기다림이다.

⑦ 우주항공엔지니어

미래 우주항공산업 발전에 있어서 최고의 영향력 있는 지도자를 꼽으라면 나는 테슬라 CEO 일론 머스크와 아마존 CEO 제프 베조스를 주저 없이 꼽을 것이다.

먼저 테슬라 창업자 일론 머스크의 '스페이스 X' 야심을 보자. 지난 2016년 말 스페이스X CEO인 머스크는 인류의 화성 이주 계획을 발표했다. 머스크는 '스페이스 X'의 목표를 '인간을 행성을 오가는 종(multiplanetary species)으로 만드는 것'이라고 정의했다. 이를 위해 그는 승객 100명과 자급자족에 필요한 화물을 싣고 최소 80일 안에 화성에 도착할 수 있는 우주선을 개발 중이라고 밝혔다. 스페이스X는 이르면 2024년 인간을 화성으로 보낼 계획이라고 주장한다. 당시 많은 사람들이 그의 꿈을 의심했다. 사실 국가도 하지 못하는 일을 민간 기업이 한다는 사실 자체가 무리한 꿈으로 보여질 수밖에 없었던 것이다. 그러나 그의 꿈은 현재 진행형이다. 그는 미국 텍사스 주의 최남단에 위치한 작은 마을 보카치카를 사들였다. 그곳에 우주선 전초기지를 조성했다. 그가 구상한 프로토타입 우주선인 MK1이 우뚝 섰다. 화성탐사선 이외에도 그는 달기지 건설, 행성 채굴과 화성에서의 연료 생산에 대한 구체적인 계획을 이야기하고 있다. 그는 우주항공산업의 미래에 대해 낙관적이며 긍정적이다.

두 번째, 아마존 CEO 제프 베조스의 '블루오리진'을 살펴보자. 블루오리진 모토는 '그라다팀 페로키테르(Gradatim Ferociter)'이다. '한 걸음씩 용감하게'라는 뜻의 라틴어이다. 베조스는 블루 오리진이 당장의 꿈을 실현하기 어렵다는 데는 동의한다. 그러나 지속적인 문명 유지를 위해서 한 걸음씩 인류가 우주로 나가야 한다는 철학을 동시에 가지고 있다. 그의 우주정복 계획은 구체적이면서도 단계적이다. 우선 저궤도 우주여행을 실현시킨다. 두 번째로 우주공간에 진입하여 진정한 우주여행 프로그램을 만든다. 마지막으로 인류가 인류 역사상 처음으로 지구가 아닌 다른 행성에 정착한다는 계획이다. 첫 번째와 두 번째 계획은 이미 진행 중이다.

이제 우리는 일론 머스크와 제프 베조스 둘 중 누가 다른 행성에 정착할 것인가를 지켜보는 일만 남았다.

우주 모빌리티 시대, 즉 '뉴스페이스(New Space)'가 이끌 우주항공산업의 첨병은 누가 될까? 직업으로써 우주항공산업과 연계된 직업이나 사업은 지속적으로 확대될 것이다. 이미 미국과 유럽, 중국 등 우주항공산업분야 선도국가들은 우주항공산업에서 파생할 수 있는 연관산업에 대한 투자를 구체적으로 하기 시작했다.

기능성 운동복으로 유명한 스포츠 의류 브랜드 언더아머는 민간 우주관광회사 버진 갤럭틱과 함께 개발한 우주 관광객용 우주복을 선보였다. 우주항공용 부품을 3D 프린팅으로 제작하는 모프쓰리디(Morf3D)는 보잉의 투자를 받았다. 2020년 이후 발사를 목표로 로켓 엔진을 3D프린터로 제작하는 렐러티버티 스페이스(Relativity Space)와 하이브리드 방식의 전기 비행기를 개발했다.

우주 산업은 특성상 수많은 연관 산업 효과를 가져온다. 우주 모빌리티 시대가 오면 건설, 토목, 식품, 의류, 통신 등 땅에서 일어나는 비즈니스 앞에 '우주'라는 말만 덧붙이면 된다. 우주를 경험한 민간인이 늘어나면 그만큼 모든 분야의 파이가 함께 커질 것이다.

그러나 우리에게 우주항공산업과 관련된 직업은 여전히 생소하다. 어릴 적 수없이 많은 아이들이 별을 바라보면서 지구 밖 우주 이야기에 관심을 갖는다. 우주비행사의 꿈을 꾸고, 우주선을 만드는 꿈을 꾼다. 그러나 상급학교에 진학할수록 그들의 어릴 적 감수성은 떨어지고 현실적 타협만이 남는다. 아이들의 상상과 꿈을 어른이 돼서도 실현할 수 있도록 어른들이 도와야 한다. 밤하늘 별을 보는 재미에 흠뻑 빠져 있는 아이에게 "너 그러다가 별볼일 없는 사람 된다"라고 이야기를 하는 순간 아이들의 꿈은 사라질지 모르기 때문이다.

⑧ 창조기업가

지난 2013년 나는 이스라엘 창의융합교육 메카인 ICEE와 이스라엘 예술과학 아카데미인 IASA 이사장인 헤츠키 아리엘리 글로벌 엑셀런스 회장을 세 차례에 걸쳐 만났다. 판교에 이스라엘 국부펀드인 요오즈마 펀드가 설립하는 요오즈마 캠퍼스 설립과 관련한 논의를 하기 위해서였다. 그는 이미 한국에서도 탈무드 하브르타 러닝의 전도사로 그리고 창의융합영재교육의 리더로 잘 알려진 분이다. 그와의 만남을 통해 나는 유대인 교육의 원천에는 '탈무드'라는 주교재와 '하부르타'라는 교육방법론이 있다는 사실을 알게 되었다. 탈무드는 유대인의 경전이다. 고대로부터 내려오는 율법, 민간전승, 전통 등을 총 망라한 책이다. 1975년 기준으로 약 300만 단어로 구성되어 있다. 민간에서 내려오는 전승을 랍비들이 유대인들을 가르치기 위해 기록으로 남긴 것이다. 탈무드는 랍비들의 교과서이지만 유대인 가정의 밥상머리 교육 방법론인 하부르타(1:1대화법)의 주교재가 되는 역할을 한다. 유대인들은 어렸을 때부터 이스라엘의 전통, 문화, 법률, 역사 등 종합 교양서인 탈무드를 교재로 끊임없이 토론하고 대화하면서 자신의 삶에 대한 가치관을 형성해 간다. 이러한 교육은 과정이 비슷한 한국과는 확연히 다른 교육적 결과를 이끌어 냈다. 이스라엘이 인구 대비 창업인구가 많은 이유이기도 하다.

전 세계에서 인구비율로 보았을 때 창업자가 가장 많은 국가는 이스라엘이다. 이스라엘 인구는 2020년 기준으로 865만 명으로 세계 100위권이다. 그러나 창업기업의 숫자나 인구비율로 보면 압도적이다. 수도인 텔아비브에만 1천개 이상의 스타트업 기업이 몰려있다. '텔아비브에서 돌을 던지면 창업자에게 맞을 확률이 90%'라는 말이 있을 정도로 창업자들이 많다. 이스라엘은 한국과 여러모로 비교되는 나라다. 군대 문화, 준전시상태, 높은 교육열 등이 그렇다. 이스라엘은 남녀가 의무 복무를 해야 한다. 역설적으로 3년간의 군 생활은 창업자에 꼭 필요한 정신인 '기업가 정신(Entrepreneurship)'을 키우는 신병훈련소 역할을 한다고 한다. 군 생활을 통해 터득한 책임감, 리더십, 그리고 국가관 등이 그들을 한층 성장시키고 성숙하게 만드는 것이다. 군에서 자리 잡은 기업가 정신은 군복무 이후 대부분이 안정적인 직장 보다는 창업을 선택하는 것이다.

이스라엘의 창업뿐만 아니라 창업의 메카 미국의 실리콘밸리도 유대인 창업의 천국이다. 지금은 페이스북을 떠나고 없지만 와츠앱의 창업자 얀 쿰의 스토리는 유대인과 실리콘밸리의 관계성을 단적으로 보여주는 사례다. 우크라이나 출신 유대인 쿰은

16세에 미국으로 건너왔다. 그는 IT산업의 메카인 실리콘밸리에 위치한 마운튼뷰 고등학교에 다녔다. 정부 무료급식에 의존할 정도로 가난했고 궁핍한 생활을 이어갔다. 학교에서 대부분의 성적은 겨우 과락을 면할 정도였지만, 수학과 컴퓨터에서만은 탁월한 재능을 발휘했다. 고등학교를 졸업하자마자 지금은 페이스북에서 인스타그램과 함께 사용하고 있는 '와츠앱'이라는 앱을 만들었다. 페이스북은 와츠앱을 2014년에 190억 달러, 약 20조원에 달하는 금액으로 인수했다. 페이스북의 와츠앱 인수발표가 있던 날 쿰은 "16세 때 미국으로 이주했던 경험과 러시아와 우크라이나에 남겨진 가족들과 계속 연락하고 싶은 생각에 '와츠앱'을 창업하게 됐다"고 털어놨다.

와츠앱의 창업자 얀 쿰의 스토리는 그가 실리콘밸리에 있는 고등학교에 다녔다는 지리적 이점과 유대인 출신이라는 점이 결정적이었음을 분명히 보여준다. 실리콘밸리에서 유대인의 힘은 막강하다. 우리에게 익숙한 투자의 귀재 워런 버핏 버크셔 해서웨이 회장, 빌 게이츠 마이크로소프트 창업자, 그린스펀, 버냉키 등 연방준비이사회 의장이 유대인이다. 거기에 정확하게 알려져 있지 않지만 오스트리아 이민자 출신으로 구글과 아마존을 발굴하는 등 실리콘밸리의 아버지라 불리는 톰 퍼킨스, 페이스북의 마크 주커버그, 구글의 세르게이 브린 등이 바로 그들이다.

우리나라의 창업생태계는 어떤가? 여전히 열악하고 전망마저 우울하다. 신생기업 대부분이 5년을 버티지 못하고 폐업한다. 창업기업 70%가 5년 안에 문을 닫고, 35%가 1년 만에 폐업한다. 최근 들어 그 비중이 늘어나고 있다. 숙박 · 음식점 등 생계형 개인기업이 12%, 급증하던 부동산업이 19.5%로 도소매업과 함께 전체 소멸기업의 65.8%를 차지하고 있다. 경기 탓보다는 산업의 구조가 바뀌고 있다고 볼 수 있다. 2019년 통계청에 따르면 청년들이 피부로 느끼는 체감실업률은 2018년 12월 기준 22.6%에 해당되고 이는 2017년 대비 1% 늘어난 수치다.

COVID-19 이후 창업생태계는 더욱 어려워질 전망이다. 이스라엘과 달리 우리나라의 2030세대 '두뇌'들은 신림동과 노량진 고시학원으로 모인다. 중국에서는 1,700개의 학생 창업기업이 생겨나지만 우리나라는 하루에 고작 13개 기업만이 창업한다. 안정적인 직장을 선호하는 사회 분위기와 부모 밑에서 자란 20대의 직장 선호도 1위가 공무원으로 꼽힌 것은 당연한 결과다. 가까운 중국만 해도 2010년을 기점으로 제2의 스티브 잡스를 꿈꾸는 청년들이 베이징에 있는 처쿠카페로 모이고 있다.

※ 처쿠카페 : 처쿠카페는 애플의 스티브 잡스가 차고에서 창업한 것을 모티브로 하여 만들어진 곳이다. 차고라는 뜻의 처쿠(车库)를 카페 이름에 활용했다.

30위안짜리 커피 한 잔을 구매하면 하루 종일 카페를 이용할 수 있다. 전기, 인터넷, 회의실, 복사기 등 업무를 볼 때 필요한 모든 서비스가 지원된다. 창업을 위한 중국의 대표적 카페이다.

중국 청년들이 창업한 벤처기업들이 GE 가전사업부, 도시바, 인그램마이크로, 슈퍼셀, 인터밀란 등과 같은 유명한 해외기업들을 인수했다. 전 세계 인공지능 관련 스타트업의 23%가 중국에 있다. 중국의 실리콘밸리로 불리는 베이징 중관춘에서만 하루 평균 50개 가까운 스타트업이 생겨나고 있다. 바이두, 알리바바와 텐센트는 중국뿐 아니라 전 세계를 대표하는 IT기업이자 창업을 꿈꾸는 중국의 2030세대의 롤 모델이다. 세계적 유니콘 기업이 나온 것은 우연이 아니다. 중국은 기업가치가 10억 달러(한화 1조원)이상인 유니콘 기업을 205개나 탄생시킨 거대한 창업국가가 됐다. 중국의 창업전망은 여전히 밝다. 창업가들이 모이는 공간은 처쿠카페만 있는 것이 아니다. 3W카페, 푸윈카페, 광벨리 창업카페, 베타카페 등 수많은 창업카페들이 창업기지의 최전선에 있다.

한국 역시 이미 세계 최고의 창업 지원정책을 가지고 있다. 만 39세 이하 청년창업을 권장하기 위해 중소벤처기업부는 벤처 · 창업 분야에 2019년 예산 8,555억 원을 투입했다. 2018년 6,373

억 원 대비 38.9% 늘어난 규모다. 민간부문에서 초기 창업을 지원하는 액셀러레이터와 창업 인큐베이터(BI) 숫자도 급속히 늘고 있다. 정부의 창업지원 규모와 인프라만 보면 세계 10위에 들어갈 만큼 상당한 수준이다.

문제는 소프트웨어와 생태계이다. 창업정책에 매년 1조 원 가량을 쏟아 붓고 있는데도 2030세대 절반은 창업정책을 모르거나 무관심하다. 청년세대가 창업에 거부감을 갖는 이유로는 낮은 임금과 불확실한 근무기간을 꼽고 있다. 정부정책 자금만을 가지고 젊은 세대가 창업의 어려움을 호소하는 것은 문제가 있어 보인다. 자발적 창업이라기보다는 생계형 창업으로 생각하는 청년들이 많다는 것을 의미한다. 창업의 동기가 이스라엘이나 중국의 동기와는 사뭇 다르다는 것을 알 수 있다.

창업 이후도 문제다. 폐업의 90%가 1인 창업기업이다. 정책자금을 받기 위한 창업이 많다는 이야기이다. 자생력을 갖지 못하고 정책자금이 끊기면 문을 닫는다는 것이다. 청년창업이 신용불량자를 양산하거나 사회적 비용을 증가시키는 개체로 전락할 것이라는 우려도 만만치 않다.

한국청년기업가정신재단에서 얼마 전 청소년들에게 설문조사를 한 적이 있다. 청소년들은 기업의 상징성을 '부패'라고 정의했고, 창업은 '치킨집을 차리는 것'이라고 생각했다. 청소년들의 인식수준이 심각함을 알 수 있다. 이러한 인식수준에서 기업가 정신과 창업 마인드를 갖게 하는 것 자체가 난센스이다. 창업에 대한 생각을 바꿔야 한다. 건강한 창업생태계 없이는 대한민국의 미래는 결코 밝지 않기 때문에 더욱 그렇다.

초 · 중 · 고등학교 때부터 끊임없는 시도와 실패, 그리고 담대하게 질의하고 도전하는 이스라엘의 '후츠파'와 같은 기업가 정신 교육 프로그램을 더욱 집중해서 가르칠 필요가 있다. 대학가를 중심으로 창업 캠퍼스타운을 구축해야 한다. 대학의 R&D 인력과 투자자, 창업가 그리고 기업이 함께 창업 생태계를 조성할 수 있는 더 많은 공간이 조성돼야 한다.

⑨ 니즈 디자이너

사람들의 필요를 디자인해 주는 사람 또는 기업을 '니즈 디자이너(Neeeds Designer)'라고 한다. 맞춤형 서비스를 뜻한다. 스웨덴의 가구 기업 이케아의 매장을 가보면 맞춤형 서비스의 전형을 이해할 수 있다.

1997년 난생 처음으로 해외에 나간 곳이 캐나다 토론토였다. 해외 전문역이라는 신분으로 은행에서 파견을 보냈던 곳이다. 처음 조그마한 아파트를 얻었는데 가구가 하나도 없었다. 렌트를 도와준 사람에게 가구를 어디서 사느냐 하고 물었더니, 'Go IKEA'라고 한다. 모든 것이 있다는 것이다. 처음 이케아를 방문했을 때 충격은 지금도 생생하다. 없는 게 없는 'everything company'였다. 더 놀랜 것은 대부분이 조립을 해야 한다는 사실이다. 소비자들의 니즈를 반영해 맞춤형 서비스가 이루어진다는 사실을 깨달았다. 거의 25년이 지난 지금 한국에서도 여전히 이케아는 성업 중이다.

가구점뿐만 아니라 고객들을 위한 맞춤형 서비스는 어느 곳에서도 존재한다. 대표적인 산업이 교육산업이다. 아이들의 눈높이에 맞춘 학업지도와 진로지도를 하고 진학컨설팅을 하는 교육시장은 1:1맞춤형 서비스로 진화 중이다. 부모의 입장에서 보면 천편일률적인 수업 방식과 아이들의 적성이나 역량과 관계없는 진도빼기 수업 등은 식상하다. 대신 아이들의 적성과 역량을 먼저 파악한 다음 아이들의 수준에 맞는 눈높이 교육을 선호할 수밖에 없다. 특히 집안의 자녀는 점점 줄어드는데 반해 금전적 여유는 쌓여가는 요즘은 더욱 그러할 것이다.

사람이나 기업의 수요를 반영하는 1:1 맞춤형 서비스는 전 산업에 걸쳐 성업 중이다. 창업을 하는 사람들이 가장 먼저 해야 하는 것은 잠재고객을 설정하고 고객 맞춤 마케팅 전략을 세우는 것이다. 마케팅 용어로는 STP전략으로, 가장 먼저 고객의 범위를 설정하는 고객 세분화 전략(segmentation)이다. 모든 고객을 대상으로 영업을 한다는 것은 장사를 하지 않는다는 의미로 해석되기 때문이다. 여성 고객을 대상으로 한다면 연령대별로 분석을 해야 할 것이다. 만약 대도시에 사는 '커리어 우먼'을 대상으로 한다면 연령대가 30~40대로 정해지는 것이다. 다음은 대상 고객에 대한 목표전략(Targeting)이다. '대도시 30~40대 커리어 우먼'이 마케팅 대상으로 정해지면 구체적으로 고객을 더 세분화해서 1차 목표 고객과 2차 목표 고객을 정해야 한다. 강남에 거주하는 커리어 우먼을 대상으로 1차 목표를 삼는다면 다음은 강남에 사는 커리어 우먼의 특성을 다른 서울 지역과 지방 대도시에 사는 커리어 우먼과의 차이를 분석하는 일을 해야 한다. 마지막으로 해야 할 일은 1차 목표가 되는 고객에 대한 구체적인 제품이나 서비스가 이루어져야 한다. 이때 가장 중요한 개념이 바로 맞춤형 서비스이다. 대상고객에 대한 맞춤형 서비스를 실행하는 포지셔닝(Positioning) 전략이 그것이다.

'니즈 디자이너'는 내가 상대하는 고객이나 소비자가 무엇을 필요로 하는지를 분석하고 서비스를 제공하는 직업이다. 필요를 분석해서 고객에게 편익을 제공하는 직업으로 이해하면 될 것이다. 니즈 디자이너에게 가장 요구되는 덕목은 분석능력과 공감능력이다. 상대하고자 하는 고객의 필요와 그들이 상품이나 서비스를 통해 얻고자 하는 편익 등을 분석하는 일은 가장 중요하다. 이러한 분석이 앞으로 더 필요하고 정교해진다는 것은 빅데이터와 인공지능 때문이다. 분석 소프트웨어의 발달은 연령이나 성별, 소득수준, 직업이나 교육 정도, 가족의 구성과 종교, 인종, 국적과 같은 인구통계 등의 데이터는 쉽게 분석할 수 있다. 따라서 빅데이터와 인공지능을 활용한 변수분석은 소비자들을 분류하는 가장 기본적인 변인으로 작용할 것이다.

두 번째 중요한 것은 공감능력이다. 아무리 분석이 뛰어나다 하더라도 직접 서비스를 제공하는 니즈 디자이너의 공감능력이 떨어진다면 고객에게 올바른 서비스를 제공할 수 없기 때문이다. 요즘 각광받고 있는 직업중 하나인 자녀의 진로와 진학계획을 설계해 주는 진로진학상담사를 예로 들어보자. 아무리 공부를 많이 하고 분석능력이 뛰어난 상담사라 하더라도 고객과의 1:1 상담과정에서 고객의 니즈를 제대로 읽지 못하면 뛰어난 진로진학상담사라고 할 수는 없을 것이다.

직업으로써 니즈 디자이너의 전망은 여전히 밝다. 고객의 필요가 다양화 될수록, 마케팅 대상이 세분화 될수록 필요한 사람이 니즈 디자이너이니까 말이다.

⑩ 디지털 판옵티콘(panopticon)

판옵티콘은 그리스어로 '모두'를 뜻하는 'pan'과 '본다'는 뜻의 'opticon'이 합성된 용어로, 영국의 공리주의 철학자 제러미 벤담이 제안한 교도소의 형태이다. 교도소의 중심에 위치한 감시자들이 외곽에 위치한 피감시자들을 감시할 수 있도록 설계한 원형형태의 감옥이다. 피감시자들은 감시자들의 존재 여부를 확인하기조차 어렵다. 프랑스의 철학자 미셸 푸코(Michel Foucault)가 1975년 그의 저서 《감시와 처벌 Discipline and Punish》에서 현대의 컴퓨터 통신망과 데이터베이스가 마치 죄수들을 감시하는 '판옵티콘'처럼 개인을 감시하고 통제한다고 지적했다.

사실 정보통신기술의 발달은 필연적으로 거대한 정보를 한 곳으로 모으는 클라우드 환경이 필요해졌고, 클라우드 환경 하에서 개인 정보를 활용할 수 있는 빅 브라더가 탄생할지도 모른다는 불안감을 갖게 되었다.

직업으로써 디지털 판옵티콘은 정보를 모으는 사람 또는 기업이라고 할 수 있다. 해킹이나 개인 데이터 유출과 같은 '개인 정보의 부정적 사용'이라는 부정적인 시각에도 불구하고 대량의 디지털 정보를 모으는 사람과 기업은 더욱 필요해질 것이다.

이러한 기업을 '클라우드 관련 기업'이라고 한다. 클라우드 관련 기업은 크게 정보보안 관련 기업, 가상화 분야 관련 기업, 데이터베이스 분야 관련 기업, 핀테크 분야 관련 기업, 네트워크 관련 기업, 소프트웨어 분야 등 6개 분야로 나뉜다.

클라우드 관련 분야 및 기업 현황

분야	대표기업	키워드
정보보안	Crowdstrike Holdings, Palo Alto Networks, Zscaler	해킹
가상화	VMware	블록체인
데이터베이스	오라클, 알터릭스, Salesforce.com	빅데이터
핀테크	페이팔홀딩스, 스톤코	블록체인
네트워크	시스코시스템즈	클라우드
소프트웨어	어도비시스템즈,마이크로소프트, 애필	SW, AI

앞으로 이 분야는 블록체인 기술의 발달로 인해 더욱 성장할 것이다. 블록체인이란 네트워크에 참여하는 모든 사용자가 관리 대상이 되는 모든 데이터를 분산하여 저장하는 데이터 분산처리 기술을 말한다. 블록체인은 거래 내용이 담긴 블록(Block)을 사슬처럼 연결(chain)한 것이라 하여 붙여진 명칭이다. 다시 말해 거래

정보가 담긴 원장을 거래 주체나 특정 기관에서 보유하는 것이 아니라 네트워크 참여자 모두가 나누어 가지는 기술이라는 점에서 '분산원장기술(DLC ; distributed ledger technology)'이라고 부른다.

디지털 정보를 한 곳에 가두는 기술인 클라우드와 나눠서 가두는 기술인 블록체인은 향후 정보통신분야의 핵심기술 분야뿐만 아니라 새로운 직업을 창출하는 보고로서의 역할을 할 것이다. 스마트 팩토리를 기반으로 한 전통적 제조업의 혁신 분야뿐만 아니라 핀테크와 가상화폐, 사이버보안을 중심으로 한 금융분야 그리고 LMS 기반의 맞춤형 교육 분야에 이르기까지 무궁무진할 것이다. 이제 직업은 산업 속에 있는 것이 아니라 산업을 아우르는 전문직업들이 속속 탄생할 것이다. 그런 의미에서 디지털 판옵티콘은 미래 직업의 첨병이 될 것으로 확신한다.

2

경험을 위한 세상여행, 다빈치를 환생시켜라

2019년 여름 서부 유럽과 북부 이탈리아의 도시를 여행했다. 여행 중에 나의 큰 관심사 중 하나는 유럽의 르네상스 부흥을 이끄는 데 재정적으로 가장 큰 기여를 했던 메디치 가문과 레오나르도 다빈치였다. 대영박물관에서 본 모나리자의 강렬한 인상을 뒤로 하고 도착한 피렌체는 여전히 과거의 영화를 볼 수 있는 도시였다. 작지만 짜임새 있는 이 도시는 르네상스 시대의 수많은 예술가들과 그들을 후원했던 메디치 가문의 경영자들의 손길을 만날 수 있었다. '위대한 로렌초'로 불리는 손자 로렌초 데 메디치는 할아버지가 은행 경영을 통해 번 막대한 재산으로 할아버지가 세웠던 플라톤아카데미에 후원했으며, 피렌체에 있던 당대의 위대한 예술가들을 재정적으로 지원했다. 23년간의 통치기간 동안 보티첼리와 미켈란젤로와 같은 혁신적인 예술가를 키웠을 뿐만 아니라 수많은 공방의 이름 없는 제작자들을 후원한 것이다. 피렌체 베키오 다리를 중심으로 시내골목 마다에 흩어져 있는 수많은 공방들에는 여전히 그들의 흔적이 남아있었다.

기업의 인재상은 학문적으로 어떤 의미를 가지고 있을까? 좀 더 현실적으로 향후 우리 아이들은 대학에서 어떤 학문을 전공해야 미래 기업조직에서 경쟁력을 가질 수 있을까?

여기서 우리는 통섭과 융합학문에 대한 이해를 할 필요가 있다. '지식과 학문의 융합'을 뜻하는 '통섭(Consilience, 通攝)'은 지식정보사회의 새로운 화두이다. 그 이유는 현대사회가 복잡하고 다원화되면서 다층적인 문제 해결을 위해 분야 간 경계 허물기와 지식의 융합을 필요로 하기 때문이다.

이에 따라 다양한 방면을 두루 이해하는 통섭형 인재에 대한 수요가 산업 각 분야에서 늘어나고 있다. 하버드대학이나 MIT 등 미국의 명문대학에서는 통섭형 인재를 양성하기 위해 오래 전부터 인문학과 자연과학의 교류를 지속하고 있다. 일본도 마찬가지이다. 일본의 대학에는 '학제계열학부'라는 것이 있다. 인문계열, 사회과학계열, 자연과학의 틀에 얽매이지 않고 학문과 학문의 접점을 연구하는 학부를 말한다. 르네상스 시대 '과학과 예술의 혁명가'라고 불렸던 레오나르도 다빈치와 같은 통섭형 인재가 이제 필요해졌다.

우리나라도 새로운 인재 양성을 위한 국가 차원의 해법이 필요하다. 현실은 어떨까? 일부 대학들이 학과간의 융합이나 교류 등을 개방적으로 운영하는 프로그램을 일부 도입하고 있다. 'IT융합학과' 'AI융합학과' '미래융합대학' '무학과' '자유전공학부' 등의 노력이 그것들이다. 그러나 여전히 '통섭형 인재양성 시스템'은 걸음마 수준에 불과하다.

그렇다면 대학에서 요구하는 통섭형 인재란 무엇을 갖추어야 할까? 먼저 인문학적 이해와 풍부한 상식이 필요하다. 다음으로는 자연과학에서 요구하는 논리적 사고 방식과 인식론을 갖춰야 한다. 그리고 마지막으로 자기의 전공분야에 대한 깊이 있는 이해와 응용력, 즉 경쟁력 있는 전공실력이 필요하다.

수학자, 과학자, 건축가, 그리고 화가였던 레오나르도 다빈치를 현대 사회의 통섭형 인재의 전형으로 보기는 어렵다. 그것은 르네상스 시대에 다빈치와 같은 인재들이 통섭형 사고가 가능했던 것이 당시 다양한 학문의 깊이가 현대의 기준으로 볼 때 그렇게 깊지 않았기 때문이기도 하다. 그러나 르네상스 시대의 다빈치와는 다르지만 분명히 다빈치와 같은 융합형 인재를 미래는 요구하고 있다. 오늘날은 너무나 다양한 학문이 각기 깊은 수준으로 연구되고 있으며 또한 빠르게 발전하고 있기 때문에 이 모든 학문들을 혼자서 두루 이해하기란 사실상 불가능하며, 비효율적일 수 있다. 그러나 한 분야만을 깊이 있게 이해하고 그 안에만 머무르는 사람은 현대사회의 다층적 문제 해결을 할 수 없다. 그렇기 때문에 인문학과 자연과학 등의 교류를 통한 통섭형 시도가 계속되어야만 하는 것은 자명한 일이다. 현대사회에 적합한 통섭형 인간의 기본 조건은 자기 전문 분야에 관한 깊이 있는 수준의 지식과 전문성을 전제한 사람이다. 또한 동시에 다양한 방면의 생각들을 쉽게 받아들이고, 이해하며, 적용할 수 있는 유연한 사고를 가진 인간형이어야 한다.

하버드, 스탠포드, MIT 등에서 학문적 통섭을 통해 융합학문을 공부한 사람들이 최근 각광받고 있는 미래융합직업의 프론티어로서 일을 하고 있다. 미래융합직업이란 주로 과학, 의료, 컴퓨터 등의 학문이 서로 교류하면서 하나의 직업군으로 자리 잡는 것을 뜻한다. 그러나 미래융합직업을 온전히 이해하기란 쉽지 않다. 이유는 이것이 현재 직업분류 기준으로 분류된 직업이 아니라 몇 명의 프론티어를 기준으로 하기 때문이다. 이러한 미래융합직업은 기업에서 나오기 보다는 대학의 실험실에서 나온다. 가장 선두주자는 미국의 MIT다. 그 중에서도 특히 MIT의 Media

Lab은 이러한 융합직업의 산실이라 할 수 있다. 철학, 심리학, 역사학을 배운 인문학도에서부터 의학, 생명공학, 엔지니어링을 배운 공학도, 음악, 미술을 배운 예술학도에 이르기까지 다양한 학문적 배경을 지닌 학생들이 인접학문을 함께 공부하면서 새로운 상품을 만들어 내는 과정에서 세상에 처음 선보이는 직업이 탄생한다. 최첨단 미래 융합직업의 사례를 소개해 본다.

사례 1

- **직 업** : Hyperinstrument Engineer
- **융합직업** : Composer(작곡가) + Computer Engineer(컴퓨터 공학자) + Educator(교육자)

Composer(작곡가)

작곡가는 자신이 표현하고자 하는 음악적 선율을 악보에 담아 기록한다. 작곡의 양식은 개인 · 시대 · 민족 · 사회, 그 밖의 갖가지 요소에 의해서 규정된다. 일반적으로 작곡은 무정형의 충동이라고 해야 할 창작기분 · 주요한 악상의 구상 · 내적 정련 · 외적 완성이라는 과정을 취하는데 이 과정에서는 영감과 사고가 중요한 역할을 한다.

Computer Engineer(컴퓨터 공학자)

컴퓨터 공학자는 컴퓨터 및 관련 장비의 개발을 계획하고 설계, 조정하며 전자 칩, 부품, 회로 및 제어시스템을 테스트하기 위한 장치 및 절차를 개발한다. 그리고 컴퓨터의 중앙처리장치, 주변장치, 입력장치, 출력장치 및 보조 기억장치들의 성능을 향상시키기 위하여 컴퓨터 시스템을 설계하고 개발하며 설치 및 운영에 대한 기술 자문과 지도를 수행한다. 또한, 컴퓨터 및 관련 장비의 설치, 설비, 변경 및 기타 작업을 감독하고 검사할 뿐만 아니라 기술자 및 기타 엔지니어를 관리하는 업무 담당하는 일을 한다.

Educator(교육가)

교육은 지식, 기술, 기능, 가치관 등을 가르치고 배우는 활동이다. 또는 교육은 학생이 보다 나은 생활을 영위하기 위해 또한 그로 인하여 사회가 유지 · 발전될 수 있도록 학생이 갖고 있는 능력을 끌어내어 새로이 습득하게 하는 활동이다. 교육가는 위와 같은 활동을 주관하고 학생의 본보기 및 인생의 인도자가 되어 학생들의 밝은 미래를 위한 기틀을 형성하는 역할을 맡는다.

Hyperinstrument Engineer (하이퍼인스트러먼트 기술자)의 정의

바이올린과 같은 현악기 연주를 배우지 않고도 머릿속에서 연주를 상상하면 연주가 자동으로 된다면 어떨까? 가끔 우리는 상상 속에서 악기 연주를 하고 싶어 할 때가 있다. 이러한 상상을 현실로 만들어가는 사람들을 하이퍼인스트러먼트 기술자라고 부른다. 하이퍼인스트러먼트 기술자란 악기연주를 배우지 않는 사람도 본인의 감각기관을 이용해 악기 연주를 할 수 있는 특별히 고안된 악기를 만들고 이를 연주할 수 있도록 도와주는 사람을 말한다. 현대 기술과 개량된 전통적인 악기의 조합으로 이루어진 차세대 악기를 이용해 전문적인 교육을 받지 않은 성인이나 어린이, 악기를 연주하기 힘든 장애우들이 쉽게 악기를 연주할 수 있도록 개발된 것이다. 이와 같은 직업을 갖기 위해서는 작곡에 관한 지식을 바탕으로 수많은 전통적 악기의 소리와 서로 조화를 이루는 악기들 간의 관계와 작곡법을 알고 있어야 한다. 또한, 컴퓨터 공학적 지식을 바탕으로 전통적 악기에 현대 기술을 접목시키기 위해 컴퓨터 및 관련 장비의 개발을 계획하고 설계, 조정하여 전자 칩, 부품, 회로 및 제어시스템을 테스트하기 위한 장치 및 절차를 개발할 수 있는 능력을 필요로 한다. 뿐만 아니라 처음으로 악기를 접하거나 몸이 불편한 사람들에게 본 악기의 연주 방법 및 이를 활용하는 방법을 가르쳐주는 교육자로서의 너그러움과 인격 그리고 교육학과 관련된 지식 또한 갖고 있어야 한다.

하이퍼인스트러먼트 기술자들은 4개의 주요 프로젝트 팀(개발, 연주, 교육, 치료)에 투입된다. 개발 팀은 연주 · 교육 · 치료 팀에서 요구하는 새로운 종류의 하이퍼인스트러먼트를 연구 및 개발한다. 보다 연주하기 편하고 단순하게 생긴 악기를 만들며, 이들 중 압력을 가하는 힘의 정도 및 방향에 따라 음의 높낮이와 소리의 세기가 자동적으로 변하는 공 모양의 악기 등이 그 예이다. 치료 팀은 과학적으로 증명된 음악의 치료효과에 기반을 둔다. 개발 팀에서는 사람에게 센서를 장착, 눈동자에 따라 자유롭게 음악을 연주할 수 있는 기계를 개발한다. 이를 통해, 정신적 질환을 앓고 있는 사람들이나 장애우들이 음악적 표현을 통해 치료를 받을 수 있도록 도와준다. 교육 팀은 아이들이나 성인들이 자신의 생각대로 자유롭게 연주를 할 수 있도록 특별히 제작된 하이퍼인스트러먼트를 이용하여 연주할 수 있도록 돕는다. 그리고 연주팀에서는 하이퍼인스트러먼트를 이용한 여러 가지 음악 공연이나 오페라 등을 기획하고 제작하는 일을 한다.

사례 2

- **직 업** : Tissue Formulator
- **융합직업** : Chemical Engineer(화학공학자) + Biomedical Engineer(생명과학자)

Chemical Engineer(화학공학자)

화학공학기술자는 석유, 광물 등 천연자원으로부터 생활에 필요한 화장품, 섬유, 고무, 플라스틱 등 각종 화학제품을 만드는 화학공정을 연구하거나 필요한 장비를 설계하고 개발한다. 또한 설계에 맞는 장치를 만들고, 만든 장치를 지속적으로 감독할 뿐만 아니라 그것이 안전기준에 부합하는지 확인하는 일까지 맡아야 한다. 화학공장의 공장제어시스템을 전문으로 다루며 컴퓨터와 마이크로프로세서를 통해 제어하는 일을 담당한다. 그리고 화학가공관련 장치 및 장비를 설계하고 검사하며 장치의 운용, 유지, 개선, 보수 작업을 하거나 감독하는 일을 한다. 이밖에 품질관리 프로그램을 운영하거나 품질통제전략을 세워 원료와 제품 그리고 폐기물에 대한 명확한 기준을 확립하기도 한다.

Biomedical Engineering(생명공학자)

의공학은 물리학, 화학, 수학, 컴퓨터과학 그리고 공학의 원리를 통합하여 생물학, 의학, 행동과학, 건강에 관련된 내용을 공부하는 분야이다. 의공학은(관련분야의) 근본 원리를 정립하고 발전시킨다. 분자 수준에서(생명체의) 장기 시스템 수준에 이르기까지의 지식을 정립하고 예방, 진단, 질병의 치료, 환자의 재활 그리고 건강 증진을 위하여 의약물(biologics), 재료, 처리절차, 생체에 이식하는 물건, 의료장치, 의료정보 시스템 등을 개발한다.

Tissue Formulator(조직 제조인)의 정의

조직 제조인은 레고(Lego)를 세우듯 인공 조직을 이용해 인공세포를 만들고, 만들어진 세포들을 특정 신체 기관의 세포 배열과 동일한 형태로 인공 세포들을 배열하여 인공 기관을 만들어 인간에게 이식한다. 화학 공학적 지식을 바탕으로 각기 다른 신체 기관을 형성하는데 있어서 가장 적합한 재료를 만들어 내기 위해, 화학제품 형성, 장비 설계 및 개발, 장비의 지속적인 관리 등과 같은 능력을 요구한다. 또한 의공학적 지식을 바탕으로 신체 기관과 동일한 기능 및 형태를 이루는 인공 기관을 만들기 위해 분자에서 장기 시스템 수준에 이르기까지의 지식을 정립하고, 생체에 이식하는 물건, 의료 장치, 의료정보 시스템 등을 이해해야 한다.

조직 제조인 대부분은 구조 분석을 통한 배열구조 및 적합한 재료를 파악한다. 구조 분석 담당 부서는 신체기관의 구조를 조직 · 세포 · 기관 3 부분으로 나누어 모두 연구한다. 이후 각 부분의 생성 및 배열을 담당하는 조직 생성 부서, 조직 배열 부서, 세포 배열 부서에게 연구 자료를 배포한다. 연구된 자료를 통해 조직 생성 부서는 목표 기관의 형성에 가장 적합한 재료를 이용, 이의 조직과 동일한 형태의 인공 조직을 생성한다. 생성된 인공 조직은 조직 배열 부서에게 전달되어 연구 자료를 바탕으로 조직을 배열하여 세포를 형성한다. 이와 같은 방식으로 세포 배열 부서는 인공 세포를 이용해 인간의 신체기관과 동일한 형태로 배열하여 인공 기관을 형성한다.

예를 들어 인공 피부를 만든다면 먼저 피부의 구성 성분 및 구조를 분석하여 진피 · 표피 · 피하조직 등을 각각 생성한다. 이후 인공 조직은 조직 배열 부서로 전달된 후 이를 배열하여 인공 피부 세포를 형성한다. 소수의 세포 배열 부서원은 피부 세포를 이용해 이를 배열하여 인공 피부를 만든다.

사례 3

- **직 업** : Micro-Robot Developer
- **융합직업** : Computer Engineer + Mechanical Engineer + Electrical Engineer + Biologist

Biologist(생물학자)

생물학자는 살아있는 유기체와 그들 환경에 대한 상호관계를 연구하고 생명체의 성장과 관련한 문제를 연구한다. 대다수는 동물학 또는 미생물학(미세유기체의 연구)과 같은 생물학의 일부 분야를 전문화한다. 대부분의 생물학자들은 연구 및 개발업무를 한다. 이들 일부는 바이러스와 박테리아, 기타 전염성을 가진 병원체 등의 살아있는 유기체에 대한 지식을 발전시키는 기초 연구를 수행하고 과거의 연구로 암과 기타 질병을 위한 백신, 약 및 치료방법이 개발된다.

Mechanical Engineer(기계공학자)

기계공학자는 기계공학의 원리를 응용하여 각종 기계기구와 산업설비를 연구하고 개발한다. 또한 이들은 기계기구와 산업설비를 설계하고 제조, 생산 공정을 감독하는 일을 한다. 공작기계, 섬유기계, 농업기계 등의 일반기계와 발전기, 변압기 등의 전기기계, 의료기기, 시계 등의 정밀기계, 자동차, 항공기, 선박 등의 수송기계와 금속제품 등의 영역에서 일을 한다. 이들은 각종 기계 및 설비, 공구에 대해 연구개발과 설계를 하고 제작 및 유지, 보수하는 작업을 총체적으로 기획하고 관리한다.

Electrical Engineer(**전기공학자**)

전기공학기술자는 우리의 생활에서 빼놓을 수 없는 전기의 생산, 분배, 그리고 소비에 이르기까지 관련된 설비나 장치 그리고 시스템 등을 연구하고 설계하며 운영, 그리고 관리한다. 전기를 생산하는 발전에서부터 변전, 송전, 배전에 이르는 전기 수송 일련의 과정을 연구하며 신기술 개발 또한 발전과 송배전 설비들을 안정적으로 운용하고 성능을 높이는 기술을 연구한다. 전 · 변전 설비, 내외선 동력설비 공사를 비롯해 아파트, 공장, 건물 등 각종 시설물에 필요한 전기를 설계하고 설계 도면대로 시공이 되고 있는지 감리한다. 그리고 기존의 전기설비들이 안전하게 운용되고 있는지도 정밀하게 진단하고, 문제점이 발견되면 위험요소를 제거하는 등 해결책을 제시한다.

Informative Micro-Robot Developer(정보형 마이크로 로봇 개발자)의 정의

정보형 마이크로 로봇 개발자란 카메라가 장착된 초소형(밀리미터에서 센티미터 크기)의 로봇을 개발하는 사람들을 일컫는다. 흔히 첩보 · 전쟁 영화를 보면 인명 피해를 최소화하기 위한 방법으로 사람이 관찰하기 힘든 곳에 새 형태의 정보 수집용 비행 물체를 날려 정보를 얻는 장면이 많이 등장하곤 한다. 이와 같은 방식의 원리를 이용하되, 크기를 급격히 줄여 실제 파리 및 곤충과도 같은 크기의 로봇을 개발한다. 생물학적 지식을 바탕으로 곤충의 외관 · 기능상의 동일한 형태, 구조 및 움직임을 모방하기 위해 곤충에 관한 전반적인 지식을 갖추고 있어야 한다. 또한, 초소형 크기의 로봇을 제작하기 위한 방법으로 기계기구와 산업설비를 설계하고 제조, 생산 공정을 감독하는 일 등의 기계 공학적 지식을 필요로 한다. 뿐만 아니라 비행 · 정보 수집 · 원격 제어가 가능한 로봇을 제작하기 위해 설비나 장치 그리고 시스템 등을 연구하고 설계하며 운영하고 관리하는 전기 공학적 지식을 요한다.

정보형 마이크로 로봇 개발자들은 크게 2 부분(소프트웨어 축소, 하드웨어 축소)으로 나뉜다. 소프트웨어 축소 담당은 로봇 곤충의 기능을 강화하는 측면에 힘을 쓰고, 카메라 및 원격 제어 장치 등을 초소형으로 축소하는 작업을 주로 한다. 반면, 하드웨어 축소 담당은 곤충과 동일한 혹은 보다 작은 외형을 만드는데 주력하게 된다.

3

미래직업 트렌드 읽기

청년들의 일자리 문제가 국가정책의 중요한 과제로 자리 잡은 지 오래되었다. 그만큼 청년 일자리가 중요하기도 하지만 어렵다는 것을 뜻한다. 최근에 정부는 혁신성장 8대 선도 사업을 발표했다.

한국고용정보원은 혁신성장 선도사업과 연계된 직업전망을 최근 발표하면서 향후 8개 분야에서 유망한 직업군을 소개했다. 특히 이공계와 관련된 기술 분야는 물론이고, 인문 · 사회 · 예술계열 청년들이 진출 가능한 분야와 관련된 정보를 소개함으로써 다양한 배경의 청년들이 진출 가능한 미래 일자리를 소개하고 있다.

※ 자료 : 2020청년층 혁신성장 직업전망, 한국고용정보원, 2019.12월 요약정리

혁신성장 8대 선도 사업

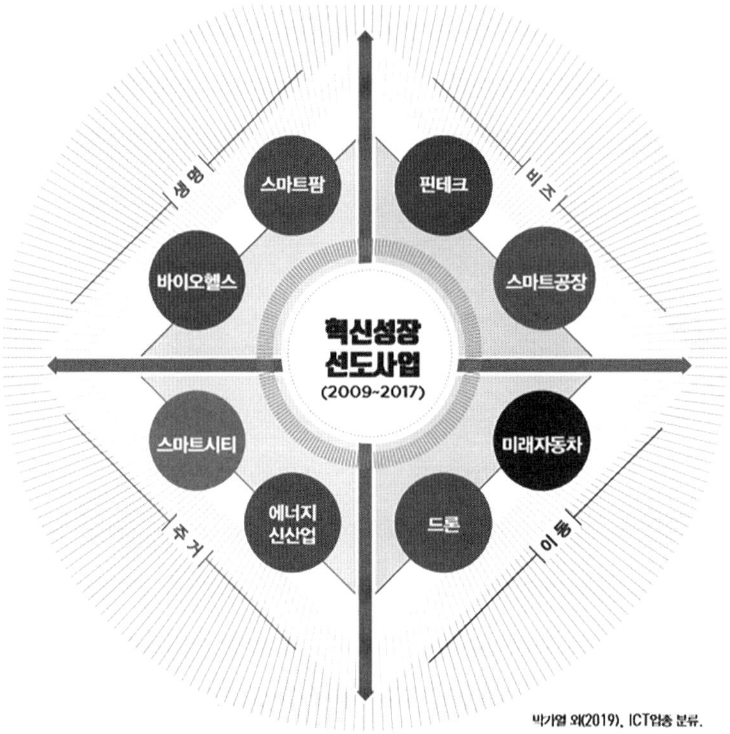

박가열 외(2019), ICT업종 분류.

① 스마트 팜

▶ **정의** : 스마트팜이란 사물인터넷, 빅데이터 등의 ICT를 활용해 농업생산시설의 생육환경을 원격 또는 자동으로 제어할 수 있는 농장을 말한다.

▶ **현황** : 우리 농업은 글로벌 시장 개방화에 따른 국내 농산물 수요 감소와 농업 인력의 고령화, 농업에 진출하려는 청년층의 부족 등으로 성장 동력이 약화되고 있다. 이런 현실에서 디지털 혁신기술을 접목한 스마트팜은 우리 농업의 경쟁력을 높이고 청년들의 농업 진출을 촉진할 수 있는 효과적 대안으로 떠오르고 있다.
정부는 스마트팜 구축을 통해 노동생산성을 높이고 연중 안정적인 생산을 바탕으로 구매자의 요구에 대응해 수출을 확대하는 한편 전문재배사 · 소프트웨어 개발 · 사물인터넷서비스 기업 진출 등을 통해 새로운 일자리 창출을 기대하고 있다.

핵심직업	스마트팜컨설턴트	스마트팜구축가
하는 일	시설원예 및 축산농가를 대상으로 사물인터넷 등 ICT를 활용해 스마트팜의 설계, 구축, 운영 등에 관해 조언 및 지도를 한다.	스마트팜 설치를 희망하는 농업인을 대상으로 컨설팅을 제공하고 비닐하우스, 축사, 과수원 등에 ICT를 접목, 원격 또는 자동 제어 할 수 있는 스마트팜 설치와 장비 및 소프트웨어 개발을 한다.
필요역량	• 스마트팜 설계, 구축, 운영 • 고객 요구사항 분석 • 컨설팅 범위 및 예산, 기간 산정 • 통신방식 및 서비스 형태 분석 및 도출 • 스마트팜의 효과 분석 • 모니터링을 통한 개선방안 수립	• ICT활용 장비 및 소프트웨어 개발 • 작물의 생육환경과 생육상황에 대한 측정 • 수집한 자료 분석 • 농가의 작물재배와 경영활동에 대한 컨설팅 • 빅데이터 분석 및 활용 • 스마트팜 교육
관련학과	• 강원대 미래농업융합학부 · 도시농업학과 • 공주대 교육대학원 농업교육전공 • 대구대 도시농업학과 • 서울대 대학원 농업교육과	• 서울여대 스마트농업공학전공 • 전남대 산업대학원 농업개발학과 • 경북대 농업생명융합대학원 농업공학전공 등

② 바이오헬스

▶ **정의** : 생체 또는 생물학적 시스템을 활용하는 바이오기술과 정보를 활용하여 질병예방, 진단, 치료, 건강증진에 필요한 유용한 물질과 서비스를 생산하는 의약 · 의료산업을 말한다.

▶ **현황** : 바이오헬스산업은 생명공학, 의 · 약학 지식에 기초해 인체에 사용하는 제품을 생산하거나 서비스를 제공하는 산업으로 의약품, 의료기기 등의 제조업과 디지털 헬스케어 서비스 등 의료 · 건강관리 서비스업을 포함한다. 전 세계적으로 인구 고령화와 건강 관련 수요증가로 바이오헬스의 세계시장 규모는 빠르게 확대될 전망이며, 미래 성장가능성과 고용효과가 큰 유망 신산업으로 부각되고 있다. 제약 · 의료기기 등 제조업과 보건의료서비스 분야에서 최근 5년간 17만 개의 일자리가 증가해 고용기여도 또한 높은 산업이다.

핵심직업	생명과학연구원	스마트헬스케어전문가
하는 일	생물학, 의약, 식품, 농업 등 생명과학분야의 이론과 응용에 관한 연구를 통해 다양하고 복잡한 생명현상을 탐구하는 일을 한다. 연구수행을 위한 실험, 분석, 보고서 작성업무를 수행한다.	건강측정기 등 액세서리나 웨어러블 기기를 활용해 개인 스스로 운동량, 심전도, 심장박동 등을 체크해 건강을 관리할 수 있는 헬스케어서비스를 기획, 운영하거나 건강관리 애플리케이션을 개발하는 일을 한다.
필요역량	• 생명체에 대한 기초 원리 및 응용연구 • 연구수행에 필요한 실험, 분석, 보고서 작성 • 안전수칙 준수 • 운동량, 심전도, 심장박동 체크 및 관리 • 헬스케어서비스 분석 • 건강관리 애플리케이션 개발 • 빅데이터 분석	• 헬스케어서비스 운영 • 개인의 생활습관, 신체 검진, 의료이용 정보, 유전체 정보 분석 • 의료지식 • IT, 컴퓨터에 대한 기본 지식 • 관련 전문가들과의 협업 • 의사소통 능력
관련학과	• 가천대 바이오메디컬전공 • 강원대 BT특성화학부 바이오산업공학부 • 건양대 나노바이오화학과 • 과학기술연합대학원대학교 바이오-메디컬융합 • 동의대 대학원 스마트바이오헬스학과	• 서울과학기술대 일반대학원 바이오IT소재융합협동과정 • 성균관대 글로벌바이오메디컬공학과 • 세명대 바이오헬스마케팅학과 • 안동대 일반대학원 바이오ICT융합공학과 • 차의과학대학 바이오공학과 • 한국외국어대 바이오메디컬공학전공 등

③ 스마트 시티

▶ **정의** : 도시의 경쟁력과 삶의 질 향상을 위해 건설 · 정보통신기술 등을 융 · 복합해 건설된 도시기반시설을 바탕으로 다양한 도시 서비스를 제공하는 지속 가능한 도시를 말한다.

▶ **현황** : 도시화에 따른 각종 도시문제가 심화되면서 전 세계적으로 도시 인프라를 확충하는 대신 기존 인프라를 효율적으로 활용해 저비용으로 도시문제를 해결하는 접근방식이 주목받고 있다. 이의 일환으로 최근 부각한 스마트시티는 빅데이터 · 인공지능(AI) 등 지능형 인프라, 자율차 · 드론 등의 이동체, 가상현실, 신재생에너지 등 혁신기술을 활용해 도시문제를 개선하고 효율화하는 것이다. 우리 정부 역시 4차 산업혁명에 대응하는 미래 성장동력으로써 스마트시티 정책을 추진 중이며 교통, 에너지, 환경 분야에서 그 파급효과가 클 것으로 기대하고 있다.

핵심직업	도시계획가 및 교통전문가	컴퓨터보안전문가
하는 일	• 도시계획가는 도시 기능의 효율성을 높이기 위한 도시계획 및 설계를 하고 부동산 개발, 도시재생사업 등을 관리하거나 컨설팅을 한다. • 교통전문가는 도로 설계, 교통시스템 설계 및 구축, 교통수요 분석, 도로교통 안전 연구, 교통사고를 분석하는 일을 한다.	도시의 다양한 개인, 공동체, 지방자치단체, 경찰, 병원 등의 데이터를 관리하고 개인용 PC, 프로그램 소스코드 분석, 시스템 접근 권한에 이르기까지 보안 취약점을 분석해 최적의 시스템을 설계 · 제시하는 일을 한다.
필요역량	• 도시계획 및 설계 • 부동산 개발 및 도시재생사업 컨설팅 • 도로 설계 • 교통시스템 설계 및 구축 • 교통수요 분석 • 도로교통 안전 연구 • 교통사고 분석 • 도시에서 취합된 각종 영상 및 정보데이터 관리 • 센서 및 매체, 신호 관리 • 프로그램 소스코드 분석	• 보안 취약점 분석 • 최적의 보안시스템 설계 • 도시와 인간, 자연에 대한 종합적 이해 • 정책 기획 • 표준화 전략 및 환경정책 수립 • 전산, 기술 분석 • 기술 설계 • 도시 및 교통 분야의 미래상을 제시할 수 있는 창의력 • 다양한 이해관계자와 협상 및 의사소통 능력 • 혁신적, 탐구적 성향
관련학과	• 강남대 도시공학과 • 경상대 도시공학과 • 서울대 스마트도시공학전공 • 서울시립대 대학원 스마트시티학과 • 서울시립대 국제도시과학대학원 • 영산대 스마트시티공학부	• 연세대 도시공학과 • 중앙대 도시공학과 • 한세대 대학원 스마트시티안전융합학과 • 한밭대 도시공학과 • 홍익대 건설도시공학부 등

④ 에너지 신산업

▶ **정의** : 석유, 가스 등 화석연료를 이용한 에너지 공급 중심의 산업에서 벗어나 에너지의 이용 효율을 높이고, 에너지를 삶의 질 제고를 위해 활용하는 새로운 비즈니스 모델을 말한다.

▶ **현황** : 2000년대 들어 급성장한 에너지 신산업은 기후변화대응, 에너지 보안, 수요관리 등 에너지 분야의 주요 현안을 효과적으로 해결하기 위한 문제 해결형 산업이다. 시장 흐름에 맞춰 가용 가능한 신기술 및 정보통신기술 등을 신속하게 활용해 사업화하는 새로운 형태의 비즈니스 사업군이기도 하다. 에너지 이용 효율을 높이고 에너지를 삶의 질 제고에 활용하기 위해 기존 에너지 산업에 ICT, 자동차 등 제조업, 농업, 금융 등 다른 산업과 융합해 미래사회를 변혁할 혁신모델을 적용하고 있다.

핵심직업	에너지공학기술자	신재생에너지전문가
하는 일	태양광, 풍력 등 신재생에너지를 연구하고 개발하며 에너지의 비용을 줄이거나 에너지 효율을 높이기 위한 방법을 고안해 관련 시스템을 개발, 관리하며 에너지 효율과 관련된 업무를 기획 · 평가하는 일을 한다.	태양광, 태양열, 풍력, 지열, 수력, 수소, 연료, 전지, 바이오, 폐기물 등 전문 분야에 따라 에너지기술을 연구하고 시스템 및 모듈, 부품, 태양광 패널 등 소재 개발, 축전지, 에너지 최적화를 위한 제어시스템 등을 개발하는 일을 한다.
필요역량	• 신재생에너지 기술관리 및 설치 • 새로운 연구에 대한 호기심 • 연구기획 능력 • 지속적으로 연구개발을 추진하는 추진력 • 데이터 분석을 위한 논리적인 사고 능력 • 공정하게 연구를 수행하는 공정성 및 책임감	• 조직과 조화를 이루기 위한 사회성 • 안전규정 준수 • 전기, 화학, 기계 관련 전문기술 • 신재생에너지에 대한 관심과 열정 • 논리력 • 협업 능력
관련학과	• 건국대 미래에너지공학과 • 경북대 일반대학원 수소 및 신재생에너지학과 • 경상대 융합과학기술대학원 그린에너지공학전공 • 목포대 스마트에너지시스템학과 • 서울대 에너지자원공학과 • 서울과학기술대 에너지환경대학원 신에너지공학과 • 숙명여대 일반대학원 기후환경에너지학과	• 영남대 일반대학원 그린에너지융합공학과 • 연세대 대학원 기후변화에너지융합기술협동과정 • 이화여대 기후에너지시스템공학전공 • 전남대 미래에너지공학융합전공 • 창원대 그린에너지대학원 수소 및 바이오에너지전공 • 한림대 일반대학원 기후에너지협동과정 • 한양대 공학대학원 에너지자원공학과 등

⑤ 드론

▶ **정의** : 조종사가 탑승하지 않고 무선전파로 조정할 수 있는 비행물체로 카메라, 센서, 통신시스템 등을 탑재하고 있다.

▶ **현황** : 드론은 사람이 탑승하지 않고 무선전파의 유도에 따라 비행하는 비행기 혹은 헬리콥터 모양의 비행물체를 말한다. 처음엔 군사용 목적으로 개발돼 발전해 왔으나 최근에는 의학, 재난, 예술, 취미 분야에서 수요가 증가하면서 상업용 드론시장이 확대되고 있는 추세다. 드론은 특히 여러 산업 분야와 융합이 가능해 다양한 기능으로 발전이 가능한 하드웨어뿐 아니라 소프트웨어 개발을 통해 비약적 변신이 기대되는 분야다.

핵심직업	드론전문가	드론콘텐츠전문가
하는 일	설계 및 개발을 위해 컴퓨터통신, 영상 등에 대한 지식을 가지고 3D모델링, 지상통제장치, 임무 탑재체, 데이터링크, 이 · 착륙장치 등 다양한 분야에서의 임무를 지원하는 응용장치를 연구하고 개발하는 일을 한다.	사진, 영상, VR제작, 문화공연, 스포츠, 축제 등에서 활용가능한 다양한 콘텐츠의 주제를 발굴하고 기획하는 일을 한다.
필요역량	• 지상운용 • 내부운용 • 촬영운용 • 이송운용 • 살포운용 • 드론 관련 항공법규 해석 • 비행원리 이해 • 자동비행경로 운용 • 드론 화물 적재	• 방제장비 운용 • 구조물 정비 • 엔진 정비 • 드론시스템 구조에 대한 이해 • 공구, 장비의 사용 • 부품 교환 • 프로그램 조작 • 기술과 다양한 정보분석을 통한 콘텐츠 제작 능력
관련학과	• 강원도립대 ICT드론과 • 포항대 국방드론항공과 • 인제대 드론 IoT시뮬레이션학부 • 배재대 드론 · 로봇공학과 • 부산과학기술대 드론공간정보과 • 창원문성대 드론공간정보과	• 서해대 드론과 • 영상대 드론교통공학과 • 마산대 드론로봇공학과 • 한국영상대 드론영상정보과 • 초당대 드론학과 • 충북도립대 컴퓨터드론과 등

⑥ 미래자동차

▶ **정의** : 자동차와 ICT의 융합에 따라 안전성과 편의성이 향상된 차로 '친환경화', '지능화'로 표현할 수 있다.

▶ **현황** : 가까운 미래에 우리가 경험할 자동차는 단순히 탈 것을 넘어 스마트폰과 같이 동작하는 일종의 디바이스(Device) 역할을 수행할 것으로 보인다. 기술의 발전에 따라 운전자가 개입하지 않는 완전자율주행, 화석연료를 사용하지 않는 수소연료자동차, IoT 기술기반의 원격제어 기능까지, 자동차 하나로 모든 것을 다 하고 이동도 할 수 있는 시대가 오고 있다. 미래자동차로 대변되는 스마트 자동차는 환경문제에 대응하고 사람의 편의성을 높이며 안정성을 갖춘 지능형 산업으로 발전해가고 있다.

구분		
핵심직업	신소재개발연구원	무인자동차엔지니어
하는 일	차량의 배터리를 만드는 핵심소재, 차량에 사용되는 각종 전장부품의 소재, 디스플레이 관련 소재 등을 개발하는 일을 한다.	운전자의 개입이나 통제 없이 차량이 스스로 도로 환경을 인식 · 파악해 주행할 수 있도록 하는 다양한 기술을 결합해 무인자동차를 설계하고 만드는 일을 한다.
필요역량	• 자동차 구조의 이해, 기술 수행과 첨단 기술의 융합을 위한 소프트웨어 개발 • 방대한 정보를 효과적으로 처리할 수 있는 분석 능력	
관련학과	• 가천대 기계 · 자동차공학과 • 강원대 일반대학원 기계자동차공학과 • 경북대 일반대학원 미래자동차 · IT 융합학과 • 국민대 기계자동차학부 • 군산대 기계융합시스템공학부 (미래형자동차공학전공) • 부경대 기계자동차공학과 • 서울과학기술대 기계 · 자동차공학과	• 안동과학대 미래자동차공학과 • 울산대 기계자동차공학전공 • 전남대 기계 · 자동차공학부 • 조선대 대학원 기계시스템 · 미래자동차공학부 • 창원문성대 스마트기계자동차공학부 • 한양대 미래자동차공학부 • 호남대 미래자동차공학부

⑦ 스마트 공장

▶ **정의** : 제품 기획부터 판매까지 모든 생산과정을 ICT(정보통신)기술로 통합해 최소 비용과 시간으로 고객 맞춤형 제품을 생산하는 사람 중심의 첨단 지능형 공장을 말한다.

▶ **현황** : 공장자동화와 정보화의 결합을 스마트공장이라고 본다. '공장자동화'는 컴퓨터 시스템이나 산업로봇을 활용해 생산관리의 자동화를 행하는 것이고 '스마트공장'은 공장자동화에서 생성되는 생산데이터와 정보를 공유하고 활용해 더 똑똑하고 최적화된 생산체제를 운영하는 것을 의미한다. 스마트공장화 추세에 맞춰 다양한 분야에서 로봇산업의 성장도 예견되며 컴퓨터시스템 설계 및 분석가나 시스템 소프트웨어 개발자는 스마트공장 발전에 가장 중요한 역할을 할 것으로 기대된다.

핵심직업	컴퓨터시스템 설계 및 분석가	시스템소프트웨어개발자
하는 일	이용자의 요구사항과 사용환경, 기술특성 등을 분석하고 최신 정보기술을 이용해 시스템을 설계하며, 시스템 구축이 완료된 이후부터 사용할 때까지의 모든 업무를 총괄하는 일을 한다.	시스템소프트웨어 개발과 공급, 소프트웨어의 유지, 보수 등과 관련된 활동을 기획하고 지휘, 조정하는 일을 한다.
필요역량	• 전산 설계 • 기술 설계 • 기술 분석 • 전산 능력 • 논리적 문제해결능력 • 차분하고 꼼꼼히 탐구하는 성격	• 개발 · 설계에 필요한 프로그래밍 언어, 각종 OS, 장비의 전자신호 등에 대한 충분한 이해력 • 분석적인 사고 • 진취적인 성격
관련학과	• 강남대 IoT전자공학과 • 경북대 산업대학원 산업공학과 컴퓨터공학전공 • 단국대 응용컴퓨터공학과 • 동국대 IT학부 컴퓨터공학전공 • 서울대 대학원 전기 · 컴퓨터공학부 • 성균관대 일반대학원 구조 및 시스템설계공학협동과정	• 세종대 광전자공학과 • 전남대 전기 · 전자통신 · 컴퓨터공학부 • 충북대 산업대학원 전기전산공학과 • 한양대 공학대학원 전기 · 전자 · 컴퓨터공학과 • 홍익대 대학원 전자전산공학과 등

⑧ 핀테크

▶ **정의** : Finance(금융)와 Technology(기술)의 합성어인 핀테크(FinTech)는 기존 금융기법과 차별화된 서비스를 제공하는 기술기반 금융서비스를 말한다.

▶ **현황** : 핀테크는 기존의 다양한 금융서비스가 IT, 모바일 기술의 발달로 새롭게 진화한 것으로 금융의 파이낸스(Finance)와 기술의 테크놀로지(Technology)의 합성어이다. 모바일 이용이 증가하고 전자상거래시장의 급성장, 비현금 지급수단 이용이 확대되면서 기존의 금융서비스를 대체하는 핀테크 산업도 크게 발전하고 있다. 미국 포브스는 핀테크 산업에서 가장 진화하고 있는 최신 기술로 모바일 테크놀로지, 인터넷 전문은행, 바이오 인식 기술, 블록체인 기술, 인공지능을 꼽았는데 이와 관련한 일자리 창출도 빠르게 진행될 것으로 보인다.

핵심직업	소프트웨어개발자	정보보안전문가
하는 일	정해진 시간과 비용 안에서 소프트웨어의 성능 및 디자인 결정, 사용자의 요구 분석, 기존 소프트웨어의 오류를 수정하며 새로운 하드웨어와의 호환성을 높이고 성능을 개선하는 일을 한다.	컴퓨터 파일이 훼손되거나 비인가 사용 등으로부터 정보를 안전하게 지키는 역할을 한다. 이를 위해서 바이러스를 막을 수 있는 방화벽을 설치하거나 정보전달 과정에서 정보를 암호화해 정보화하는 과정에서의 위험 분석 등을 수행한다.
필요역량	• 적극적인 자세와 분석적 사고, 혁신, 책임감과 진취성, 창의력, 전산, 기술 설계, 기술 분석 등의 능력 • 소프트웨어 개발 과정에서 발생하는 문제들을 점검하는 꼼꼼함 • 여러 사람과 원활하게 의사소통할 수 있는 능력 등	
관련학과	• 국민대 경영대학원 디지털금융 · 핀테크MBA전공 • 계명대 글로벌창업대학원 핀테크비즈니스학과	• 동국대 대학원 핀테크블록체인학과 • 부산대 일반대학원 핀테크공학과 • 서강대 정보통신대학원 핀테크전공 • 숭실대 정보과학대학원 핀테크융합학과 등

V

Chapter

대학의 혁신을 생각한다

다르게 배워야 다르게 성장한다

1

자전거·컴퓨터·인공지능

우리에게 '내일을 향해 쏴라'로 알려진 영화 '부치 캐시디와 선댄스 키드'의 가장 명장면을 꼽으라면 주인공 폴 뉴먼이 캐더린 로스를 자전거 앞에 태우고 'rain drops falling on my head'를 부르는 장면이다. 그러나 이 행복한 광경도 잠시뿐 폴 뉴먼은 자전거를 버리면서, '미래야 가라'라고 외친다. 현실을 위해 미래를 포기하는 주인공은 결국 말을 타고 은행을 털다가 죽음을 맞는다. 현재를 위해 미래를 포기하는 것은 우리 인간들에게 낯설지 않은 장면이다. 마치 미지근한 물속의 개구리가 서서히 온도가 데워지는 것을 인지하지 못하다가 결국 물속에서 죽어가는 이치와 비슷하다.

인재양성의 요람, 대학은 지금 한 치 앞을 내다보지 못할 정도의 위기에 와 있다. 특히 2020년부터는 더욱 그렇다. 대입학령인구가 본격적으로 감소하는 원년이기도 하지만 인공지능, 5G, 블록체인과 생명과학 혁명으로 대변되는 기술변혁이 본격적으로 진행되는 시기이기도 하다. 2차 산업혁명을 주도했던 GE가 기존의 조명, 발전기 터빈, 가전제품 중심에서 2010년 산업자산을 디지털로 재편하고 소프트웨어 중심기업으로 변신하고 있다. 19세기 창업 이래 끊임없이 변화와 혁신을 거듭하는 GE를 '125년 된 스타트업'이라고 부르는 이유가 여기에 있다. 슈퍼 컴퓨터를 중심으로 3차 산업혁명을 주도했던 IBM은 지난해 라스베이거스에서 열린 CES 2019(Consumer Electronics Show)에서 세계 최초로 인간과 인공지능이 토론을 나눌 수 있는 클라우드 기반의 AI플랫폼 '스피치 바이 클라우드'를 선보였다. 이뿐만 아니라 '21세기 기술견습 기업 연합'을 출범시켜 향후 5년간 IT분야에서 새로운 인재 양성에 필요한 450개 이상의 교육과정을 만들겠다고 선언했다. 반면 우리는 노키아, 모토롤라 등 3차 산업혁명을 이끌었던 수많은 기업들이 역사의 뒤안길로 사라지는 것도 목격했다.

한국의 대학은 지금 어떤 세대에 맞는 대학일까? 통신의 속도가 벌써 5세대인 5G(Generation)에 와있고, 독일은 인더스트리 4.0을 그리고 일본은 소사이어티 5.0을 이야기한다. 우리 교육은 '탐구가 예상으로, 협력이 경쟁으로 그리고 발견이 암기로' 가고 있는 전형적인 역주행 교육을 답습하고 있다. 교수자–학습자 간 수직적 교육의 2.0세대에 머무르고 있다. COVID-19는 대학이 아직 교육과정 혁신분야에서 많은 준비가 되어 있지 않다는 사실을 극명하게 인식시켜 준 계기가 되었다.

이미 미국과 유럽의 대학들은 기술변혁이 이끄는 사회변혁에 맞는 인재들을 양성하기 위해 대학 체질을 완전히 바꾸어 나가고 있다. 애플의 54번째 직원으로 교육을 통해 애플의 혁신을 이끌었던 존 카우치 전 교육담당 부사장은《공부의 미래》라는 책에서 '이제 교육은 보수하고 교체하는 수준의 변화가 아니라 교육의 회로를 새로 바꿀 때'라고 주장한다. 2007년 아이폰이 처음 나왔을 때 초등학생이었던 이들이 올해 대학을 졸업한다. 이제 모든 학령인구에 속한 아이들은 개인용 컴퓨터, 전자게임, 태블릿, 스마트폰 그리고 인공지능에 익숙해져 가는 디지털 네이티브들로 꽉 채워져 있다. 일찍이 존 듀이는 '어제 가르친 그대로 오늘도 가르치는 건 아이들의 내일을 빼앗는 것'이라고 갈파했다.

어른들은 현대 기술을 '새로운 도구'로 인식하지만 디지털 네이티브들은 그냥 '살아가는 환경'의 일부라 여긴다. '디지털 네이티브'라는 용어를 처음 쓴 미래학자 마크 프렌스키는 '교육이 직면한 가장 큰 문제는 교사가 시대에 뒤처진 디지털 이전의 언어를 갖고 디지털 언어를 사용하는 이들을 가르치는 것'이라고 지적한다.

이제 우리 대학에게도 주어진 시간이 많지 않다. 우리 대학의 경쟁자를 근처에 있는 다른 대학쯤으로 인식하는 수준은 남은 정년 동안 별 탈 없이 대학이 남아 있기를 바라는 '나만 아니면 괜찮아'라는 의식 수준과 같다. '공유와 협업'을 이야기하면서 '평가'라는 잣대를 가지고 경쟁을 부채질 하는 교육부의 인식 수준도 다를 것이 없다. 결국 이 부정적 외부효과의 희생자는 학생들이 될 것이다.

'평균의 종말' 저자로 유명한 토드 로즈(Todd Rose)박사는 인생 멘토의 중요성을 이야기하고 있다. 로즈 박사는 초등학교 때 학습 부진아였다. 고등학교를 졸업하고서도 시간당 5달러의 복지 수당을 받을 정도로 경제적인 어려움을 겪었었다. 그는 우연히 그의 가능성을 알아봐 준 멘토를 만났다. 그 이후 그는 하버드 교육대학원 지성 · 두뇌 · 교육 프로그램의 책임자가 되었다. 그는 '나는 사고뭉치였습니다(square peg)'라는 저서에서 '학창시절 열심히 쓴 시 쓰기 숙제에 대해 국어선생님이 형편없는 평가를 했을 때' 마음의 문을 닫았다고 고백하고 있다.

토드 로즈(Todd Rose)박사의 경우처럼 교수자들은 코페르니쿠스적 전환을 통해 '디지털 네이티브'들의 훌륭한 멘토가 될 준비를 해야 할 것이다. COVID-19 이후 급속한 관심을 갖게 된 비대면 교육을 위한 에듀 테크도 아이들을 가르치는 교수자들이 넘어야 할 벽이다. 디지털 네이티브를 가르치기 위한 준비가 아닌 실행이 필요한 것이다.

2
대학혁신에 관한 짧은 생각(斷想)들

첫째, 대학은 벚꽃 피는 순서대로 망하지 않는다.

현재 대학의 모집정원인 48만3000명에 비해 2021년에는 5만6000명이 부족하다. 결국 산술적으로 4년제 대학 191곳, 전문대학 137곳 중 38개 대학이 신입생을 한명도 뽑지 못한다는 계산이다. 일반대학, 전문대학 관계없이 인구감소가 심한 남쪽 지방에서부터 망한다는 논리가 바로 '벚꽃이론'이다. 이 셈법에는 중대한 논리적 결함이 존재한다. 게임이론의 이론적 토대가 된 존 내시의 균형이론은 애덤 스미스의 논리, 즉 '각자의 최선이 전체의 선'이 된다는 논리를 반박하면서 경쟁상황에서 참가자들의 전략적 균형점을 찾아냈다. 현재의 벚꽃이론은 수요시장의 단순 논리만을 반영한 것이다. 공급자인 대학들의 경쟁전략은 감안되지 않은 논리다. 개별 대학들의 뼈를 깎는 혁신이 필요한 이유이기도 하다. 지리적 유 · 불리가 중요한 것이 아니라 각자도생의 혁신전략이 필요해졌다.

둘째, 대학혁신은 대학을 살리는 유일한 방법이다.

지난 1991년 우리나라의 카이스트를 벤치마킹해서 만든 대학이 싱가포르에 있는 난양공과대학이다. 그러나 난양공과대학은 1971년에 설립된 카이스트의 20년 노하우를 따라잡으며, 세계 10위권 대학으로 성장했다. 당연히 카이스트를 따라가는 팔로워(follower) 전략을 벗은 지도 오래다. 난양공과대학의 혁신전략 원천은 기업과의 협업에 있다. 세계에서 기업하기 제일 좋은 환경을 만들어 가고 있는 싱가포르 정부와의 협업이 그 바탕이다. 일본 니혼게이자이신문이 지난해 6월 발표한 세계 209개 주요 대학의 '혁신 창출력' 조사 결과에서도 난양공과대학이 1위를 차지했다. 미국의 MIT가 6위, 스탠포드대학이 10위 그리고 서울대가 101위에 그친 것을 보면 난양공과대학의 성장을 가늠해 볼 수 있는 지표가 된다. 싱가포르 정부의 대학에 대한 무한 신뢰와 기업과의 협업을 통해 다양한 대학 투자재원을 확보할 수 있도록 만든 제도가 그 힘의 원천이 됐다. 대학의 재정자립은 그냥 만들어지는 것이 아니다.

셋째, 대학혁신을 위한 재정자립은 필요충분조건이다.

2009년 이명박 정부에서부터 시작된 대학 반값등록금 정책은 대학의 재정자립을 옥죄는 사슬이 됐다. 동시에 대학이 자유로운 혁신 대신에 정부 대학평가 잣대에 맞추어 모든 교육과정을 만들어 간 획일화의 첫 출발점이 됐다. 모 경제지 기사에 따르면 2018년 6월 기준 하버드대학 기금운용액은 45조원에 달한다. 기부금이나 기금운용 수익이 거의 없고 대학 자체 수입의 60%를 등록금에 의존하는 국내 대학의 입장에서 보면 비교 자체가 불가하다. 미래 교육자원에 대한 투자가 이루어지지 못할 수밖에 없는 이유다. 문명학자인 유발 하라리는 교육에 있어서 '변화만이 유일한 상수'임을 이야기한다. 늘 낯선 것이 새로운 기본(New Normal)이 되는 시대에 변화를 위한 혁신의 실탄이 필요해졌다. 그 실탄을 마련할 방법은 국가가 열어줘야 한다. 규제혁신을 위한 샌드박스가 교육에도 필요한 이유다.

3

미래대학 콜로키엄에서 만난 사람들

2019년 봄 나는 한국대학신문 부설 한국대학경쟁력연구원의 사무국장으로 25개 대학의 총장 및 주요 보직자들이 참가하는 '미래대학 콜로키엄'을 서울대학교 인지과학연구소와 함께 기획했다.

미래대학 콜로키엄은 2019년 4월27일부터 10주 동안 매주 토요일 서울대학교 인문대학에서 열렸다. 25개 대학의 총장을 비롯한 주요 교무위원 30명이 참가했다. 콜로키엄의 목표는 '위기의 대학을 어떻게 혁신할 것인가?'에 두었다. 미래학자 뿐만 아니라 입법을 하는 국회의원, 교육학자 그리고 최근의 교육과 미래산업 트렌드를 현장에서 느끼고 있는 현장 전문가를 강사로 초빙했다. 콜로키엄은 일방적인 강의가 아니라 강의 후 토론과 직접 자신이 속한 대학의 중장기 계획을 만들어 보는 워크숍으로 구성되었다.

10주 동안 미래대학 콜로키엄을 진행하면서 그리고 강의와 워크숍에 직접 참여하면서 현재 대한민국 대학을 둘러싼 가장 최전선에 있는 전문가들의 생각을 정리해 보았다. 다음의 내용은 한국대학신문 허지은 기자, 김준환 기자, 김의진 기자 등이 미래대학 콜로키엄에서 논의된 내용을 한국대학신문에 보도한 내용을 토대로 작성했다.

※ 자료 : 제1기 미래대학콜로키엄 강연자 보도자료, 한국대학신문사

① **안종배** 국제미래학회장

안종배 국제미래학회장은 '미래사회를 위한 대한민국 마스터플랜과 대학의 역할'을 주제로 발표했다. 안 회장은 '방향이 잘못되면 속도는 의미없다'는 간디의 말을 인용하면서 특히 교육 분야에서는 방향성이 매우 중요하다고 역설했다.

우선 안 회장은 큰 패러다임의 변화 속에서 대한민국 미래사회 패러다임 변화를 예측해야 한다고 했다. 안 회장은 "초지능, 초연결, 초실감 구현 등 3가지 키워드를 대한민국 미래사회의 특성으로 규정짓고, 산업기술기반을 대표하던 표준화 · 규격화 · 정형화가 디지털 기술기반을 대변하는 다양성 · 창의성 · 유연성이 미래사회 경쟁력의 척도를 가늠할 수 있는 핵심 가치로 바뀌고

있다"고 말했다.

특히 안 회장은 4차 산업혁명 시대 대학의 역할을 몇 가지로 구분해 설명했다. 미래인재 역량 함양을 우선적으로 꼽았다. 안 회장은 미래인재 역량으로 창의성, 협업, 유연한 사고, 소통, 정보통신기술을 기본 역량으로 하는 미래예측전략역량과 미래전문역량을 갖춰야 한다고 주장했다. 안 회장에 따르면 미래가 요구하는 인재상은 문제창조형, 창의적 융복합형, 관계중심형으로 나뉜다.

또 안 회장은 "대학은 바람직한 미래사회의 방향을 제시하고 미래과학기술을 연구 · 제공해야 한다. 이뿐만 아니라 지역사회 시민의 평생교육과 지식문화 공동체의 장(場)이 돼야 한다"면서 "이를 위해 교육공간, 교육과정, 교육대상, 교수방법, 교육시간 등 대학 교육지원 제도를 전면 개편해야 한다"고 강조했다.

② **문용린** 전 교육부 장관

문용린 전 교육부 장관은 "21세기는 창의성의 시대"라고 정의했다. 지식기반사회가 도래하며 경쟁력의 원천이 창의성에서 나오고, 지식과 정보의 창출, 확산, 활용의 효율적 체제를 구비하는 것이 국가와 기업 및 모든 조직의 경쟁력을 좌우하는 만큼 조직

구성원들의 잠재된 창의성을 100% 가동시켜 조직목표의 달성과 연계시키는 새로운 리더십이 요구되고 있다는 것이다.

그렇다면 창의성이란 무엇일까? 문 전 장관은 창의성을 '문제의 상황에 맞는 새롭고 가치 있는 결과물을 만들어내는 능력'으로 정의하고 창의성의 조건으로 독창성과 유용성을 제시했다.

이어 IDF 창의성 발휘모형을 설명했다. 이는 미국의 심리학자 하워드 가드너가 창의성을 발휘한 7명의 창조자(프로이트, 아인슈타인, 피카소, 스트라빈스키, 간디, 엘리엇, 그레이엄)의 일생을 분석한 내용을 바탕으로 공통의 특징을 모형으로 정리한 것이다.

IDF 창의성 발휘모형은 개인(개인의 소질, 적성, 흥미, 능력)과 학문(교육, 훈련, 연습으로 몰입, 숙성), 분야(전문가 네트워크의 존재와 작용)의 세 영역으로 이뤄진다. 창의성이 발휘되려면 이 세 항목을 모두 갖춰야 한다. 즉, 개인의 소질도 있으면서 이와 관련해 10년 이상 교육과 훈련을 받고, 전문가 네트워크와 교류해 어려움을 해결하고 분야에서 성숙하며 창의성을 키우는 것이다.

또한 창의성에 대한 여러 고정관념을 이야기했다. 창의 교육을 위해서는 지금까지의 고정관념을 깨고 패러다임을 전환해야 하기 때문이다. 기존의 고정관념은 창의성과 지능이 비례한다고 믿어왔고 창의적인 사람은 모든 분야에서 창의적이라고 여겼으며, 몇몇 선택받은 이들이 창의성을 발현시킨다고 생각했다.

그러나 문 전 장관은 가드너의 이론에 따라 IQ와 창의성은 관련이 없으며, 창의성은 여러 분야에 걸쳐 범용적으로 발휘되는 것이 아닌 분야별 창의성으로 존재한다고 설명했다. 또 예술분야뿐 아니라 과학 · 인문사회 · 경제 등 '삶의 모든 분야에서' 창의성은 가장 영향력이 큰 능력이라고 말했다.

그렇다면 창의성을 키우는 교육을 하려면 어떻게 해야 할까? 문 전 장관은 하워드 가드너의 이론을 인용해 '창의성 발휘의 5대 조건'을 설명했다. 이는 △강점파악 △절정경험 △최전선 위치 △몰입 △숙성과 발효로 이뤄진다. 우선 학생들의 강점분야를 파악해 집중학습을 할 수 있도록 하고, 다양한 분야를 경험케 하면서 전율과 환희를 동반하는 분야에 주목해 집중학습을 하도록 한다. 이후에는 관심 있는 지식이나 기술 분야의 최전선에 있는 미해결 문제, 관심사를 해결하도록 노력하게 해 호기심과 야심을 활성화시킨다. 다음으로는 특정 관심사에 몰두하고 몰입하는 습관과 기술을 갖는 몰입의 단계다. 최종적으로 창의성을 완성하는 것은 자신이 하는 일에 자신감과 성취욕을 갖게 해 10년 이상의

긴 시간 동안 집중하도록 하는 것이다.

창의적 인재를 양성하기 위해 대학이 취해야 할 전략도 제언했다. 먼저 그는 "엘리트 중심이 아니라 모든 사람을 대상으로 하는 창의성 교육이 이뤄져야 한다. 모든 학생이 창의성을 발휘할 수 있도록 교육해야 한다"고 밝혔다.

③ **조영탁** (주)휴넷 대표

기술 진보는 비단 '어떤 교육을 해야 하는가'에만 영향을 끼치진 않는다. 기술을 활용해 과거 교육이 갖고 있던 여러 한계를 극복할 수 있는 만큼 '어떻게 가르칠 것인가'에 대해서도 고민할 필요가 있다.

1일 미래대학 콜로키엄에서는 조영탁 ㈜휴넷 대표가 '에듀테크를 통한 대학의 혁신'을 주제로 강의에 나섰다. 조영탁 대표는 먼저 우리 교육의 현실에 대해 "마치 다양한 종의 동물에게 모두 나무 타는 법을 가르치듯, 관심도 재능도 다른 이들에게 같은 주제를 가르치고 시험을 보는 것과 같다"고 말했다.

그러면서 그는 "기술은 급속도로 발전하고 있다. 이때 우리의 교육에 대해 '똑같은 학습목표로, 똑같은 내용을, 똑같은 방법으로, 똑같은 장소에서, 똑같은 시간에 모두가 모여 학습할 필요가 있는가?'를 질문해봐야 한다"고 역설했다.

지금은 '디지털 혁신'으로 인해 많은 기술진보가 이뤄졌고 기업에서도 이를 활용하고 있다는 점을 설명한 조 대표는 "기술은 전통적 교육에서 불가능했던 부분을 가능하게 만들어주고 있다"면서 예시로 '에빙하우스의 망각곡선'을 들었다. 망각곡선은 교육 후 시간이 지남에 따라 학습 내용을 점차 잊게 되지만 학습 후 1일, 1주, 1달이 된 시점에 복습을 하면 단기기억이 점차 장기기억으로 보존돼 학습 내용을 보다 많이 기억할 수 있다는 것을 설명한다.

조 대표는 이러한 교육의 한계를 그동안은 복습을 통해 해결해왔지만 앞으로는 기술을 통해 극복 가능하다고 말했다. 그는 "기술을 기반으로 에듀테크는 교육의 효과성을 넘어 교육이 가지고 있던 난제에 도전하고 있다"며 "에듀테크 기술은 교육의 대중화, 효과성 극대화, 일상과 학습의 결합이라는 세 가지 방향으로 움직이고 있다"고 설명했다.

그가 예로 든 교육의 난제 중 하나는 강의보다 일대일 학습이 효과적이지만 현실적으로 모든 학습자를 일대일로 강의하기 어려웠던 문제다. 그는 "인공지능 로봇 교사의 등장은 일대일 맞춤형 학습, 학습 동기, 학습 관리에 최적화 된 세계 최고의 과외선생의 등장을 의미한다"고 밝혔다.

인공지능은 LMS 시스템도 학습관리에서 예측학습 시스템으로 진보하게 했다는 설명이다. 학생 개개인에게는 수준별 학습을 추천하고, 교사에게는 학생에 대한 예측 분석 데이터를 제공하는 것이다. 실제 이를 활용한 경우 수료율이 17% 상승하고, 탈락률이 56% 감소했으며 수학 과목 평균이 12.5점 상승했다는 결과도 함께 제시했다.

조 대표는 이러한 기술 혁신과 그로 인한 교육 환경 변화로 전통 학교의 체계가 변하고 있다고 말했다. 온라인 교육은 비용과 대상의 제약을, 플립트러닝은 온·오프라인 경계를, 나노디그리는 학습의 일정기간을, 대안학교는 전통적 학위의 권위를 붕괴시키고 있다는 것이다. 미국에서는 실제로 대학 학위 없이 나노디그리 수료만으로도 채용하는 사례가 생겨났다.

교육 커리큘럼도 변화하고 있다. 과거에는 국어, 영어, 수학과 같은 과목을 가르쳤다면, 이제는 4차 산업혁명에 맞게 △프로그래밍(코딩) △STEAM △메이커 교육 △시민의식, 기업가정신 △문제해결력, 사고력, 응용력 중심의 4C 교육이 이뤄지고 있다는 것이다.

조 대표는 강연을 마치며 "기술은 교육을 대체하지 않는다. 그러나 기술을 아는 교수자는 기술을 모르는 교수자를 대체할 것"이라며 에듀테크를 활용한 교육 변화의 중요성을 시사했다.

④ **김경진** 국회의원

국회 과학기술정보방송통신위원회 위원인 김경진 의원은 '대한민국 도전의 새로운 방향성'을 주제로 강연했다. 김 의원은 이날 강연에서 국내 저출산 문제가 고착화되면서 이로 인한 대학의 위기를 지적하고 외국인에 대한 국적제도 개선을 대안으로 제시했다.

먼저 김 의원은 미-중 무역 갈등으로 인해 중간재를 생산 · 수출하는 우리나라의 거시경제 상황이 악화됐다고 말하고 특히 우리 사회가 당면한 가장 큰 문제로 '인구감소'를 지적하며 이 문제가 사회 전 분야에 걸쳐 심각한 악영향을 끼칠 것이라고 예상했다.

교육 분야 인구감소는 이미 초등학교에서 대학교까지 광범위하게 영향을 미치고 있다. 김 의원은 담양 소재 한 중학교를 예로 들며 전교생 61명에 불과한 소규모 학교에 교사 19명 직원 5명 총 24명의 교직원이 근무하고 있음을 지적했다. 통폐합 필요성이 대두되나 주민과 동창회의 반대로 사정이 여의치 않다는 점도 언급했다.

김 의원은 인구감소에 대한 재빠른 대응이 필요한 시점임을 강조했다. 그는 “지금까지의 출산장려정책은 ‘백약이 무효’였다”면서 “지금 시행되는 출산장려정책이 성공한다 할지라도 그 효과는 20년 후에나 나타나게 된다”고 이유를 밝혔다. 또 그는 “중장기적으로 볼 때 생산가능인구가 정점을 찍어 나라 경제에 희망이 없는 실정”이라며 “정부 차원에서 특단의 대책을 강구해야 한다”고 역설했다.

김 의원이 인구감소 대책으로 제시한 것은 지난 2019년 2월 대표 발의한 ‘국적법 개정안’이다. 우수인재의 국내 유치를 골자로 한 이 개정안에 대해 김 의원은 “이제는 우리도 우수한 외국인 인재부터 적극적으로 받아들이는 귀화정책을 펼쳐야 한다”며 앞으로 다가올 인구절벽 시대를 대비해야 한다고 힘주어 전했다.

또한 “국내 대학을 졸업한 유학생들은 언어나 문화적인 면에서 이미 한국을 잘 이해하고 있을 뿐 아니라 국가경쟁력 강화에 기여할 큰 인적자원”이라고 역설하고 “우수한 외국인 학생들이 국내 대학을 졸업한 후 일정 정도의 기준을 충족하면 우리나라 국민으로 살아갈 수 있도록 문을 넓혀야 한다"고 말했다.

이를 위한 방안으로는 '고등교육법에 따른 학사 학위 이상 취득자의 간이 귀화 규정'을 소개해 주목을 끌었다. 김 의원이 발의한 국적법 개정안에 대해 반대의 목소리도 있지만, 이날 강연 현장에서는 김 의원의 입법 노력에 참석자들의 많은 호응이 쏟아졌다. 국적법 개정안이 대학의 유학생 유치와 직간접적으로 연관되기 때문이다.

이에 더해 일부 참석자들은 학사 학위 이상 취득자뿐만 아니라 전문학사 학위 소지자에게도 문호를 넓힐 필요가 있다는 주장을 펴기도 했다.

김 의원은 "이번 개정안을 통해 우수한 능력을 보유한 외국인의 국적 취득이 용이해진다면 인구감소에 따른 사회와 노동 문제에도 일조할 것"이라고 밝혔다. 덧붙여 "인구문제는 국가의 존망과 직결된 중대한 사안인 만큼 앞으로도 국적 제도 개선을 위한 노력을 이어갈 것"이라고도 말했다.

이어 김 의원은 "시간 속에 존재하는 우리들은 그 시대 과학기술 사용 역량 안에서 규정된다"며 인공지능 센서 로봇과 같은 4차 산업혁명의 핵심 기술이 결합되면 블루칼라는 물론 화이트칼라 노동자들의 고용시장에도 큰 영향을 끼칠 것이라고 내다봤다. 그리고 이에 대한 국가적 차원 대책도 서둘러 마련할 것을 촉구했다.

⑤ 김창경 한양대학교 교수

김창경 전 교과부 차관은 '기술의 진보와 생명공학의 미래'를 주제로 발표했다. 이날 김창경 전 차관은 생명공학의 발전 상황에 방점을 찍고 기술 진보의 '현재'와 주요 변화를 설명했다.

김 전 차관은 먼저 석유, 금융, 제조업과 같은 전통적인 산업의 기업들이 몰락하고 데이터를 기반으로 한 기업들의 전성시대가 왔음을 설명했다. 2013년 미국 상장기업 중 시가총액이 가장 높은 5개 기업은 1위인 애플을 제외하면 전통적 산업군에 속한 기업이었으나 2018년에는 1위부터 5위까지 애플, 알파벳, 아마존, 텐센트 등 모두 데이터 기반의 기업들로 바뀌었다.

김 전 차관은 이 사이에 이뤄진 기술의 진보 양상에 주목했다. 2012년 컴퓨터가 개와 고양이를 구별한 데서 최근에는 인공지능이 인간 얼굴의 세세한 특성을 이해하고 실제로 존재하는 인간처럼 보이는 그림을 그리는 데 성공한 것이다. 인공지능의 발전은 딥마인드의 사례로 더욱 잘 설명된다. 김 전 차관은 "2013년 12

월, 딥마인드는 사람이 만든 가장 쉬운 게임인 블록격파의 최상위 레벨에 올랐다. 기본적인 것만 가르쳤고 스스로 블록을 깨면서 전략을 이해한 것이었다"고 설명했다. 이후 구글이 5000억 달러를 주고 딥마인드를 샀고, 알파고를 개발해 세상을 놀라게 했다. 블록격파를 배운 지 2년 만에 바둑에서 이세돌을 4대 1로 이기며 인간의 수준에 도전한 것이다.

알파고 역시 진보를 거듭했다. 이세돌을 이겼던 알파고는 약 5000년간 축적된 대국 기록과 전술이 입력됐지만, 알파고 제로는 바둑의 기본 원리만 입력시키고 스스로 바둑을 익히도록 했다. 알파고 제로는 사흘 만에 알파고를 이겼다. 이후 딥마인드는 신약개발 분야에 진출했다.

김 전 차관은 "인공지능은 세상을 바꾸는 기술 2위에 선정됐다. 1위는 다름 아닌 유전자 편집 기술이었다. '크리스퍼'라 불리는 유전자 편집 기술은 '컷 앤 페이스트(Cut and Paste)'라는 워드 프로세싱과 같은 방법으로 유전자를 편집할 수 있다. 유전자 편집은 우리 몸의 설계도를 바꾸는 일"이라고 설명했다.

그러면서 다양한 분야의 기술 진보는 사실 연결되어 있음을 강조했다. 김 전 차관은 "2012년 인공지능 기술이 진보한 때에 유전자 기술도 진보했다. 이 놀라운 기술이 동시에 나타났다. 사실 기술이 IT로 가면 인공지능, 생명공학계로 가면 유전자 기술 진보가 이뤄진다"면서 이것이 가능했던 이유에 대해 "데이터를 저장하는 하드웨어 기술과 소프트웨어 기술이 비약적인 진보를 이뤘기 때문"이라고 설명했다.

대표적인 것이 그래픽처리장치(GPU)의 발전이다. 김 전 차관은 "GPU는 유전자 분석에 쓰이고 있다. 이 기술이 자율주행차에도, 인공지능 기술에도 쓰이는 것"이라며 "GPU를 생산하는 NVIDIA와 같이 보이지 않는 곳에서 세상을 지배하는 회사들이 있다. 데이터를 저장할 하드웨어를 만드는 기업들"이라고 말했다.

그는 이어 "인류를 위협하는 기술인 인공지능 기술과 유전자 편집 기술을 '어떻게' 사용할지가 이 시대의 가장 중요한 질문"이라며 현재 일어나고 있는 기술 진보의 수준을 설명하고, 기술 진보와 생명 윤리, 기술 규제의 충돌 현상과 이를 극복하고 기술을 활용해 비즈니스에서 성과를 이루고 있는 사례들을 소개했다.

김 전 차관은 유전자 편집기술의 발전과 인간 수명과 직접적인 관련이 있는 '텔로미어' 연장의 성공 등이 '경천동지할 변화'를 일으켰다고 말했다. 생명공학 발전으로 인해 가능해진 것들은 △

유전자 도핑 △생명 연장 △유전자 조작의 대중화 △유전자 분석의 대중화 △유전자가 조작된 '슈퍼 베이비' 탄생 △슈퍼 농작물 등장 △모기 박멸 △암, 난치병 치료 △장기 인쇄 등이다. 이외에도 생명공학 기술이 인간 복제, 창조 등이 가능할 정도로 발전하면서 생명윤리와 충돌하는 점을 언급하고 "과학기술이 인류의 근본을 바꾸어도 되는가?"라는 질문을 제시했다.

특히 김 전 차관은 이러한 모든 변화가 '미래'가 아닌 '현재'가 됐음을 강조했다. 그는 "이미 중국에서는 아기 유전자 해독 산업이 성업하고 있다"고 말하며 '23andMe'의 유전자 분석 키트가 아마존에서 저렴한 값에 팔리고 있고, 업체는 유전자 데이터를 구축해 신약 개발 비즈니스에 뛰어들어 높은 수익을 올리고 있는 상황 등 생명공학 기술을 활용한 비즈니스 사례들을 설명했다.

다양한 비즈니스가 발달할 수 있음에도 우리나라는 데이터를 축적만 할 뿐, 여러 규제로 인해 시장 진출의 기회를 잃고 있는 상황을 지적했다. 그는 "우리나라에서는 유전자 분석으로 질병 정보를 확인하는 키트를 판매하는 것이 불법이지만, 규제에는 국경이 없다. 머리카락 몇 개만 보내도 분석이 가능하다"면서 "결국 불법화하면 우리나라 사람만 질병에 대비하지 못해 죽고, 데이터만 빼앗긴다"고 비판했다.

김 전 차관은 “고등학교 때 배운 지식은 대학 진학에 필요하고, 대학에서 배운 지식은 취업할 때 필요하지만 취업하면 기존 지식만으로는 퇴출당할 것”이라며 4차 산업혁명의 신기술이 우리 삶에 주는 영향을 압축적으로 설명했다.

⑥ 이명호 여시재 이사

이명호 여시재 선임연구위원(솔루션디자이너)은 ‘미래 디지털 사회와 인재’를 주제로 한 강연에서 미래 인재에 대해 설명했다. 이 연구위원은 먼저 사회 변화의 프레임을 시간의 축과 공간의 축, 인간의 축으로 나누어 설명하며 지식 기술 시스템의 변화가 개인, 조직, 사물, 생산, 공간의 변화를 가져옴을 강조했다. 그는 도시화에 주목하면서 21세기에는 대도시가 공장 역할을 했지만 4차 산업혁명 시대에는 중소 창조도시가 혁신의 승자가 될 것이라고 보았다.

이어 디지털 사회의 특징을 통해 미래 사회의 모습을 설명했다. 그는 디지털 사회는 새로운 범용기술의 등장으로부터 시작됐다고 정의하고 “디지털은 지식기술과 범용기술의 결합”이라고 설명했다.

디지털 시대의 특징으로 △스마트 기기의 소형화 △사물의 연결 △빅데이터 △인공지능과 같은 기술을 들고 이들 기술이 결합해 새로운 가치를 창출하는 과정을 이야기했다. 이 연구위원은 "디지털 시대는 지능과 사물의 통합으로 인해 빅데이터가 하나의 가상 세계를 만들고 이를 통해 나의 상황을 이해하고 이에 맞게 최적의 서비스를 제공하는, '시뮬레이션으로 최적화 되는 세상'이라 할 수 있다"고 말했다.

경제구조 역시 변화를 맞았다. 디지털 혁명에 따라 플랫폼의 중요성이 커지고 '공유 경제'라는 개념이 생겨났다. 그는 디지털 플랫폼의 독점 현상이 발생하면서 디지털 플랫폼 기업의 가치 상승, 독점력 강화가 일어나고 플랫폼의 공공성 증가와 사적 소유의 갈등 현상이 일어날 수 있음을 경고했다.

이 연구위원은 "디지털 경제는 물리적 경계를 뛰어 넘는 규모의 경제라는 특징이 있다. 한계생산비용은 0에 근접하고, 전 세계로 규모의 확장이 일어난다"며 "제품의 다양화나 복잡화가 가능하기에 맞춤형 서비스가 제공될 수 있다"고 말했다.

이외에도 △프로세스의 가속화와 정보 재활용 △무형자산의 중요성 증가 △주변부로 정보의 중심이 이동하는 현상과 혁신 활성화 △지식노동의 증가 △무형자산 경제 등을 들었다.

이러한 디지털 사회가 초래할 미래사회에 대한 모습으로 4가지 시나리오를 소개하기도 했다. 이는 인공지능의 발달 정도와 사회의 유연성 정도에 따라 나오는 경우의 수다.

첫 번째는 인공지능이 약하게 발달하고 경직성이 큰 사회일 경우 나타나는 전체주의 사회다. 생산성은 획기적으로 증가하지 않고, 획일화된 생산과 소비가 유지된다.

두 번째는 근면사회다. 인공지능의 지배력이 약하거나 사회적으로 통제되면서 다양성이 존중되는 사회로, 생산성은 높지 않지만 소득 수준이 비슷해 모두 열심히 일하는 사회다. 이 연구위원은 "인공지능의 발달이 뒤처진 유럽 복지국가들이 이런 사회가 될 가능성이 높다"고 설명했다.

세 번째는 분열된 통제사회다. 강한 인공지능의 발달로 인공지능 기술을 소유한 독점 기업들이 경제 영역 전반에서 고용을 급속히 줄인다. 이윤을 극대화하며 획일적 사회구조로 다양성이 개발되지 못한 상태에서 실업이 증가해 사람들의 불만이 커진다. 소득 감소로 소비가 줄면서 경제도 정체하는 모습이다.

네 번째는 신문명 공동체사회다. 강력한 인공지능 기술과 기업이 사회적 합의 하에 통제되며 다양성과 유연성이 큰 사회로, 생산성은 늘고 노동시간은 줄어들며 이에 따라 사람들은 여가시간을 즐긴다. 또한 다양한 직업군이 나타나고 사회는 풍요로운 모습이다. 이 연구위원이 보는 미래 신문명 도시는 지속가능한 삶, 디지털 기반의 미래산업, 공동체의 가치를 추구하는 미래사회를 창조하는 동력이다. 그는 미래도시의 3대 요소로 산업, 교육, 건강을 제시하면서 초고령 사회에서의 Active Aging을 위해서 의료, 일, 주거가 통합된 공간의 재구성이 필요함을 역설했다.

어떠한 미래가 도래할지 알 수 없는 불확실한 상황에서, 미래인재에게 요구되는 덕망 중 하나는 적응력이다. 그는 유발 하라리가 '학교 교육의 90%는 30년 뒤 쓸모없다'고 한 말을 인용하며 교육의 변화가 필요함을 역설했다.

또한 이 연구위원은 미래인재를 새로운 것을 창조하는 인재라 봤다. 주어진 플랫폼과 기술을 활용해 새로운 가치를 창출하는 인재를 말하는 것이다. 정보, 지식, 경험보다는 전략, 직관, 창의성이 중시되는 사회다.

이 연구위원은 이를 위해 플립트 러닝, 블렌디드 러닝과 같이 감성과 창의력을 자극하고 감성을 통해 상황을 재조명할 수 있는

'하이터치(High Touch)'식 교육이 필요하다고 제언했다.

⑦ **이경민** 서울대의대 교수

인지신경과학자인 이경민 서울대학교 의과대학 교수는 "인공지능 기술이 급격히 발전하고 있고 과장된 측면도 있지만 인공지능에 대한 관심이 급격히 높아지고 있다. 이러한 추세는 '포스트 휴머니즘'이라는 더 큰 맥락(Context) 속에 있다"고 말했다.

이경민 교수는 포스트 휴머니즘을 '인간이 스스로 만들어 낸 기술의 발전 앞에서 자기 스스로를 반성하는 계기를 갖게 된 상태'라 정의했다. 인공지능의 역사는 50여 년이 됐지만, 인공지능이 본격적으로 기술 진보를 이루면서 몇몇 부분에서 인간의 능력을 초월하자 인간들이 자기 정체성에 위기를 겪으며 관심을 갖게 됐다는 것이다.

이와 관련해 이 교수는 포스트 휴머니즘 시대의 주요 이슈 세 가지를 소개하며 이를 미래대학들이 커리큘럼을 구성할 때 포함시켜야 할 사항이라 전했다. 그는 △지능 최적화로 인한 인간의 한계상황 도래 △인공지능을 통한 인간 수명의 한계에 대한 도전 △인간이 파괴한 환경으로부터의 탈주를 꼽으며 "이미 미국과 서유럽에서는 이러한 세 가지 사항을 위시한 문제들을 기술적으로 풀어야 한다는 이야기가 정치화되고 있다. 사회적 추세를 이해하고 커리큘럼을 짜야 어디에 투자해야 하는지 알 수 있다"고 주장했다.

이어 이 교수는 인간의 지능이 가진 특성에 대해 알아보기 위해 인간과 진화적으로 가장 가까운 침팬지의 지능과 비교해 설명했다. 호두를 까먹는 어미 침팬지를 관찰한 영상을 보면, 침팬지가 돌을 사용해 호두 껍질을 까는 과정은 인간의 기술 활용 방법과 동일하지만 침팬지는 의도적으로 '교육'하려고 하지 않는다. 이 교수는 "인간의 가장 큰 특질 중 하나는 상호주관성이다. 한 개인이 가진 지능은 개인으로서 가진 것이 아닌 인류로서 가진 것이다. 이것이 극대화 돼 교육을 하고 사회를 구성한다. 침팬지에게서는 관찰되지 않는 행동"이라고 설명했다.

또 다른 실험에 대해서도 설명했다. 어린아이와 침팬지에게 상자에서 사탕을 꺼내먹는 방법을 가르쳐 준 뒤 반응을 관찰하는 실험이다. 처음에는 속이 보이지 않는 상자를 주면서 사탕을 꺼내먹을 수 있는 일련의 과정을 실험대상에게 가르친다. 그 다음에는 모든 과정이 동일하지만 상자가 투명하다. 이때 상자의 내부 구조를 들여다보면 사실 사탕을 꺼내먹는 방법은 처음 알려줬던 복잡한 단계를 거치지 않아도 됨을 알 수 있다. 침팬지는 투명 상자를 보고 보다 간단한 방법으로 사탕을 꺼내먹지만, 아이들은 처음에 배운 대로 보다 복잡한 방법을 선택한다. 침팬지가 인간보다 효율성에서 앞선 방법을 사용한 것이다.

그렇다면 침팬지의 지능이 인간보다 낫다고 할 수 있을까? 이 실험에 대해 이 교수는 "인간이 다소 복잡하고 번거롭더라도 처음 배운 방법을 그대로 따라하는 것은 피교육자가 가져야만 하는 특질이다. 효율적이든 아니든 배운 것은 우선 따라 해야 교육이 일어난다"며 "교육자와 피교육자 사이에 이런 상호작용이 인간사회에서 일어났기 때문에 문명이 탄생했으며, 발달하고 기술진보가 가능했다"고 설명했다.

침팬지의 지능과 비교했을 때 인간의 지능이 갖는 또 다른 특징은 '언어적 능력'이 있다는 점이다. 이 교수는 "언어적 능력은 언어가 있다는 것과는 다른 의미다. 언어지능이라고도 할 수 있는데, 자신이 '온라인'으로 경험한 사실을 '오프라인'으로 말할 수 있는 능력이다"라고 설명했다. 언어지능을 통해 인간은 지식을 전달하고, '공동표상'을 만들 수 있었다. 또한 개념의 범주화가 가능하고 관계성에 대해 인식해 요소를 일정하게 배열함으로써 새로운 의미를 창출할 수 있는 것도 언어적 능력으로 가능해졌다.

그뿐만 아니라 여러 능력을 총괄할 수 있는 능력도 인간에게서 두드러지는 특질이다. 기억능력, 수리능력, 음악성, 신체적 능력 등은 동물들에게도 상당한 부분이 발견되지만 이 모든 능력을 동원하는 '인지조절능력'은 인간에게서 특히 잘 나타난다는 것이다. 더 나아가 단위의 능력들을 사용해 문제를 해결하고 문제를 해결하기 위한 알고리즘을 구성할 수 있는 능력 역시 인간에게서 두드러진다. 한 단계 더 높여 스스로 이러한 조절 능력을 갖고 있다는 점을 인식하는 '리플렉티브 마인드(Reflective Mind)'는 인간에게만 나타나는 특징이다.

이 교수는 이외에도 다양한 인간 지능의 특질과 학자들의 여러 상충된 의견을 설명하고, 인간 지능 진화의 추세에 대해 "진화는 개체를 계속 생산해내고 개체 간 변이와 반복을 통해 다양한 차이를 만들어내는 종의 변화"라며 "인간은 개체 간 변이가 충분히 가능한 능력을 갖고 있다. 곧 교육시켜야 할 환경 변이가 무궁무진하게 다양해지고 있다"고 밝혔다.

⑧ 이정규 한국과학창의재단 단장

이정규 한국과학창의재단 창의융합교육단장은 '미래 교육혁신과 창의융합인재의 성공조건'을 주제로 강연했다. 이 단장은 "4차 산업혁명 시대는 우리에게 위기이자 기회다. 혁신하는 것은 사람이고 사람을 혁신하는 것은 교육"이라며 "미래교육의 패러다임은 ICT를 기반으로 변화하고 있으며 창의적 융합교육만이 미래에 대응하는 교육혁신"이라고 목소리를 높였다.

이 단장은 학령인구가 급감하는 상황을 고려해 미래 고등교육 시장은 교육매체, 교육방식, 교육제도 모두가 ICT 기반으로 변화하고 있다고 전했다. 그는 △미국 미네르바 스쿨(온라인 인터렉티브 세미나 방식의 가상 대학) △미국 알트스쿨(데이터 수집 기술 기반의 개인 맞춤화 교육 제공) △미국 퀀텀캠프(탐구학습을 통해 실험으로 원리를 파악하는 학교) △글로벌 액톤 아카데미(테크놀로지 도구 선택 학습자 중심 모델) △네덜란드 스티브잡스 스쿨(아이패드 활용 일대일학습 모델) △글로벌 칸 램 스쿨(개별학습중심 실험학교 모델) △미국 뉴비우 스튜디오(메이커스페이스 스튜디오 기반 디지털학습 모델) △핀란드 리타하리우 스쿨(산학연계 통한 테크놀러지 기반의 체험학습 모델) △스웨덴 비트라 스쿨(교실 없는 학교로 개별화 학습을 지원하는 대안학교) △스웨덴 팸 에듀케이션(디지털 제조 문화 확산 주도 창작연구소) 등을 미래대학의 교육혁신 모델로 꼽았다.

이 단장은 고등교육 환경 및 제도 변화와 관련해 시사점을 제시했다. 그는 "정보의 기하급수적 증가로 인해 전문지식 습득은 한계점에 달했다. 이제 미래의 교육 제도는 배움 중심으로 전환돼 전문가는 전문지식, 강의 자료를 만들고 학생은 언제 어디서나 자기에게 알맞은 페이스로 흥미 있는 주제에 대해 배울 수 있다. 교수자는 코칭의 역할에 머물 것"이라고 전망했다.

⑨ 노규성 생산성본부장

노규성 한국생산성본부 회장은 '대학 생산성 향상을 위한 4차 산업혁명과 대학 혁신'을 주제로 한 강연에서 "4차 산업혁명을 얼마나 이해하고 준비하는가에 따라 대학 및 국가의 경쟁력이 좌우된다"고 말하고 4차 산업혁명의 특징과 산업의 변화, 글로벌 동향, 해외 대학의 혁신 사례와 우리 대학의 현주소 등을 돌아봤다.

먼저 노 회장은 산업혁명을 '생산성 혁명'이라고 정의하며 "1, 2, 3차 산업혁명을 거치면서 생산성은 획기적인 향상을 이뤄왔다"며 "4차 산업혁명은 노동과 자본 중심의 생산성 향상에서 지식과 기술 중심의 혁신을 통한 생산성 향상으로 발전한 것"이라고 밝혔다.

또한 4차 산업혁명 시대의 혁신 모습과 변화 전망에 대해 살펴보며 다양한 기술 및 산업의 변화양상을 설명하고, 특히 주요한 특징 중 하나로 '대학 교육의 지능화'를 들었다.

이에 관해 노 회장은 애리조나주립대의 사례를 소개하며, "학생 개개인의 학습태도와 수준과 같은 학교 내부의 데이터를 수집해 이를 파악하고 개인별 특성에 맞춘 학습패턴과 수준을 분석한다. AI기술을 활용해 학생 개인의 소질과 잠재력에 맞춰 개별화된 학습경로를 제공한다"며 "이를 통해 기초 수학역량을 갖추지 못한 학생의 성적이 평균 28% 향상됐다. 부진 학생의 기초과목 학습역량 향상에 탁월한 도움을 줬다는 것이 드러났다"고 설명했다.

우리 대학의 현주소에 대해서는 날카로운 지적도 제기했다. 노 회장은 산업혁명의 단계에 따라 교육 콘텐츠가 달라졌음을 설명하고 교육 콘텐츠 변화가 필요함을 촉구했다. 그는 "4차 산업혁명 시대에는 이전 단계에 만들어진 교육방식이 걸맞지 않다. 그러나 우리 교육은 아직 이를 탈피하지 못하고 있다. 집체 교육은 우수한 학생들에게는 재미없고 부진한 학생들에게도 맞출 수 없는 방식"이라며 "이제 AI와 빅데이터 기술 등의 혁신으로 일대일 맞춤형 교육을 저렴하게 공급할 수 있게 됐다. 그러나 우리가 이를 받아들일 수 있는 상황인지 돌아봐야 한다. 생존의 위기에서 미래에 대한 그림을 못 그리고 있는 게 아닌가 싶다"고 말했다.

⑩ **이주연** 아주대 교수

이주연 아주대 교수는 "21세기의 핵심 키워드는 '융합'의 트렌드 확산이다. 새로운 경제생태계가 탄생했다"며 "산업 간 경계가 붕괴되고, 구조가 본격적으로 변화하고 있다"고 말했다. 기존에는 산업 내에서 경쟁 업체가 정해져 있었지만, 이제는 경쟁 상대가 산업의 영역을 넘어 나타나고 있다.

이 교수는 "산업에서는 산학 간 실증연구에 있어 어려움을, 대학에서는 학제 간 융합연구에서 어려움을 느끼고 있다. 정부 역시 학연 간 정책을 기획하는 데 애로점이 있다. 그래서 아주대에 신산업융합기술연구센터를 만들었다"고 설명했다.

아주대 신산업융합기술연구센터의 기본방향은 분야 간 협업을 연구하는 연구협력, 학제 간 융합연구를 하는 교내협력, 산학 간 공동연구를 하는 산학협력을 추진하는 것이다.

특히 그는 "연구협력을 위해 초연결생태계를 구축했다"고 설명했다. 우선 연구센터는 스마트그리드 · 스마트팩토리 · 초연결가상화 · 스마트웰니스를 주요 연구 분야로 설정하고 관련 사업을 수주했다. 과제에 협력하는 기관은 한국전력과 같은 공기업에서 한국에너지기술평가원과 같은 공공기관, LG디스플레이와 같은 사기업까지 다양하다. 분야별로 사업을 위해 유치한 투자금액은 30억원에서 40억원까지 적지 않은 규모다.

이외에도 교내 협력 부문에서는 공과대학 산업공학과와 정보통신대학, 의과대학, 약학대학이 웰니스 분야 등에서 학제 간 융합연구를 실시하고 있고, 산학협력을 위해 분야별 산학협력협의회를 설치하고 연구 과제를 공동으로 제안해 함께 연구하고 실행하고 있다. 또 정부출연 연구기관과 경기도 등 지역자치단체와 함께 정책연구도 실시하고 있다.

이 교수가 이날 학제 간 융합의 사례 중 하나로 소개한 것은 2016년 LG글로벌챌린저에 아주대 학생들이 학제 간 융합 팀을 구성해 출전한 일이었다. 이 교수가 지도교수로 참여하고 산업공학과와 전자공학과, 화학공학과 학생으로 구성된 이 팀은 잉여 건축용 자재에 유통을 담당하는 '건자재 은행' 연구를 주제로 제출했고 우수상을 받았다. 그뿐만 아니라 프로젝트에 참여한 학생들은 각각 LG계열사로 취업이 확정됐다.

이 교수는 "융합은 팔레트와 같다. 서로 다른 색을 합쳐 새로운 색을 창출하는 것처럼 이종 간의 물리적 · 화학적 결합을 통해 새로운 가치를 창출하는 것"이라며 "산업 간 융합의 흐름을 파악하고 이를 교육에 적용해야 한다"고 강연했다.

4

난양공과대학의 혁신을 탐구하다

2019년 6월 제1회 미래대학 콜로키엄을 마치고 참가자들은 프로그램에 대한 다양한 피드백을 주었다. 그 중 하나가 현 시점에서 세계적인 혁신대학을 한번 직접 경험해 보면 좋겠다는 의견이었다. 콜로키엄 사무국장으로서 나는 세계의 대학 중에 우리와 비교적 가까운 싱가포르 난양공과대학 탐방을 기획하기로 했다. 사실 싱가포르는 처음이었다. 북미, 유럽, 아시아 지역 대부분을 다녔지만 싱가포르하고는 인연이 없었다. 다만 싱가포르 난양공과대학과 싱가포르 국립대학에 최근 한국 국적의 미국 대학 교수들이 많이 스카우트 됐다는 정보를 가지고 있었다. 별다른 네크워크가 없었던지라 난양공과대학의 홈페이지에서 주로 공과계열 교수들의 소개 페이지를 찾았다. 그리고 몇 분의 한국 이름을 가진 교수님들을 찾을 수 있었다. 취지를 설명하는 메일을 보냈다. 고맙게도 몇 분에게서 연락이 왔다. 그 중 한 분이 바로 생명공학과 교수이면서 난양공과대학의 연구처장을 맡고 있는 윤호섭 교수였다. 윤 교수는 시카고대학에서 박사를 해서 그런지 빨리 공감대가 형성될 수 있었다. 박사과정을 하고 있던 유준업 선생을 소개해줘 일사천리로 일정이 진행되었다. 윤호섭 교수는 싱가포르 현지에서 직접 워크숍도 진행해 주기로 했다.

15명이 참가하는 싱가포르 난양공과대학 워크숍은 7월15일부터 19일까지 진행되었다. 난양공대는 아시아의 MIT라고도 불리는 싱가포르의 공립대학이다. '2020 QS 세계대학평가(QS World University Rankings 2020)'에서 세계 11위, 아시아 대학 중 1위를 차지하는 등 세계 수준의 대학이다. 지금은 세계에서 가장 혁신적인 대학으로 꼽히는 대학이지만 난양공과대학의 롤 모델은 바로 한국의 카이스트였다. 대학에서 '청출어람'을 보는 듯 했다.

첫 날 방문한 '러닝허브(Lenrning Hub)'라는 건물은 우리의 눈길을 사로잡았다. 난양공대는 '하이브(The Hive)'와 '아크(ARC)'라는 두 개의 러닝허브를 보유하고 있다. 이 가운데 특히 하이브의 독특한 벌집 형태가 눈에 띄었다. 외형뿐만 아니라 우리를 더욱 놀라게 한 것은 내부 시설이었다. 러닝허브는 학습의 중심이라는 이름과 어울리게 '플립드 러닝'을 위한 맞춤형 강의 시설로 건물 전체가 설계됐기 때문이다. 하나의 큰 유기체로 숨을 쉬는 것 같은 느낌

마저 들었다.

러닝허브의 강의실은 일반적인 강의실과 다르다. 각각의 강의실이 전체적으로 원형에 가까운 곡선 형태로 이뤄져 있고, 5명의 학생이 둘러앉을 수 있는 원형 테이블 5개로 구성돼 있다. 한국의 강의실이 직선 형태로, 교수가 설명을 하는 교탁과 앉아서 설명을 듣는 책걸상으로 줄줄이 배치돼 있는 점과 가장 큰 차이점이다. 모든 학부생이 수업을 듣는, 오직 강의만을 위한 공간인 러닝허브가 이처럼 토론만을 위한 공간으로 꾸려졌다는 점은 이론 중심의 '티칭(Teaching)'형 수업이 아닌 '러닝형' 수업으로 전면 개편했다는 선언과도 같다.

러닝허브 강의실의 각 테이블 가운데에는 학생들이 노트북을 연결할 수 있도록 플러그가 설치돼 있다. 원형의 강의실 벽에는 모니터가 설치돼 있어, 학생들이 어디에 앉더라도 수업자료를 쉽게 볼 수 있도록 했다.

현장 탐방을 마치고 이어진 워크숍에서 윤호섭 교수는 난양공과대학 경쟁력의 원천을 '학교와 기업 그리고 정부가 연계된 협치'라고 분석했다. 싱가포르 정부의 절대적인 대학에 대한 지원 정책과 각종 규제 철폐 등이 기업들이 자유롭게 대학과 함께 공동연구를 통해 바로 산업현장에서 사용할 수 있는 핵심기술을 개발할 수 있는 원천이 되었다는 설명이었다. 등록금을 가지고 대학을 운영하는 한국의 현실과는 너무나 동떨어진 이야기였다. 미국의 유수한 대학의 교수들이 싱가포르를 기꺼이 선택할 수 있는 이유도 이러한 투자환경과 엄청난 수준의 대우 덕분이라고 했다.

학생들의 수업에 임하는 태도도 사뭇 다르게 느껴졌다. 난양공대의 경우 출석체크가 그리 큰 의미를 갖지 않는다. 난양공대의 평가 주안점은 '학생이 얼마나 수업 내용을 이해하고 내재화했는가'이지 현장 강의 출석은 중시하지 않기 때문이다. 대학의 평가 때문에 전자출석 시스템을 구축하고 학생과 교수가 서로 출석 여부를 가지고 실랑이를 벌이는 한국 대학의 풍경과는 사뭇 다른 모습이다.

COVID-19로 인해 중요성이 더해진 온라인 교육 역시 난양공대는 이미 멀찌감치 앞서가는 형국이다. 난양공대가 바로 세계 최초로 MOOC를 통해 학점 수료, 학위 취득에 활용할 수 있도록 한 대학이기 때문이다. 현재 난양공대 재학생 중 1만2000명의 학생들은 MOOC를 통해 학점을 취득하고 있다. 이런 '콘텐츠 친화형'인 난양공대의 분위기 덕에 이곳 교수들은 MOOC용 강의가 아니더라도 강의를 콘텐츠화해 학생들이 미리 수업을 들을 수 있도록 준비한다. 학생들은 수업 전 미리 동영상이나 PPT 형태의 수업자료를 숙지한다. 현장 수업에서 교수의 역할은 가르치는 것보다 조력자에 가깝다.

그러나 국내에서는 교육에 대한 정부의 너무 많은 규제와 국내 대학의 재정적 어려움으로 도입에는 한계가 있다는 것을 경험할 수밖에 없었다. 싱가포르 난양공대와 같은 혁신 사례를 적용하고자 하는 대학에 대한 인센티브를 지원하는 방식으로 정부의 규제를 완화해야만 국내 대학의 혁신이 가능할 것이라는 생각이다.

5
손흥민, 제프 베조스, 그리고 대학의 질주

손흥민을 생각하면 절로 웃음이 나온다. 70미터를 질주하며 프리미어리그 정상급 선수 7명을 제치고 번리의 골망을 통렬하게 흔들었다. 손흥민은 인터뷰에서 패스할 타임을 놓치자 스스로 '질주의 부스터'를 가동했다고 답했다.

손흥민의 '질주의 부스터'에 우리가 열광하는 것은 질주의 시원함과 이를 혼자서 단기필마로 이끄는 영웅적인 행위가 있기 때문이다. 요즘 기업계에서 가장 잘 나가는 아마존의 CEO 제프 베조스가 단기필마로 기업세계를 변혁의 소용돌이로 만들어 가는 모습과 흡사하다.

제프 베조스는 아마존의 설립자이자 최고 경영자(CEO)로 유명하다. 온라인 서점에 불과했던 아마존을 '에브리싱(Everything)컴퍼

니'로 완성시키고 있다. 질주의 속도는 손흥민 급이다. 경쟁기업들이 손쓸 틈도 없이 이리저리 휘젓고 다닌다. 무인편의점인 '아마존 고'는 소매 · 유통분야 게임의 논리를 송두리째 바꿔 나가고 있다. '아마존에서는 데이터가 모든 것을 지배한다(Data is king at Amazon)'라는 캐치프레이즈가 주장이 아니라 현실인 것이다.

어린 시절 우주비행사의 꿈을 가졌던 그는 2000년에 이미 개인회사인 '블루 오리진'을 창업, '우주생활'의 꿈을 실현하고 있다. 창업 20여년 만에 세계 최강의 기업으로 만들어 가고 있는 것이다.

그가 대학의 혁신에 관심을 가졌다면 어떻게 됐을까? 아마 이미 모든 대학의 레거시(유산)를 버리고 지금까지 세상에 존재하지 않았던 새로운 대학을 만들었을 것이다. 그의 눈에는 지금까지 대학의 자산은 하나도 쓸모가 없어 보였을지도 모른다. '아마존 고'를 만들고 '홀 푸드'라는 기존 대형 체인점을 인수하듯이 새로운 개념의 대학을 만들고, 이를 기반으로 세계 명문대학들을 사들이면 그만이다. '알맹이는 혁신으로, 껍데기는 과거의 명성으로' 채우면 되는 것이다.

지난해 한국대학교육협의회는 '2021년 대학기본역량진단'과

정부의 대학재정지원사업에 대한 '대정부 건의안'을 제출했다. 절박함의 반영이다. 지속적인 대학등록금 동결과 급격한 학령인구의 감소로 대학재정 악화는 이미 현실화된 지 오래다. 짜인 재정 규모를 가지고 제로섬 게임을 위한 상대평가를 준비하는 대학에게 희망을 기대하기 어렵다. 배고픔이 절박함으로, 절박함이 혁신으로 이어진다면 얼마나 좋을까? 그러나 현실은 혁신보다 생존을 위한 '좀비대학'으로 이어질 가능성이 크다. 기업이 들어올 수 없는 대학, 혁신가가 들어올 수 없는 대학에 질주본능을 가지고 있는 손흥민이나 기업생태계를 송두리째 바꾸는 혁신가 제프 베조스의 출현을 기대하기는 힘들다.

"지난 1주일 동안 9000 시간의 강의가 제공되고, 120개의 연구논문이 발간되며, 1180만 싱가포르 달러의 보조금을 받는다. 7건의 기술 공개가 일어나고, 2명의 교수진 변화가 있다." 7월 방문한 윤호섭 싱가포르 난양공과대학 교수의 이야기다. 싱가포르 난양공과대학은 세계 최고 수준의 혁신대학으로서, 윤 교수는 대학연구 총괄책임을 맡고 있다. '대학의 질주'는 이러한 모습이 아닐까?

실제로 한국의 카이스트를 벤치마킹해서 만들었던 난양공과대학은 세계에서 가장 혁신적인 대학의 아이콘이 됐다. 그들의 힘은 대학과 기업 그리고 정부의 협업을 통해서 나온다.

6

대학의 재정과 혁신의 딜레마

"대학실험실이 고등학교 실험실보다 작은데요!" 서울 시내 고등학교를 졸업하고 한 지방대학 전기전자계열에 진학한 학생의 넋두리다. 잔뜩 기대를 하고 진학한 대학 특성화학과의 실험실습 기자재의 수준이 특성화고등학교의 시설만도 못한 것을 보고 실망한 흔적이 역력하다. 정부는 2015 개정교육과정 개편을 통해 이제 고 1부터도 '인문학적 상상력과 과학기술의 기초소양을 가진 창의 · 융합형 인재'로 양성하기 위한 다양한 프로그램과 STEAM(Science, Technology, Engineering, Arts, and Mathematics) 교육을 위한 과학기술에 대한 실험실습 기자재 투자를 적극적으로 하고 있다. 특히 학령인구의 감소로 인해 점점 늘어가는 빈 교실을 활용해 다양한 형태의 실험교육 시설을 만들어 가고 있는 것이다.

사실 2015 개정교육과정을 통해 공부하는 학생들은 기존의 2009 개정교육과정을 통해 배운 학생들과 비교했을 때 배움의 방식에서 그리고 평가의 방식에서 큰 차이를 보이고 있다. 문 · 이과 구분이 없는 상태에서 교육과정은 이제 개방형 플랫폼을 가진 형태로 과목공부가 이뤄질 수밖에 없다. 이른바 빅 아이디어(Big Idea)라는 개념으로 하나의 개념을 여러 학문에서 어떻게 접목하고 있는지를 배우게 된다. 예를 들어 수학에서 어렵게 배우게 되는 '베르누이 정리'라는 개념이 '공중에 탁구공 띄우기' '종이 글라이더 만들기' 등의 실험으로 체득해 생활 속의 개념으로 쉽게 이해될 수 있게 만들고 이를 통해 수학과 과학에 흥미를 갖게 만드는 것이다.

또 평가에 있어서도 답이 있는 4지선다형과 같은 객관식 문제보다는 답 없이 학생들의 생각을 넣는 '추론' 문제가 대세로 자리 잡아가고 있다. 이러한 교육과정의 변화는 아이들의 성적에 관계없이 고등학교를 졸업하면 다양한 형태의 학습경험을 갖게 만들고 있다. 문제는 이러한 학습경험이 대학 신입생 중 16만 명 이상을 차지하고 있는 전문대학에 입학하는 학생들에게도 적용되고 있다는 점이다.

이제 2015 개정교육과정으로 수업을 경험한 학생들이 대학에 입학한다. 그렇다면 대학은 이러한 학생들을 맞이할 준비가 돼 있을까? 내 생각으로는 준비가 안 돼도 너무 안 돼 있다. 이유는 2가지에 기인한다.

첫 번째는 대학들의 열악한 재정상황에 기인한다. 대학 재정에서 학생들의 등록금은 대부분 인건비와 장학금으로 사용되고 있다. 지난 10년간 등록금 동결에 따른 각 대학들의 등록금 대비 인건비율은 70%를 넘어서고 있다. 여기에 학생들에게 장학금을 주는 대학의 부담비율이 2018년 현재 대학 평균값으로 18.99%에 이르고 있다. 이는 등록금의 90% 이상을 교직원 인건비와 학생들을 위한 장학금으로 지급되고 있는 현실을 보여 준다. 결국 각 대학들은 발전기금모금이나 산학협력사업, 정부의 재정지원 사업 수주 등으로 부족분을 충당하고 있다. 여기에 대학별 차이가 발생하고 있는 것이다. 서울의 주요대학들은 지속적인 재정지원 사업 수주와 발전기금 모금 등으로 인해 유보금액이 계속 쌓일 정도로 여유가 있는 반면 지방사립대학이나 전문대학의 경우는 있는 유보금액 마저 신입생 유치와 구조조정 그리고 평가를 대비한 교육비 지출 등으로 사용하고 있는 현실이다. 이렇다 보니 일부 대학을 제외하고는 대부분 대학의 교육의 질은 떨어질 수밖에 없다. 반값 등록금 정책과 사회의 분위기가 현재의 등록금을 획기적으로 올릴 수 없는 상황을 고려해 본다면 결국 해법은 정부의 재정지원 밖에 없다. 현재 우리 정부의 고등교육 재정 지원 비율은 20.7%로 OECD 평균인 69.1% 보다 현저히 낮다. 앞으로 새로운 재정지원 사업은 대학이 학생들을 위한 구체적인 교육 프로그램 개선 효과를 거둘 수 있도록 설계돼야 할 것이다.

두 번째는 대학의 노력이다. 사실 4차 산업혁명 시대 인재양성의 패러다임이 바뀌고 있다는 점은 누구나 인지하고 있는 사실이다. 다만 이러한 4차 산업혁명 시대 고등교육을 전담하고 있는 대학의 교육과정의 변화와 각 전공별 교육과정의 개편이 얼마나 많이 그리고 혁신적으로 이뤄져야 하는지에 대한 진지한 고민이 없는 것 같다. 교수들의 입장에서 교육과정의 변화는 곤혹스러운 일이다. 레거시 문제(Legacy Problem) 때문이다. 그동안 축적해 온 지식이나 교수학습방법론을 쉽게 바꾸기 어렵기 때문이다. 이러한 레거시 문제를 극복하고 혁신적인 교수학습방법론을 적용하기 위해서는 인프라에 대한 투자가 동시에 이뤄져야 한다. 그럴싸하게 기자재만 구입한다고 되는 문제가 아니다. 이를 운영할 소프트웨어가 중요하다.

소프트웨어는 사람과 프로그램이다. 새로운 세상에 맞는 프로그램을 어떻게 만들 것인가? 이러한 프로그램을 운영할 수 있는 교수자원은 확보할 수 있는가? 이 두 가지 문제를 이제 진지하게 고민하게 될 때가 온 것 같다. 통상 교육과정을 바꾸려면 6년이 걸린다고 한다. 제4차 산업혁명을 대비하고 2015 개정교육과정을 통해 배운 학생들을 제대로 맞이하기 위해 대학은 머리를 맞대고 고민해야 한다. 이러한 프로그램을 만들기 위해서는 개별 대학의 노력만으로는 예산과 자원문제로 인해 해결되기 어렵다. 따라서 이 문제는 전체 대학 차원에서 함께 고민할 수 있는 조직과 노력을 갖출 필요가 있다. 시간을 미루어서는 안 된다. 제4차 산업혁명과 '창의융합형' 새로운 진로교육을 받고 진학하게 될 '신인류'를 우리는 가르칠 준비가 돼 있어야 한다.

7 IMD의 '2017세계인재보고서' 분석과 대학의 경쟁력

매년 스위스 국제경영개발연구원 IMD는 '세계인재보고서(IMD World Talent Ranking)'를 발표한다. IMD의 웹사이트에 가면 쉽게 자료를 받아볼 수 있다. 많은 언론들이 IMD의 발표 시기가 되면 한국의 인재경쟁력 순위는 어느 정도 수준일지 관심을 갖는다. 2017년 발표한 한국의 인재경쟁력 순위는 조사 대상국 60개 국가 중 39위에 머물고 있다. 세계 12대 경제대국의 위상 치고는 인재경쟁력 지수가 초라하기 그지없다. 5년 전인 2013년 32위에서 계속 떨어지고 있다는 사실에도 주목할 필요가 있다. 더 큰 문제는 순위에 집착하다 보니 세부 지수에 대한 냉철한 분석과 대안제시가 부족하다는 사실이다.

IMD 보고서 중 66페이지에 나와 있는 한국 파트를 집중적으로 분석해 보기로 했다. IMD는 교육에 대한 투자 및 개발

(Investment & Development), 경제적 보상 및 만족도(Appeal)와 준비도(Readiness) 등 3개 분야로 나눠 점수를 분류한다. 분야별 점수를 보면 교육투자 분야가 38위이고, 보상과 준비도는 42위로 더 떨어진다. 분야별 인재경쟁력 순위 중 눈에 띄게 순위가 높은 항목이 하나 있다. 바로 15세 이상의 학업성취도를 평가하는 PISA에서 한국은 전체 9위를 차지하고 있다. 3년마다 치러지는 PISA에서 한국은 특히 수학과 과학 분야에서 매번 3위 안에 들 정도로 우수한 학업성취도를 유지하고 있다. 적어도 중학생 때까지 한국 아이들의 경쟁력은 전 세계 어느 국가와 비교해도 뒤지지 않는다는 것을 의미한다.

문제는 그 이후다. 고등직업교육이 포함된 대학과 대학 이후로 오면 점점 더 경쟁력은 떨어진다. 고등직업교육의 관점에서 이 문제를 살펴보자. 우선 사회가 요구하는 인재양성에 우리 사회가 얼마만큼 준비돼 있는지를 판단하는 미래 준비도의 세부 지표를 살펴보면 PISA 지수를 제외하고는 세부 지표들이 23위에서 54위까지 떨어지고 있다. 예를 들어 '숙련된 노동력(Skilled Labor)'에 대한 준비도는 41위, 미래 인재를 양성하기 위한 교육시스템은 응답지수 10점 만점에 4.77점으로 전체 대상 국가 중 42위를 차지하고 있다. 대학으로 한정해 미래사회를 위한 '대학교육의 준비도'는 10점 만점에 4.45점으로 전체 대상 국가 중 53위를 차지하고 있어 거의 최악의 수준이다. 대학 졸업 후 기업들의 준비도 역시 마찬가지다. 신입사원의 수습기간(Apprenticeships)이나 현장실습에 대한 인프라도 41위다. 기업에서 재직자 훈련(Employee Training) 정도 역시 전체 대상국 중 46위를 차지하고 있다. 한마디로 이야기하면 교육에 대한 투자와 개발 노력에 비해 우리 사회는 미래를 맞이할 준비가 돼 있지 않다는 것이다. 또 중등교육에서 고등 직업교육 분야로 갈수록 준비가 돼 있지 않다. 교육에 대한 투자 대비 효율성이 현저히 약화되고 있는 것을 단적으로 보여주고 있는 셈이다.

이러한 인재경쟁력 지수는 2017년 IMD가 발표한 국가경쟁력 순위와 비교해 살펴볼 필요가 있다. 2017년 IMD가 발표한 국가경쟁력 순위는 전체 63개국 중 29위를 기록했다. 인재지수에 비해서는 나은 편이다. 또 2017년 처음으로 지수에 포함한 '디지털 경쟁력' 순위는 19위로 비교적 높은 순위를 차지했다. 그러나 4차 산업혁명 대비 지수라고 할 수 있는 미래준비도 분야에서는 전체 순위가 다시 24위로 떨어진다. 특히 기업의 위기 · 기회 신속 대응력 46위, 중소기업 중 혁신적 기업비중 32위, 빅데이터 사용 및 활용능력 56위 등으로 하락하고 있다. 따라서 신기술에 대한 적응도는 비교적 높은 편이나 혁신을 통한 미래 대비는 상대적으로 취약한 것으로 나타난다.

두 가지 자료를 분석해 고등직업교육 관점에서 보면 한국이 경쟁력을 확보하려면 미래사회가 요구하는 인재를 양성하기 위한 다양한 경험교육 프로그램과 교육과정이 만들어져야 한다는 것을 의미한다. 쓸모없는 지식을 배우는 대학은 더 이상 존재가치가 없다. 이미 유다시티(Udacity)의 나노학위(Nano Degree)나 프랑스의 에콜42와 같은 인재양성 시스템은 더 이상 학위를 주는 학교만을 기업들이 원하지 않는다는 사실을 증명하고 있다.

8
공평과 공정 그리고 현실

'조국 사태'로 촉발된 '대학 입시 공정성' 문제는 당장 수학능력시험을 앞둔 고3 학생들과 내년에 대학 입시를 치를 고2 학생들만의 문제가 아니다. 전 국민의 관심사가 되었다. 요지는 이렇다. 대학 입시의 공정함은 무엇인가? 공평한 것이 공정한 것인가? 이런 질문에 간단하게 답을 하기는 어렵다. 아들인 니코마코스를 위해 '윤리학' 책을 썼던 아리스토텔레스의 '정의'를 동원해도 해결하기 쉽지 않다.

대학 입시에만 공평과 공정의 문제가 있을까? 지난 2019년 7월 열린 한국고등직업교육학회 20주년 기념 학술제에서는 전문대학의 차별적 대우에 관한 많은 문제 제기가 있었다. 수치로만 봐도 뚜렷하다. 2018년 정부의 재정지원 총액이 일반대학의 경우 92.3%이지만 전문대학에는 7.7%만이 지원됐다. OECD 국가와 비교해도 우리나라의 전문대학 1인 당 공교육비는 OECD 52.8%

수준이다. 여기에 전문대학에 대한 사회적 인식 수준도 한몫을 한다. 2018년 한국교육개발원 조사 결과에 따르면 '정부의 재정 지원이 확대돼야 할 학교급은 어디인가?'라는 질문에 전문대학은 4.8%로 일반대학(11.8%), 고등학교(27.5%) 등과 비교할 때 대학원을 제외하고는 압도적 꼴찌를 차지했다.

원래 공정함이란 각자가 처한 상황에 따라 눈높이를 맞춰 주는 것을 의미한다. 여기에 아리스토텔레스의 '분배적 정의'가 있다. 공평함이 N 분의 1 개념이라면 공정함은 골프에서 핸디캡을 주듯이 핸디캡을 인정하는 개념이다. 그렇다면 현실은 어떨까? 이미 높은 사다리를 가진 사람들에게 더 높은 사다리를 주고 낮은 사다리를 가진 사람들에게는 있는 사다리마저 치워 버리는 경우가 허다하다. 전문대학에 대한 차별적 대우가 딱 이 상황에 해당한다. 공정도 공평도 아닌 '차별적 대우' 그 이상 그 이하도 아닌 셈이다.

정부 정책을 이끌어가는 두 개의 말(馬)은 정치인과 관료들이다. 정치인은 철저하게 계산적이다. 그들에게는 자신을 찍어 줄 '표'가 중요하다. 정치인의 사적 이기심은 표를 많이 줄 곳으로 향한다. 따라서 그들이 전문대학의 차별적 대우를 개선해 주길 기대하기는 어렵다. 그렇다면 기대할 곳은 미우나 고우나 관료들에게 향한다. 관료들은 전문가 그룹이다. 적어도 3~5년이 아닌 10년 이상을 고민하면서 대학의 정책을 고민해야 한다.

이번 20주년 학술대회에서 발표한 일본과 대만의 사례는 눈여겨 볼만하다. 우리보다 훨씬 빨리 잃어버린 20년을 경험한 일본은 현재 호황 중이다. 그럼에도 불구하고 대학 수준의 지식과 실천적인 취업 능력 습득을 중시하는 '전문직대학'과 '전문직 단기대학'을 2019년 출범시켰다. 일본의 4차 산업혁명을 대비한 'Society 4.0'과 맥락적 관계성을 갖는다. 세계 최고 수준의 강소기업을 보유한 대만도 그렇다. 대만 역시 'Taiwan Industry 4.0'을 준비하기 위해 고등직업교육의 방향을 '대학교육에 대한 접근성 확대와 학제의 탄력적 인정'을 근간으로 하는 '기술 및 직업교육 정책 강령'을 2019년 수정 발표했다. 고등직업교육정책이 멀리 앞서 나간다는 생각을 지울 수가 없다.

여전히 '차별적 현실'에 숫자를 들먹이며 악다구니를 하는 전문대학의 입장에서 보면 '미래'를 준비하기에는 여전히 멀어 보인다. '공정'은 주장하는 것이 아니라 '실천'하는 것이다. 이제 반환점을 돌아선 '문재인 정부'에 대학에 대한 차별적 정책 개선을 통해 서울에 있는 주요 대학에 있는 학생들뿐만 아니라 지방대학, 전문대학 등 재정적으로 소외받는 대학들에 대한 '공정한 대우'를 요청한다.

9
넛지(Nudge), 휴리스틱(Heuristics) 그리고 대학 차별

2001년 시카고대학에서 행동경제학의 대가이자 우리에게 『넛지(Nudge)와 승자의 저주(Winner's Curse)』의 저자로 알려진 리처드 탈러 교수의 '의사결정론'을 수강한 적이 있다. 탈러 교수의 첫 수업은 인상적이었다. A와 B팀으로 나누어 몇 가지 설문조사를 하고 수업에서 바로 설문결과를 갖고 케이스 수업을 진행하는 형식이었다. 그가 첫 수업에서 반복적으로 이야기 한 단어는 '휴리스틱(Heuristics)'이었다. 휴리스틱을 우리말로 하면 '의사결정을 할 때 기준이 되는 가장 중요한 잣대' 또는 '객관적인 자료에 근거하지 않고 심리적 편의에 따라 결정하는 편향성' 정도로 이해되는 단어이다. 사람들이 갖는 휴리스틱에는 '대표성 휴리스틱'이 있다. 20대 80을 정의한 파레토법칙에서 마케팅의 80%는 상위 20%에서 나오니 '대표성을 가진 20%에 집중한다'라는 전략적 행동 같은 것이 그것이다.

중요한 교육정책을 결정하는 정부 관료나 정치인이 가지고 있는 '대표성 휴리스틱'은 얼마나 될까? 그들이 대학정책에 대한 의사결정을 할 때 판단의 준거는 객관적인 지표일까? 아니면 심리적 편의성에 근거한 것일까? 아쉽게도 많은 부분에서 그들은 '대표성 휴리스틱'을 가지고 있는 것 같다.

전체 대학졸업자의 35%를 차지하는 전문대학에 전체 고등교육 예산의 6.5%만을 주면서 국가가 함께 담당해야 할 고등직업교육을 전문대학이 담당하라는 발상이나, 일반대학 졸업자의 30% 이상이 하향 취업을 하고, 지난 5년간 4년제 졸업자의 6,759명이 전문대학을 다시 진학하는 모순된 지표 속에서도 여전히 교육정책은 현실과 괴리된 일반대학 중심의 정책을 추진하고 있다.

교육 관료나 정치인들의 눈에 대학은 여전히 일반대학–전문대학의 서열화 구조 속에서 각각의 교육기관이 담당해야할 본질적인 역할에 대한 고민보다는 이미 고착화되어버린 '대표성 휴리스틱'이 정책 판단의 중요한 의사결정이 되고 있는 것 같다.

지난 대선전부터 최근까지 한국전문대학교육협의회와 한국고등직업교육학회, 고등직업교육혁신운동본부에서는 이러한 전문대학에 대한 편향된 인식을 개선하기 위해 수차례 포럼과 정책 간담회를 통해 문제를 제기하고 객관적인 수치에 의한 공정한 의사결정을 촉구한 바 있다. 그러나 이러한 움직임에도 지금까지는 별 효과가 없는 것 같다. 이러한 노력 역시 교육관료나 정치인들에게는 '우는 아이 젖 주는 문제' 정도로 밖에 인식되지 않는 것 같다.

세일러 교수의 '넛지'에 실린 '암스테르담 공항 남자 소변기의 파리 한 마리 그림'을 기억한다. 소변기 밖으로 흘러가는 것을 막기 위해 그려놓은 소변기의 파리 한 마리가 소변기 밖으로 소변이 튀는 것을 획기적으로 개선한 것을 말한다. 탈러 교수가 강조한 넛지 전략은 '직접적인 화법보다는 옆구리를 슬쩍 찌르면서 마음을 바꾸게 하는 전략'이다.

그런 의미에서 현재 전문대학이 처한 차별적 현실에 대해 객관적인 수치를 보여주면서 이를 제도적으로 개선해 달라고 교육당국과 정부 부처에 호소하는 전문대학의 전략은 여전히 하수로 보인다.

보다 한 수 위의 전략이 필요하다. 4차 산업혁명과 인구 고령화로 인한 구조적 실업문제로 고민하고 있는 대부분의 OECD국가 중에서도 '청년취업 완전고용'이라는 과업을 씩씩하게 달성하고 있는 독일과 일본의 사례는 우리에게 시사하는 점이 크다. 제조업 경쟁력을 키우기 위해 2010년부터 추진하고 있는 독일의 인더스트리 4.0과 일본의 중소제조업 기반의 인력을 양성하기 위한 직업교육은 미래 변화를 준비하면서도 공유경제와 경제민주화의 건강한 경제체제를 구축하는 데 큰 기반이 되고 있다.

전문대학은 독일식 인더스트리 4.0과 일본식 경쟁력 있는 중소제조업 기반을 만드는 데 중요한 팜(Farm)이 된다. 한국사회가 보다 건강한 경제로 가기 위해서는 정권이 바뀔 때마다 포장지만 바꿔 4년제 대학 중심의 똑같은 대학에 재정을 지원할 것이 아니라 산학협력을 통해 중소제조업 지원과 중소기업 전문 인력 양성을 통해 당면한 청년실업의 미스매치를 해소하는 것으로 교육재정의 방향이 바뀌어야 한다.

인식의 변화 없이 패러다임 변화를 따라가는 것은 불가능 하다. 전문대학을 향해 가지고 있던 '대표성 휴리스틱'을 바꾸어야 한다. 정부 관료와 정치인들의 인식을 바꾸기 위해 전문대학은 끊임없이 옆구리를 살짝 찔러가면서 변화를 유도하는 노련한 넛지 전략을 구사해야 한다. 숫자로 들이밀 것이 아니라 현상으로 이해하도록 유도해야 한다. 그래야 바뀐다.

10

후순위채권과 대학

1997년 IMF 이후 한창 금융기관들의 구조조정이 시작된 1998년 6월 어느 날 국민은행 합병 인수팀이 대구에 있는 대동은행 본점에 새벽같이 들이닥친다. 피합병은행인 대동은행 직원들은 아무런 조치도 취하지 못한 채 그저 합병은행의 지침대로 따를 뿐이었다. 은행도 망할 수 있다는 '대마불사'의 신화 붕괴가 시작된 순간이었다. 정확히 20년 전 은행 비서실에 근무하면서 한 산업의 구조조정이 합병은행이든 피합병은행이든 임직원들에게 얼마나 고통스럽고 감내하기 어려운 일인지 경험한 적이 있다.

2020학년도는 대학 학령인구의 인구절벽이 시작되는 첫해다. 정부의 선제적 조치로 제1기 대학 구조개혁 평가와 제2기 대학 기본역량 평가에 따라 구조조정이 이뤄지고 있지만 2020년도 이후 대학의 운명을 정확히 가늠하기는 어렵다. 외부 변수가 많기 때문이다. 학령인구 감소뿐만 아니라 대학입학률의 감소는 시장이 대학의 운명을 좌우할 수 있다는 방증이다. 이런 중대한 시기에 전문대학의 운명은 마치 후순위 채권과 같아 보인다. 후순위 채권이란 기업이 파산했을 경우 다른 채권자들에 대한 부채가 청산된 다음에 상환받을 수 있는 채권을 의미한다. 한마디로 대학 산업의 구조조정에 있어서 의사결정의 후순위가 될 가능성이 많다는 것이다.

2018년 8월 17일 발표한 '2022대입전형' 결과를 보면 전문대학은 가장 첨예한 이슈였던 수시전형과 정시전형의 비율에서 원격대학 · 산업대학과 함께 '예외'로 규정돼 발표됐다. 전문대학의 특수성을 고려한 배려임에도 불구하고 여전히 학령인구 감소와 미래사회를 대비한 대입제도개선과 같은 논의에서 전문대학 입장은 후순위로 고려된다는 생각이다. 정부가 주도하는 대입제도 개선을 위한 공론화 의제와 재정지원에 있어서 전문대학은 정부의 설계에서부터 후순위에 있기 때문에 일반 국민에게도 그렇게 비춰질 수밖에 없는 것이다.

'OECD교육지표 2018'에도 2016년 기준으로 우리나라 성인(25~64세)의 교육단계별 상대적 임금(고졸자=100 기준)은 전문대 졸업자 116, 대학 졸업자 149, 대학원 졸업자 198로 발표됐다. 전문대

졸업자는 OECD 국가의 평균인 123에 비해 7이 낮은 반면 대학 졸업자는 OECD 평균인 144보다 5가 높은 것으로 나타났다. 더 큰 문제는 2015년도와 비교했을 때 격차가 더 벌어지고 있다는 사실이다.

이러한 전문대학 졸업생들의 임금격차는 인식의 격차가 보상의 격차를 만들어 내는 전형적인 사례를 보여준다. 최근 열린 전문대학 입시 수시박람회에서 전문대학의 상담창구를 찾는 학부모들과 학생들은 전문대학 입시정보에 대한 체계적인 제공을 고등학교 상담현장에서부터 해줬으면 하는 바람을 이야기하고 있다. 고등학교 입시상담 교사의 인식 후순위를 바꿔야 할 필요를 소비자인 학부모가 제기하고 있는 것이다.

앞으로 대학은 시장 논리에 따라 필연적으로 여태껏 경험하지 못한 구조조정의 소용돌이로 들어갈 운명이다. 그러나 전문대학은 안팎으로 준비된 것이 너무 부족하다. 2018년 9월 한국사학법인연합회와 한국대학신문 공동 주관으로 국회에서 열린 '4차 산업혁명 시대의 사학발전을 위한 대토론회'에서 논의된 자료에서도 전문대학 법인 재정자립도는 4년제 일반대학에 비해 아주 열악함을 알 수 있다. 송기창 숙명여대 교수가 발제한 '학교법인 법정부담금제도의 문제와 개선방향'이라는 논고를 살펴보면 전문대학 사학법인의 법정부담금 전입실적이 2016년 말 기준으로 18.9%에 불과하다. 이는 4년제 일반대학의 법정부담금 전입률 48.5%에 비해 현저히 낮은 수준이다. 초 · 중등 학교법인의 법정부담금 부담률이 18.5%임을 감안할 때 전문대학 법인의 재정자립도 수준을 알 수 있는 대목이다.

위기는 예견되나 기회는 보이질 않는다. 정부의 전문대학에 대한 인식의 후순위를 바꾸고 전문대학 자체의 자구노력이 함께 선행돼야 한다. 알 속의 병아리가 껍질을 깨뜨리고 나오기 위해 어미닭의 관심과 병아리의 노력이 함께 하는 줄탁동시의 지혜가 우리에게도 필요할 때다.

11

이노베이션 아카데미와 SW인력의 필요성

빅데이터 기반의 디지털 트랜스포메이션이 한국의 노동시장을 휩쓸고 있다. 소프트웨어 개발자와 소프트웨어를 다룰 수 있는 디지털 네이티브들이 절대적으로 필요하다. 대학이 아직 노동시장의 수요를 따라가지 못하고 있다.

통계청 자료를 보면 극명하게 나타난다. 2017년 말 현재 서울특별시의 연간 구인(求人) 인원은 2만7459명이다. 산업분류별 구인 인원 중 미충원 인원이 가장 많은 분야는 소프트웨어 산업 분야로 1,785명의 미충원이 발생한 것으로 나타났다. 이는 미충원 인원 비율 중 52.4%를 차지하고 있다. 특히 소프트웨어 산업인력 중 경력인원 미충원이 1,190명으로 가장 많았으며, 신입자 미충원 인원도 567명이나 된다. 소프트웨어 산업인력의 양성이 시급하다는 것을 알 수 있다. 경기도도 마찬가지다. 2017년 말 현재

경기도의 연간 구인 인원은 4만1627명이다. 직종별 구인 인원 중 미충원 인원이 가장 많은 분야는 금속가공제품 제조업으로 1,540명이지만 소프트웨어 분야도 515명이나 된다. 특히 4차 산업혁명 관련 업종인 기계 · 전자 · 소프트웨어의 부족 인력은 총 3,370명으로 미충원 인원의 43.1%를 차지하고 있다.

필자가 최근 참석한 서울특별시 기술교육원 혁신용역 관련 회의에서도 청년 취업의 최전선에서 일하고 있는 일자리정책과 담당자는 소프트웨어 교육에 대한 필요성이 절대적임을 강조했다. 함께 참석한 서울산업진흥원(SBA) 관계자도 소프트웨어 교육 특히, 빅데이터 기반의 교육이 대기업뿐만 아니라 중소기업에서도 필요하다는 점을 강조했다. 이러한 빅데이터 기반의 소프트웨어 교육은 점점 커져가는 IoT기반의 운영체제에서부터 공장자동화(스마트팩토리 시스템) 통합 제어에 이르기까지 엄청난 산업적 수요를 가지고 있다는 것이다.

소프트웨어 전문가를 양성하는 대학의 현실은 여전히 요원하다. 현재 대학 졸업자가 대학에서 배운 지식은 실무에 10%도 쓸 수 없다는 업계 전문가들의 지적은 뼈아프다. 비전공자가 소프트웨어 기술을 실무에 접목해서 쓰기 위해서는 최소 10개월 이상의 재교육이 필요하다고 한다. 에듀테크 전문가들은 재교육(Re-Skill

Education)과 직무향상교육(Up-Skill Education)이 지금보다 필요한 때는 없다고 진단한다. 일반대학은 지난 2015년부터 재정지원사업으로 지원하고 있는 소프트웨어 중심대학을 중심으로 소프트웨어 교육에 열을 올리고 있다. 고등직업교육의 최전선에서 직업교육을 담당하고 있는 전문대학의 소프트웨어 교육 사정은 참담하기 그지없다. 여전히 구색 맞추기 정도의 노력에 불과하다. 몇몇 대학은 소프트웨어 관련학과를 신설했다. 그러나 이 정도의 노력으로는 산업현장의 수요를 따라가기에 턱없이 부족하다.

디지털경제로 전환해 성공한 기업의 혁신사례를 담은《루이비통도 넷플릭스처럼》에서 언급한 농기구 전문회사 '존 디어'의 사례는 참고할 만하다. 존 디어는 농부들에게 철로 만든 쟁기를 제공하기 위해 한 대장장이가 1837년 설립한 회사다. 이러한 존 디어가 2000년대 초반부터 소프트웨어 기술과 센서 기술을 접목해 전통적 제조업에서 아그리테크(농업과 기술을 결합한 ICT기술) 전문기업으로 거듭나고 있다. 2018년 매출이 11조5400억원으로 글로벌 건설기계 기업 중 2017년 9위에서 3위 기업으로 급성장한 것이다.

디지털 트랜스포메이션에 성공한 기업은 소프트웨어 인력의 채용과 재교육에서 시작된다. 고등직업교육의 최전선을 담당하는 전문대학에게는 학제의 유연성을 최대한 활용해야 한다. 따라가서는 답이 없다. 앞서가야 한다. 소프트웨어 전문 인력 양성을 위한 과감한 전략적 선택이 필요하다. 전문대학만의 틈새시장을 공략해야 한다. 기업, 사회 그리고 지역의 인력 수요에 맞춤형으로 대응하는 전략이 전문대학 경쟁력의 원천이 될 것이기 때문이다.

12

강소대학의 담대한 전쟁

21세기 최고 문명학자로 손꼽히는 유발 하라리는 원래 옥스포드 대학에서 중세전쟁사를 전공한 역사학자다. 그가 《호모사피엔스》《호모데우스》 등 우리에게 친숙한 역작을 내놓기 전 저술한 책 중 하나가 전쟁문화사를 다룬 극한의 경험(Ultimate Experience)이다. 하라리는 이 책에서 인간은 전쟁이라는 '극한의 경험'을 통해 자신과 세상에 대한 심오한 깨달음을 얻는 '계시체험'과 다른 사람에게 없는 '경험자의 권위'를 얻는다고 설명한다.

한국대학은 2020년 전례가 없는 극한의 경험으로 들어가는 원년이 될 것이다. 대학 입장에서 보면 본격적인 생존의 전쟁이 시작된 것이다. 지난해보다 5만 명 이상 줄어드는 대입학령인구를 비롯해 인공지능, 5G, 블록체인 등 혁신기술의 출발점, 그리고 디지털 정보와 관계망에 익숙한 디지털 네이티브 학습자와 아날로그 세대 교수자들의 격차 등이 본격화되는 원년이 되는 것이다.

스마트 디바이스와 콘텐츠를 만들어 등록 · 공유하는 플랫폼과 함께 성장한 세대를 디지털 네이티브라고 한다. 디지털 네이티브들은 유튜브로 촉발된 동영상 콘텐츠 시장의 최대 소비자이자 최대 생산자다. 인공지능과 플랫폼의 발달로 현재의 콘텐츠는 유튜브와 같은 플랫폼을 활용해 누구나 쉽게 개발하고 공유할 수 있게 된 것이다. 디지털 네이티브들에겐 기존의 아날로그식 교수학습방법으로는 한계가 있다. 선학습 후토론의 플립트 러닝, 1대1 맞춤형 어댑티브 러닝, 그리고 온 · 오프라인이 결합된 블렌디드 러닝과 같은 새로운 교수학습 방법론이 필요하다.

기술의 발전은 이러한 새로운 교수학습 방법론에 대한 사회적 수요에 즉각 반응한다. 인공지능과 5G는 VR(가상현실) · AR(증강현실)이 적용된 학습체험과 경험학습을 가능하게 한다. 블록체인은 개인 학습자들의 교육 소비자이자 생산자로서 가능하게 만들 원천기술이 될 것이다.

문제는 이 새로운 '극한의 경험'은 많은 투자를 요구한다는 것이다. 이 문제를 개별대학들이 새로운 제품을 만들기 위해 저마다 새로운 공장을 짓고 인력을 채용하는 과정으로 해석한다면 이는 패하는 전쟁의 수고로움을 줄 뿐이다.

마켓플레이스, 플랫폼, 커넥트, 앱 스토어 등은 디지털 시대에 성공하는 기업들의 키워드들이다. 제품생산에서 플랫폼 전략으로 바꾸면서 아마존은 최근 10년간 매년 25~30%의 성장을 이뤘고, 페이스북 유저는 5000만 명에서 10억 명으로 증가했다. 메리어드 호텔이 1년 동안 3만 개의 방을 짓겠다는 계획을 발표했을 때 에어비엔비는 2주 만에 그 정도의 객실을 확보할 수 있다고 말한다. 연결과 공유의 힘이다.

이제 대학들도 이 '극한의 경험' 속에서 살아남기 위해 연결과 공유를 실천할 때가 온 것이다. 시대가 바뀔 때 기존 게임의 룰에만 집착하는 사람만큼 어리석은 사람은 없다. 한국의 대학들은 하라리가 또 하나의 저서인 《대담한 작전》에서 언급한 것처럼 '정규전'이 아닌 각 대학만의 강점을 살린 '특수전'을 통해 이 극한의 경험 속에서 생존할 담대한 전쟁을 준비해야 하는 것이다. 이 담대한 전쟁의 필승전략은 '연결과 공유'에 있을 것이다.

13 대학과 4C교육

세계경제포럼(WEF) 국가경쟁력 평가에서 우리나라 대학 시스템의 질은 2017년 137개국 가운데 81위로 전락했다. 스위스 국제경영개발대학원(IMD) 교육경쟁력 평가에서 대학 교육경쟁력 역시 2019년 63개국 가운데 55위로 급락했다. 우리 대학 경쟁력 수준을 극명하게 보여주는 수치다. 학령인구는 줄고 대학 재정은 갈수록 열악해지는 현실에서도 대학 교육과정 혁신은 피할 수 없는 과제다. 대학은 변해야 한다. 시대의 소명에 부응해야하기 때문이다.

이주호 KDI 교수는 최근 한 신문의 기고에서 AI에 의해 대체되지 않고 이를 증강해 활용할 수 있는 3L과 4C를 갖춘 인재가 필요하다고 강조한다. 데이터를 분석하고 활용하는 데이터 문해력(Data Literacy), 컴퓨터 사고력과 공학 원리에 관한 이해력(Technological Literacy), 그리고 인문학적 이해와 디자인 역량(Human Literacy) 등 3개의 문해력을 갖추는 것이 필수라고 주장한다. 여기에 창의력(Creativity), 비판적 사고력(Critical Thinking), 협력(Collaboration), 소통(Communication) 역량을 의미하는 4C를 갖춰야 한다고 강조한다.

그렇다면 3L과 4C를 대학에서 어떻게 가르쳐야 할까? 이 교수의 지적처럼 학생들에게 주는 학습경험이 중요하다고 하지만 기존의 교육과정과 전공을 가지고 있는 학생들과 대학의 입장에서 보면 이를 교육과정에 넣어 가르치는 것이 쉽지 않다.

이 교수는 학습경험과 맞춤형학습이 필요하다고 강조한다. 애플의 교육담당 부사장을 지냈던 존 카우치는 〈공부의 미래〉라는 책에서 학습의 역할에서 암기를 빼고 지식을 활용하는 '이해'를 강조한다. 학습이란 사실 자체를 아는 게 아니라 그 사실을 어떻게 활용할지, 그것으로 무엇을 할지 이해하게 된다는 의미다.

학생들은 여전히 학습을 '암기하고 있는 무엇'으로 인지하고 있기 때문이다. 최근 SNS상에서 AI시대에 반드시 필요한 수학의 단원 가운데 '행렬과 벡터'에 관한 논쟁이 벌어졌다. 전문가들은 '행렬과 벡터'는 인공지능시대에 가장 기초적이고 핵심적인 수학이라고 이야기한다. 그런데 2021년도 대학수학능력시험에서부터 기하, 벡터(vector)가 수학 시험 범위에서 제외되어 우려스럽다는 입장이다.

이 문제에 관해 사람들의 의견이 분분하다. 대체로 교사의 입장에서 보면 행렬과 벡터가 수능시험에서 빠지면 아예 학생들은 공부를 하지 않기 때문에 우려스럽다는 입장이다. 반면 몇몇 전문가는 이미 행렬과 벡터를 배우기도 전에 수학을 포기하는 '수포자' 입장을 대변한다. 아예 학교 교육과정에서 암기식으로 배우면서 포기하기보다 인공지능에 행렬과 벡터가 왜 중요한지를 인식한 후에 배우는 것이 낫다는 의견을 제시하기도 한다. 선인식 후학습의 필요성을 주장하는 것이다.

역사적으로 위대한 창의성을 인정받는 사람들 중에는 의외로 학문적 지식이 짧거나 주류가 아닌 사람들 가운데 나온 경우가 많다. 구글의 '머신러닝과 언어처리 프로젝트'를 책임졌던 레이 커즈와일은 〈마음의 탄생〉이라는 책에서 역사상 가장 위대한 생각실험을 통해 창의성을 발휘한 두 사람으로 다윈과 아인슈타인을 꼽았다. 20세기 최고의 과학자로 인정받은 아인슈타인이 발견한 위대한 '상대성이론'도 알고 보면 수학적으로 그리 복잡한 것이 아니었다는 것이다. 당대의 유명한 수학자가 아니라 불과 30세의 스위스 특허청 직원에 불과한 아인슈타인의 '특수 상대성 이론'의 논문에서 20세기 가장 창의적인 발견이 나왔다는 것이다.

상자 안에서 상자 밖을 바라볼 수 있는 생각실험이 우리 학생들에게 필요한 이유가 여기에 있다. 인공지능과 빅데이터에 관한 학습의 필요성을 강조하면 할수록 소외받는 부류가 있다. 수학을 포기한 학생들, 성적이 좋지 않은 학생들 그리고 이미 디지털세대에서 멀어져 버린 성인학습자들이 그들이다. 그들에게 현재의 학습과 교육과정을 가지고 인공지능과 빅데이터 학습을 강조하는 것은 '포기'하라는 의미로 해석될 수 있다.

여기에 4C교육의 필요성이 나온다. 4C는 4차 산업혁명시대 인공지능과 빅데이터를 배우기 전 모든 사람들이 알아야 하는 가장 기초적인 지식이다. 창의성, 비판적 사고력, 협력 그리고 소통의 기술은 왜 우리가 인공지능과 빅데이터를 알아야 하는지를 그리고 인공지능과 빅데이터가 그리 어렵지 않다는 것을 깨닫게 하는 단초를 제공할 것이다. '나'란 정체성의 모드 전환이 대세인 '멀티 페르소나' 시대에서 4C는 모드 전환에 능하고 상황에 따라 삶의 방식을 세분화면서 살아가는 삶의 기술(Life Skills)을 키우는 데 가장 중요한 역할을 해낼 것이다.

VI

Chapter

결국 아이를 어떻게 키울 것인가?

다르게 배워야 다르게 성장한다

1

위대한 가능성을 가진 새로운 유대인, 한국인

코로나 바이러스(COVID-19)가 전 세계를 강타했다. 처음은 중국의 후베이성에 있는 우한에서 시작되었다고 하지만 한국, 일본 그리고 유럽의 이탈리아, 중동의 이란을 거쳐 전 세계로 전이되었다. COVID-19의 발병에 따른 각 국의 대처를 보면서 의료 선진국과 문명의 선도국으로 보았던 미국과 유럽의 각국들이 속수무책으로 나가떨어지는 것을 목격했다. 반면 아시아의 대만, 한국은 가장 모범적인 대처국가로 꼽힌다. 대만의 조기 국경 봉쇄가 그렇고 한국의 드라이브 스루(Drive Through)가 그렇다. 마치 COVID-19 대처의 국제 표준(Global Best Practice)을 제공해 주는 국가들처럼 보인다. 서양 중심의 우월적 엘리트주의 종말을 보는 듯하다. 과거 1,000년의 아우라를 가지고 현재의 권위를 누렸던 유럽도, 1차 세계대전 이후 세계의 패권을 가졌던 빅 보스 미국도 흔들리는 모습을 보인다.

사실 세계질서 재편에 대한 올바른 판단이 없어서 그렇지 아시아 리더십의 중요성이 대두된 지는 이미 오래 전부터이다. 나는 이 부분을 교육에서도 찾아보고자 한다.

2001년 시카고대학 경영대학원 입학사정위원회 위원으로 일을 할 때 나는 많은 아시아계 학생들의 지원 서류를 평가한 적이 있다. 미국이나 유럽과 같은 국가의 지원자들과는 달리 중국과 한국 등에서 지원한 지원자들의 학업성적(academic ability)은 탁월할 정도로 뛰어났다. 사실 점수만 가지고 평가를 한다면 대부분의 아시아 국가에서 지원한 지원자들은 최상위 성적으로 합격하는 것이 정상적이다. 그러나 입학사정관제 평가 방식에서 성적은 8가지 평가 요소 중 하나 일 뿐이다. 나머지 7개 평가 요소에는 다양한 개인적인 경험을 평가하는 요소가 대부분이다. 지역사회 봉사활동, 리더십 활동, 추천인의 평가, 자기소개서에 나타난 다양한 경험의 경쟁력 등이 그것이다. 입학사정관의 평가를 평가의 종합예술이라고 하는 데는 이유가 있는 것이다. 성적을 제외한 다른 평가요소에서 아시아계 학생들의 경쟁력은 낮은 편이었다. 벌써 20년 전 이야기이지만 지금까지 미국 명문대학에서 벌어지는 입학평가를 둘러싼 다양한 에피소드를 보면 여전히 진행형임을 알 수 있다,

2019년 10월2일 연합뉴스에는 하버드대학이 입학평가를 할 때 아시아계 학생들에게 상대적으로 낮은 점수를 주면서 입학에 차별을 두어서 한 단체가 하버드대학을 상대로 소송을 제기했다는 뉴스가 실렸다.

※ 출처 : 2019년 10월 2일, 연합뉴스 기사, 이귀원 기자

소송을 제기한 '공정한 입학을 위한 학생들'(Students for Fair Admissions·SFFA) 측은 하버드대가 아시아계 미국인 지원자의 개인적 특성 점수를 지속해서 낮게 매겨 입학 기회를 줄이고 조직적으로 차별을 행사하고 있다며 학교 측을 상대로 소송을 제기했었다. SFFA는 하버드대가 아시아계 미국인 지원자들에게 "아시안 페널티(벌칙)를 주고 있다"고 주장했다. SFFA는 2013년 하버드대학의 자체 조사에서 학업성적만 고려하면 아시아계 미국인 학생의 비율은 43%까지 오르는 것으로 나타났으며, 아시아계 미국인 학생 비율이 실제 18% 정도에 머문 것은 인구통계학적 항목 때문이라고 지적했다. 하버드대는 입학 심사 시 학업성적과 특별활동, 운동, 개인적 특성, 종합적인 평가 등 총 5개 항목을 평가하고 있으며 항목별로 가장 좋은 평가인 1등급에

서부터 6등급까지 점수를 매기는 것으로 알려졌다. 그러나 하버드대 측은 인종차별 주장을 부인하면서 인종은 여러 고려 요인 중 하나일 뿐이며 학생의 입학 기회를 높이는 긍정적인 방식으로만 사용될 수 있다고 반박해왔다. 하버드대 측은 또 아시아계 학생의 비율은 2010년 이래 크게 늘었으며 입학이 허가된 신입생 2천 명 가운데 23%를 차지한다고 지난해 밝힌 바 있다. 흑인 학생의 비율은 대략 15%, 히스패닉은 12%다.

1심에서 원고가 패소판결을 받았다. 즉, 하버드대학 측이 승소한 것이다. 소송은 계속 진행될 것이다. 문제는 이러한 소송이 자주 있는 일이라는 것이다. 사실 1990년 후반 이후 중국과 한국 학생들은 미국 명문대학 입학에서 지속적인 차별을 받아왔다. 적어도 성적을 가지고 평가를 한다는 전제하에서는 그렇다는 것이다. 그러나 이 문제는 그리 간단한 문제는 아니다. 또한 아시아계 학생들에게만 국한된 문제는 아니다.

1918년 예일대학교 총장은 유대인 학생들의 전형을 'Greasy grind'(공부벌레)라고 칭했다. 당시 미국의 명문대학에서 일었던 반

유대인 정서를 대변하는 표현이자, 유대인의 전형을 이야기 한 말이다. 이렇게 1920년대에 급격히 증가했던 유대계 학생들처럼 2000년대 들어 아시아계 학생들이 미국 내에 급격하게 증가하고 있다. 'Quasi Robots'이라는 표현은 현재 미국 입학사정관들 사이에서 수학과 과학에 뛰어난 재능을 보이는 아시아계 학생들을 일컫는 말이다.

미국의 입학사정관은 뛰어난 학업성적에 비해 아시아계 학생들을 뽑지 않은 이유를 다음과 같이 이야기한다. "아시아계 학생들이 뛰어난 학생들임에는 맞다. 그러나 유대인 학생들에 비해 학교 내에서 지적인 환경을 제공하지 않는 것이 문제다"라고 지적한다. 역사를 거슬러 올라가 1970년대만 해도 한국을 비롯한 일본과 중국계 학생들은 Affirmative Action(차별금지수정법안)에서 이야기하는 입학 쿼터 적용을 받았다. 그들은 'Asian or Pacific Islander'로 분류되었다. 그러다가 1980년대 중반을 넘어가면서 미국 내 아시아계 학생수가 급증했다. 1984년 미국 서부 명문대학인 버클리대학의 신입생 입학생 수의 25%가 아시아계 학생들이었다. 당시 버클리대학은 아시아계 학생들이 더 이상 Affirmative Action(차별금지수정법)의 적용대상이 아님을 정식으로 공표했다. 5년 후 버클리와 UCLA신입생들 중 아시아계 학생들 숫자를 고의로 줄였다는 연방조사당국의 의혹제기에 따라, 두 대학은 이 사실을 시인하기에 이르렀다.

그러나 이러한 평가의 차별적 요소에도 불구하고 아시아계 학생들의 숫자는 지속적으로 증가했다. 2010년 전후 버클리대학의 신입생 41%가 아시아계라는 사실은 더 이상 놀랄만한 것이 아니다. 하버드의 경우도 비슷하다. 1990년 미국 교육당국은 하버드 입학생들의 전형결과를 분석한 결과를 발표했다. 그 내용 중에는 국가별 합격자 수에서 아시아계 학생들의 합격률이 백인 지원자들에 비해 현저히 떨어졌다는 결과를 발표했다. 특히 주목할만한 사실은 아시아계 지원자들의 성적이 백인 지원자들의 성적보다 월등했다는 사실이다. 1979년에서 1988년 10년간의 전형결과 백인의 경우 합격률이 17.4%인 반면 아시아계 학생인 경우는 13.2%에 불과했다.

연방정부는 하버드의 입학사정관들이 평가에 있어서 공정성을 갖지 못했다라고 발표했다. 즉, 입학사정관들이 문화에 대한 이해가 부족한 지원자들에게 대부분 백인 학생들에 비해 '인성' 평가에서 평균 이하를 준 것이다. 그들은 아시아 지원자들을 평가하는 데 있어서 반복적으로 'being quiet/shy, science/math oriented, and hard workers'로 표현했다. 한 평가자의 평가에는 이렇게 쓰여 있다. 'he's quiet and, of course, wants to be doctor.' 또 한 평가자는 다음과 같이 기술하고 있다. 'Scores and application seem so typical of other Asian applications I've read: extraordinarily gifted in math with the opposite extreme in English.'

하버드대학의 경우 아시아계 입학생수가 1979년 5.5%에서 2013년 18%로 늘어났다. 지난 10년간 아시아계 학생들의 입학자수는 전체의 14%에서 20%를 넘나들고 있다. 1920~1930년대 유대인의 쿼터가 10~16%인 점을 감안하면 대단한 숫자가 아닐 수 없다. 대부분의 명문대학들은 인종에 따라 3단계의 입학규정을 적용하고 있다. 가장 입학기준을 까다롭게 하는 것이 아시아계이고, 그 다음이 백인, 그리고 흑인과 라틴계가 마지막이다.

2004년 3명의 프린스턴 대학 연구원들의 조사결과에 따르면 아시아계 학생의 경우 SAT점수에서 같은 지원자에 비해 평균 50점 정도가 높아야 한다는 결과가 나왔다. 흥미로운 사실은 동문자녀인 경우 160점 정도의 어드빈티지가 있다는 결과가 나왔다.

역설적으로 이러한 미국 내 흐름은 아시아 인재들이 세계 인재가 되고 있음을 반증한다. 미국의 주류사회가 긴장을 하고 있음을 보여주는 사례이다. 아시아의 교육인재들이 미국의 명문대학에서 뛰어난 실력을 보이고 있는 동시에 아시아 지역의 세계경제에서의 영향력도 갈수록 커지고 있다. 전 세계 국내총생산(GDP)에서 아시아가 차지하는 비중은 1980년 19%에서 2009년 36%로 증가했다. 아시아개발은행(ADB)에 따르면 이 비중은 2020년 45%로 확대될 전망이다. 이는 19세기 산업혁명으로 유럽과 북미가 부상하기 전까지 아시아가 세계사에서 누렸던 영광을 되찾는 것이다. 이는 구매력으로도 나타날 것이다. 앞으로 10년 동안 세계 신규 소비자의 약 70%가 중국과 인도에서 나올 것으로 보인다. 이는 아시아에 위치한 우리나라에게는 큰 기회다. 동시에 우리의 아이들이 향후 10년 후 자라서 활약해야 할 시장이 되는 것이다. 그런 의미에서 거대 동아시아 시장에서 활약할 '동아시아형 인재'가 절대적으로 필요한 시기가 다가왔다. 그 중심에 한국의 아이들이 있다.

2

초등부터 시작하는 내 아이 생애 설계

한국의 부모들이 자녀 교육의 1차 목표를 두고 있는 대학입시와 생애설계는 어떤 관련이 있을까? 아마도 2020년 현재 대한민국 대학입시 본질을 이해하는 사람이라면 현재 수시위주 특히 학생부종합전형은 아이들의 교육적 생애설계와 깊은 관련이 있음을 알 것이다. 좀 더 대학입시의 관점에서 적극적으로 표현한다면 생애설계를 잘 하고 이를 꾸준하게 실천해 나간다면 학교교육과정 뿐만 아니라 학생부종합전형을 전제로 한 대학입시도 자연적으로 준비할 수 있다는 결론에 이른다.

굳이 진학이나 대학입시가 아니더라도 교육의 본질에서도 진로발달에 따른 생애설계는 중요하다. 진로발달은 단계별로 전 생애에 걸쳐 나타나는 과정이다. 따라서 부모로서 자녀들의 생애주기 동안 개개인의 욕구를 충족시키는 계획이 필요하다. 진로발달단계는 환상기, 잠정기, 현실기로 나뉜다. 초등학교 시기는 환상기에 속한다. 이 시기에 학생들은 부모와 교사에 대한 의존도가 강하다. 또한 자신의 강점이나 약점 등 특성파악이 부족하고 직업정보에 제한이 있기 때문에 능력과 흥미를 확장할 필요가 있다. 많은 학생들이 다양한 활동들에 대한 경험이 제한적이기 때문에, 경험할 기회가 없는 많은 활동들에 대해 무관심하게 될 수 있다. 따라서 이 시기의 필수과제는 초등학생 개개인의 자기지식(self-knowledge)과 직업지식을 향상시키는데 필요한 다양한 액티비티에 참여하는 것이다. 즉, 다양한 경험이 중요한 것이다.

중학교 시기는 잠정기이다. 초등학생 때부터 시작한 자기지식, 직업지식 향상을 위한 다양한 액티비티 외에 진로설계 및 진로개발 목표를 진전시켜야 하는 때이다. 그러므로 이 시기에는 진로 관련 정보를 배우고 탐색해야 한다. 자신의 장점과 약점 등 특성을 더 잘 알게 되기 때문에 자신의 특성이 관심 있어 하는 직업환경에 얼마나 적합한지를 아는 것이 중요하다.

고등학교 시기는 현실기이다. 본격적으로 직업 탐색 활동에 대한 중요한 결정을 내리는 시기라고 볼 수 있다. 이 시기 필수과제는 자신의 특성은 물론 직업가치관이 진로의사 결정에 어떠한 영향을 미치는지를 이해하고, 의사결정에 참여하는 것이다. 의사결정 이전에 의사결정의 결과를 찬성과 반대 두 가지 입장에서 검토해 보고 정확한 정보를 얻도록 지원해주는 과정이 포함되어야 한다.

이러한 진로발달 이론을 진학과 연결시켜 주는 것이 전공의 선택이다. 전공을 선택할 때 가장 중요한 것은 특기와 적성이다. 그러나 한국적인 입시 상황 아래서 특기와 적성을 고려하여 대학의 전공을 선택하고, 진로를 설계하라는 것은 얼핏 보면 무모한 요구로 보인다. 대부분의 한국 학생들과 학부모들이 수능시험이 끝나고서야 비로소 전공을 선택하는 것을 보면 알 수 있다. 특히나 인문계열 학생의 경우는 이공계 학생들 보다 심하다. 기술 분야의 지원성향이 구체적으로 나뉘게 되는 이공계의 경우 비교적 이른 시기에 대학에서 공부할 전공을 미리 정해 놓는 경우가 많기 때문에 성적이 나오면 학교를 선택하는 고민을 하게 된다. 반면 인문계의 경우는 학교를 먼저 선정하고 전공을 선택하는 경우가 훨씬 많다.

그렇다면 대학 입시 이후에 전공을 선택한 학생들의 문제는 무엇일까? 이 질문에 대한 답은 보다 근본적인 질문에 직면하게 된다. 과연 이렇게 전공을 선택한 학생들의 미래 성공 가능성은 높을까? 아니면 이렇게 전공을 선택한 학생들의 대학 시절 학업

만족도는 높을까? 가 바로 그것이다. 한 여론조사 결과에 따르면 한국 대학생들의 전공 불만족도는 무려 40%에 이른다. 컬럼비아 대학 김승기 박사의 논문 결과 한국인 아이비리그 대학 재학생들의 중도 탈락율도 44%나 된다. 이러한 수치는 한국 대학생들의 대학전공 선택의 로드맵이 잘못되고 있다는 사실을 증명한다.

그렇다면 해법은? 간단하다. 어렸을 때부터 자신의 적성에 맞는 커리어를 탐색하는 연습을 해야 한다는 것이다. 미국의 공교육에서 이루어지고 있는 생애설계(Planning for life) 프로그램을 보면 이미 초등학교 1학년부터 커리어에 대한 노출이 필요하다는 점을 강조한다. 초등학교 아이들에게 해 주어야 할 것은 다양한 일에 대한 인식을 시켜주는 일과 개별 직업에 대한 존중감을 심어주는 것이다. 학자들은 이미 초등학교 3~4학년 시절부터 아이들은 자신의 특성과 흥미, 적성, 그리고 기술 등을 알아가는 시기라고 한다. 그런 의미에서 초등학교 시절부터 적성에 대한 진단과 직업을 이해하는 힘을 길러주는 것이 중요하다.

Paisley, Hubbadr(1994)가 제시한 유치원에서 6학년까지의 커리어 목표와 역량

학년	커리어 목표
1학년	• 좋아하는 것과 싫어하는 것을 묘사 • 다양한 장면의 직업의 세계 파악 • 학교와 가정에서 자신의 책임이 무엇인지를 파악 • 이전에 없었지만 지금 갖고 있는 기술 파악
2학년	• 가정이나 학교에서 과제를 수행하는 데 필요한 기술묘사 • 학교에서 어떤 작업 행동이 특정 사람들에 의해 수행되는지 구분 • 다양한 장면에서의 다양성 인식
3학년	• 미래라는 말이 무엇인지를 정의 • 사람들이 가지는 생애역할을 묘사하고 인식 • 일정범위의 작업명을 떠올릴 능력이 보임
4학년	• 미래에 자신의 삶이 어떻게 될지를 상상 • 지역사회 내의 다양한 친숙한 직업의 중요성을 평가 • 수행하는 일을 통한 작업자 묘사 • 개인의 취미와 여가행동 파악
5학년	• 친숙한 직업이 사회의 필요한 부분에 기여하는 방식 파악 • 친숙한 직업에 대한 자신들의 흥미와 기술을 비교 • 친숙한 직업에 대한 자신들의 취미와 여가행동 비교 • 특정직업과 관련된 고정관념 논의 • 자신에게 무엇이 중요한지를 논의
6학년	• 잠정적인 직업흥미와 기술파악 • 의사결정의 요소열거 • 부모님의 일이 가정생활에 어떻게 영향을 미치는지 논의 • 흥미와 능력간의 관계 고려 • 자신의 장단점 파악

출처 : 커리어상담: Vernon G. Zunker지음, 시그마프레스발간

이러한 이유로 초등학교부터 자신의 특기 적성을 이해하고, 직업의 세계를 간접적으로 경험하게 해 주는 것이 필요하다. 이러한 경험을 통해 학생들은 일에 대한 긍정적인 태도를 개발하고 능동적으로 자신의 커리어 개발에 관여하고, 커리어 의사결정 과정에 자신의 가족을 포함시키게 되는 긍정적인 효과를 경험할 수 있다.

중학생들의 경우는 초등학교 때부터 시작한 자기지식, 교육과 직업탐색, 커리어 설계의 커리어 개발 목표를 계속 진전시켜야 한다. 중학교 때 필요한 필수과제는 커리어 관련 정보를 배우고 탐색하는 것이다. Herring은 중학교 커리어지도 목표를 요약하여 다음과 같이 제시하였다.

중학생의 커리어탐색 전략 및 목표

행동전략	방법론
자기지식 전략	• 자기 이미지, 자기가치, 자기 존중감의 개념을 소개한다. • 학생들에게 표준화 성격검사를 하게 한다. Holland의 분류체계를 이용해서 성격 특성과 작업환경을 관련시키도록 한다. • 학생들이 잘 해내는 과목과 그렇지 못한 과목을 목록화 하게 한다. • 학생들에게 자신이 살았거나 방문했던 장소, 학교와 동료집단 경험, 주요 사건들을 명시하는 생애곡선을 그리도록 한다. 목표를 파악함으로써 생애 곡선을 미래에 투영하도록 한다. • 상이한 성격 특성들이 목표에 따라 어떻게 그 중요성이 달라지는 지를 논의하도록 한다. 직업과 그에 해당하는 특성을 열거하도록 한다.

행동전략	방법론
교육과 직업탐색 전략	• 학생들에게 자신이 생각하는 나의 유형, 행동의 선호도, 장단점, 미래 커리어에 대한 욕구를 묘사해 쓰도록 한다. • 자신의 흥미와 능력에 관련된 몇 가지 직업들을 열거한다. • 각 학생들에게 관심 있는 직업에 종사하는 사람들을 관찰할 수 있는 지역 사회를 방문하도록 한다. • 조사대상 직업에 종사하는 사람들의 성공에 필요한 학과목의 목록을 만들게 하고 논의한다. • 학생들에게 자신이 선택한 몇 가지 직업에 대한 준비조건을 찾아보도록 한다. • 학생들에게 10개 직업의 필요한 능력을 신체적, 정신적, 기술적, 창조적, 사회적, 기타 능력 등으로 구분해보도록 한다. 자신의 능력과 흥미에 맞는 세 가지 직업을 선택하도록 한다.
커리어 설계전략	• 의사결정 모형의 단계를 제시하고 각 단계의 중요성울 논의한다. 학생들에게 모형의 단계를 적용하여 문제를 찾아내고 해결하도록 한다. • 학생들을 집단으로 나눠 구성해서 특정문제를 해결하는 것을 도울 수 있는 자원과 사람의 목록을 작성하도록 한다. • 집단토론으로 신문에 나오는 별자리 운세와 문제를 해결하고 의사결정 하는 또 다른 방법들을 비교한다. • 학생들에게 세 가지 직업을 선택하도록 하고 의사결정 모델을 사용하여 하나를 선택하도록 한다. 결과를 집단에서 공유하고 논의한다. • 학생들이 고등학교에서 할 학습계획을 준비하도록 한다.

중학교는 학생들이 스스로 잠정적인 계획을 세우고 직업을 탐색하기 위한 시기이다. 일반적으로 학생들은 자신의 자기특성들을 더욱 의식하게 되고 대인관계 기술을 다듬는 경향이 있다. 중학생들이 개인적인 목표를 개발하는 것은 스스로 자신들의 특성들을 더 잘 알게 되고 자신의 특성이 직업 환경에 얼마나 적합한

지를 알아야 가능한 하나의 기술이다. 학생들은 수많은 직업요건들을 살펴보는 방법을 배워야 하고 미래 일의 역할에 대해 이해하기 시작해야 한다. 학생들은 커리어 기회에 관한 정보를 해석하는 방법을 배우면서 직업탐색에 필요한 기술을 알게 된다. 따라서 학생들은 지역 내의 직업들과 그 요건, 기회에 대해 더 많이 배워야 할 필요가 있다.

고등학교 시절은 중요한 결정을 내리는 시기이다. 고등학생이 되면 전반적인 개인의 특성, 흥미, 적성, 기술과 일의 세계에 대한 다양성을 알게 되고 존중하게 된다. 학업수행과 미래의 선택 사이의 관련성을 이해하고 일에 대한 긍정적인 태도를 발달시키는 시기이다.

이렇듯 연령별, 학년별로 자신의 진로와 관련하여 체험해야 할 다양한 내용이 있다. 그럼에도 불구하고 한국의 교육현실은 오직 교과목 성적에만 집중하는 형국이다. 균형 잡힌 정보와 자신의 특성을 살린 미래직업선택의 기회를 원초적으로 박탈당하고 있는 것이다.

미래사회를 대비한다는 의미는 자신의 적성이 무엇인지를 파악하는 것에서부터 출발한다. 이러한 적성파악과 함께 중요한 것이 직업에 대한 정보이다. 현재 제시하고 있는 직업정보는 이미 10년 전 직업정보가 많다. 그런 이유로 초등학생과 중학생 등 앞으로 최소한 10년 후에나 사회에 진출할 아이들에게 과거의 직업을 소개한다는 것은 매우 위험한 일이 아닐 수 없다.

그런 의미에서 미래를 내다보는 안목을 길러주는 프로그램이 필요하다. 산업기술의 발달과 가치관의 변화 그리고 인구구조의 변화는 많은 산업의 변화를 가져올 것이다. 이러한 변화의 흐름 속에서 다양한 직업이 뜨고 진다. 10년 전 각광 받았던 직업이 10년 지난 지금은 직업 그 자체가 없어진 것도 많다. 이러한 흐름은 미래에 더욱 가속화 될 것이다. 내가 자라서 사회에 진출할 10년 후 세계에는 과연 어떠한 직업들이 존재할까? 어떠한 직업들이 각광 받을까? 이러한 질문에 스스로 생각해 보는 것이 중요하다. 이러한 문제에 직면했을 때 스스로 효율적으로 해결하는 방법을 우리는 가르칠 의무가 있다.

3

자존감 있는 아이(AI)로 키워라

아이의 자존감은 어디에서 나오는가? 어릴 적 소풍을 가기 전날이면 설렘으로 잠을 이루지 못한 경험을 기억할 것이다. 내일 싸가는 김밥에 무엇을 넣었을까? 혹시 내일 비가 오지는 않을까? 하는 걱정에 잠을 이루기 어렵던 경험을 대부분은 했을 것이다. 아침에 눈을 떴을 때 행복하다고 느끼는 것, 하루를 시작하는 것이 즐겁다고 느끼는 것, 그리고 친구들을 만나는 것이 기대된다고 느끼는 것, 이 모든 것이 자존감과 연결되어 있다. 자존감은 어쩌면 자신을 사랑하는 감정에서 나오는 것이지만 궁극적으로 절망하고 낙담하고 실망했을 때, 이 늪에서 빠져나올 수 있는 역량 즉, 회복탄력성과도 연결되는 개념이다.

※ 회복탄력성(Resilience)이란 '다시 뛰어오른다(to jump back)'라는 뜻의 라틴어 리실리오(resilio)에서 비롯되었다. 초기 회복력 개념은 주로 생태학 및 공학 등에서 사

용되었는데, 교육학에서는 회복탄력성(回復彈力性)이라고도 하는 적응 유연성을 말한다. 스트레스나 역경에 적극적으로 대처하고 시련을 견뎌낼 수 있는 능력을 의미한다.

특히 학령기 아이들의 자존감은 앞으로 성장해야 할 이들에게 아주 중요하다. 학습에 대한 역량보다 더 중요한 것이 자존감이다. 아이의 자존감은 인공지능(AI)으로 대변되는 미래사회에는 더욱 중요할 것이다. 아이들은 '변화만이 유일한 상수' 시대에 살고 있으니까.

미래학교에서 아이들의 자존감은 어떻게 유지되고 왜 필요한 것일까? 우리 아이들이 다니는 '현재 학교'는 시대에 따라 변화되어 왔다. 300년 전 학교는 사회의 엘리트만을 가르쳤지만 이제는 누구나 배울 권리를 가진 '공교육'의 시대에 살고 있다. 산업혁명 이후 도시화와 산업화의 과정에서 읽고 쓸 수 있는 믿을만한 노동력이 필요했기 때문이다. 플라톤은 '교육의 목적은 개인들로 하여금 그가 해야 할 일을 하고 싶어 하도록 만드는 것이다'라고 이야기했다. 이처럼 교육의 목적은 지극히 개인적인 것이 우선이다. 각각의 개인이 자신이 할 일을 자발적으로 찾아서 하는 것을 의미한다. 여기에 자존감이 필요한 것이다.

다중지능이론으로 유명한 교육심리학자인 하워드 가드너 교수는 교육에 관심이 있는 사람이 반드시 기억해야 할 7가지를 이야기한다. 그 7가지 중에는 '초기경험의 중요성'과 '인간이 가진 능력과 재능의 특수성'에 관한 내용이 있다. 인간은 모두 유년 시절의 초기 경험이 이후 경험보다 중요하다는 것을 강조한다. 또한 인간의 뇌는 수많은 부분과 신경망으로 구성되어 각각 서로 다른 능력에 특화되어 있다고 강조한다. 따라서 어떤 사람은 다른 사람보다 더 많은 잠재력과 재능이 있지만 각각의 능력 자체는 놀랍게도 서로 독립적이라고 말한다. 그런 이유로 어떤 사람은 특정 부분에 있어서는 탁월할 수 있지만 다른 부분에 있어서는 다른 사람들에 비해 상당히 뒤떨어질 수 있다는 것이다. 결국 중요한 것은 특정 분야에 필요한 학습역량을 모든 사람들에게 강요해서는 안 되는 것이다. 특정 분야에 대한 학습역량 보다는 개개인이 가진 재능을 발전시켜 나가는 것이 중요하다는 것이다.

가드너 교수는 모든 인간은 여덟 가지 완전히 구별되는 지능을 가졌다고 한다. 각 지능은 문제를 해결하거나 하나 이상의 문화적 상황에서 가치 있는 생산물을 만들어 낼 수 있는 잠재력을 나타낸다. 이 지능들은 뇌 속 특정 부위의 표상 즉, 상징체계 내의 부호에 대한 민감성과 특정 지능에서 놀라울 정도의 능력을 발휘하는 천재 등 특정 인물들의 존재 등이 포함된다.

교육에 관심 있는 사람이 반드시 기억해야 할 7가지

구분	내용
1. 초기경험의 막대한 중요성	모든 경험이 중요하지만 인생초기의 경험은 이후의 경험에 비해 특별히 중요하다. 따라서 교육은 생후 첫 몇 달 안에 시작되어야 한다.
2. 예외 없는 정언명령 '사용하거나 사라지거나'	뇌 조직을 가지고 있고 뇌연결망이 있다고 해서 충분한 것은 아니다. 만약 그 조직이 적절한 감각적 자극을 받지 않고 또 적극적으로 활성화 되지 않으면 결국 신경이 위축되어 다른 기능으로 바뀐다.
3. 초기 신경체계의 유연성(가소성)	아이들은 신경체계의 많은 부분을 잃는다 해도 생존이 가능하고 잘 성장할 수 있다. 그러나 나이를 먹으면서 우리 뇌는 유연성이 떨어지고, 소실된 능력이나 기능을 보충하기 점점 어려워진다.
4. 행위와 활동의 중요성	뇌는 물리적인 공간과 물질을 탐색하고 정말 알고 싶은 문제에 대해 질문을 할 때 가장 잘 학습하고 유지된다. 단순하고 소극적인 경험들은 뇌를 점점 더 약화시키고 뇌에 지속적인 영향을 거의 주지 못한다.
5. 인간이 가진 능력과 재능의 특수성	기계는 일을 잘 한다거나 잘 못한다고 일반화 할 수 있지만 인간의 뇌는 수많은 부분과 신경망으로 구성되어 각각 서로 다른 능력에 특화되어 있다. 자연은 전적으로 공정한 것이 아니어서 어떤 사람은 다른 사람보다 더 많은 잠재력과 재능의 축복을 받기도 하지만 각각의 능력 자체는 놀랍게도 서로 독립적이다. 그래서 어떤 사람은 특정 부분에 있어서는 탁월할 수 있지만 다른 부분에 있어서는 다른 사람들에 비해 상당히 뒤떨어질 수 있다.
6. 어린 시절 음악이 뇌 발달에 미치는 조직화 역할	어린 시절 악기를 배우면 학교에서 중시하는 것을 비롯한 다른 인지영역에서 긍정적인 결과를 얻을 수 있다.
7. 정서적 보호화가 하는 결정적인 역할	학습과정에서 정서의 형성적인 역할이 점차 인식되고 있다. 정서적 결과를 가져오고 또 그런 기록되는 경험은 이후에도 계속 유지되고 활용된다.

출처 : 인간은 어떻게 배우는가? 하워드 가드너 지음, 류숙희 옮김, 사회평론

우리 아이들이 하는 지능검사는 일반적으로 학교에서 가장 중시되는 언어와 논리수학과 공간지능의 일부를 측정한다. 따라서 언어와 수리능력이 상대적으로 뛰어난 학생들이 교실에서 주목받을 수밖에 없다. 학교는 그들을 우등생이라는 표징을 부여한다. 반면 언어나 수리능력이 떨어지는 아이들은 열등생이 되어버린다. 그러나 인간은 음악지능, 신체운동지능, 자연지능, 자신에 대한 자기성찰지능과 다른 사람에 대한 인간친화지능 또한 갖고 있다. 그리고 가드너 교수가 이야기하는 또 하나의 지능, 즉 아홉 번째 지능인 실존지능, 즉 삶과 죽음, 궁극적 실존에 대한 문제들을 숙고하는 경향을 드러낼 수 있다. 이런 지능들은 각자 고유한 형태의 정신적 표상을 특징으로 한다. 사실 각각의 지능은 특정한 한 가지 형태의 정신적 표상을 의미한다고 보는 것이 정확하다.

이제 학교는 개별화하고 개인화되어야 한다. 학교뿐만 아니라 가정에서도 아이들이 가지고 있는 각기 다른 재능을 부모는 주목할 필요가 있다. 같은 형제자매조차도 다른 지능을 가지고 있다. 따라서 선생님과 부모들은 아이가 부족한 재능을 향상 시키려 하지 말고 타고난 재능을 개발하는 데 도움을 줄 수 있는 노력이 필요하다. 결국 그것이 나에게 필요한 노후자금에 도움이 되니까 말이다.

4

개별화된 학습능력이 중요하다

우리는 아이들의 학습지도방식에 있어서 두 가지 결과를 얻도록 해야 한다. 첫째로 학생들이 교육내용에 접근하는 각기 나름의 방식으로 자료를 접할 수 있도록 도와야 한다. 둘째로 학생들이 자신에게 편안하면서도 주변 사회에서 이해받을 수 있는 방식으로 자신이 배운 것을 보여줄 기회를 가져야 한다. 아이들이 학습을 통해 자신의 생각을 확장하고 문제를 해결해 나가는 데 있어서 참고할 많은 자료들에 접근할 수 있도록 도와주고 학습된 경험을 자유롭게 표현할 수 있는 자리를 만들어 주어야 한다는 것이다. 그런 의미에서 보면 문제만을 풀고 일제고사처럼 상대적 경쟁만을 하는 객관식 시험은 얼마나 어울리지 않은 컨셉인가?

가드너 교수는 아이들은 각자의 경험과 지식 습득을 통해 얻어진 자신만의 경험을 7가지 방식으로 표현할 수 있다고 설명한다. 예를 들어 진화론을 공부할 때 찰스 다윈의 어릴 적 이야기를 하거나 홀로코스트를 공부할 때 안네 프랑크 일기 이야기를 하는 등 해당 주제나 그 주제와 관련된 사람들에 관한 이야기로 풀어가는 방식을 '서사적진입점'이라고 한다. 진화론을 설명할 때 갈라파고스제도 12개 섬에 퍼져있는 서로 다른 핀치들의 수와 종류에 대한 퀴즈를 통해 해당주제를 표현하는 방식을 '수량적진입점'이라고 예를 든다. 가드너 교수의 관점에서 보면 아이들은 자신들이 가장 자신 있는 7가지 방식으로 자신의 지식을 표현하려고 한다는 것이다. 그렇다고 모든 방식을 표현해야 하는 것은 아니다. 우리는 교실과 가정에서 선생님이 선호하는 방식으로 또는 부모가 선호하는 방식으로 아니면 평가가 선호하는 방식으로 아이들이 표현하도록 강요하지는 않는가? 반성이 필요한 대목이다.

각자의 특성과 타고난 지능을 고려한 개별화된 교육은 진실, 아름다움, 선함을 추구하는 진정한 의미의 교육 한가운데로 이동시켜 줄 것이다.

마음의 변화를 위한 일곱 가지 지렛대, 표상의 재서술

구분	내용
1. 서사적 진입점	해당주제 및 그 주제와 관련된 사람들에 관한 이야기를 발표한다. (예를 들어 진화론을 공부할 때에는 찰스 다윈 이야기, 홀로코스트를 공부할 때는 안네 프랑크 이야기)
2. 수량적 진입점	해당주제에 실례를 이용한다.(예를 들어 갈라파고스제도 12개 섬에 퍼져있는 서로 다른 핀치들의 수와 종류에 대한 퀴즈)
3. 논리적 진입점	핵심요소들이나 단위들을 확인하고 그것들의 논리적 연관성을 탐구한다. (예를 들어 자원부족에 직면한 인간의 생존에 대한 맬서스의 주장이 생물종간의 경쟁에 어떻게 적용되는가)
4. 실존적 진입점	진리나 미의 본질, 삶과 죽음 같은 큰 문제에 대해 생각 한다
5. 심미적 진입점	예술적 특징에 의거해서 사례를 조사하거나 예술작품에서 직접 사례를 찾는다.(예를 들어 핀치 부리의 다양한 형태를 관찰하거나 삼중창에 담겨진 표현적 요소들을 분석한다)
6. 실제적 진입점	감각으로 느낄 수 있는 사례를 직접 경험해 본다(예를 들어 피가로의 삼중창을 불러보거나 과일피리를 기르면서 세대가 바뀔 때마다 특성이 어떻게 변하는지를 관찰한다)
7. 협력적 또는 사회적 진입점	각자 맡은 일이 성공적인 결과에 기여하도록 프로젝트에 참여한다.

출처 : 마음변화의 과학, 하워드 가드너 지음, 김한영 옮김, 사회평론

스위스 아동 심리학자인 장 피아제는 "어린 아이들은 더 이상 어른의 축소판이 아니다"라고 주장한다. 그는 아이들에게는 세상을 표상하는 그들 자신만의 독특한 방법이 있다고 강조한다. "영아의 세상은 감각적 지각과 움직임의 세계다. 걸음마 단계에 있는 아기들의 세계는 단어나 그림 같은 다양한 종류의 상징을 특

징으로 한다. 학령기 초반의 아이들은 양이나 시간과 같은 개념들을 다룰 수 있다. 청소년들은 유형의 물질은 제시하지 않아도 이러한 개념들을 단어나 논리적인 상징조직을 통해 추상적으로 추론할 수 있게 된다"라고 이야기한다.

이처럼 시기에 따라서 자신이 가지고 있는 지능이나 재능의 방향으로 자신의 지식과 경험의 세계를 표현하려고 하는 아이들을 이제 우리는 제대로 이해해야 한다. 어쩌면 우리가 정해놓은 수많은 상징세계와 표상은 우리의 우상일 뿐이다. 아이들은 스스로 자신의 세계를 설계해야 한다. 부모는 그러한 환경을 만들어 주는 조력자 일뿐이다.

5

17% 확률과 내 아이 잠재력을 읽어라

몇 해 전 EBS TV에서는 '아이의 사생활'이란 제목의 인간탐구 대기획 프로그램을 방송한 적이 있다. 여기에 나오는 17%의 의미를 되짚어보자. 남성과 여성은 태어날 때부터 다른 유전인자를 갖고 태어난다. 따라서 남성이 잘하는 것과 여성이 잘 하는 것에는 차이가 있다. 예를 들어 남성들의 경우는 우뇌가 발달한 반면, 여성들의 경우는 좌뇌가 발달되어 있다. 이러한 남성성과 여성성을 좌우하는 호르몬은 '테스토스테론'이라는 성호르몬이다. 남성의 경우는 비교적 여성보다 테스토스테론이 많다는 것이다. 고도의 집중력이나 반사 능력은 뇌의 오른쪽 반구인 우뇌에 잘 발달되어 있다. 이러한 우뇌가 발달한 남성성 인간은 수학적인 능력이 발달되어 있다. 반면 좌뇌가 발달한 여성성 인간은 언어적인 능력이 발달되어 있다. 그렇다면 17%는 무엇을 의미할까? 그것은 남성이지만 여성성 뇌구조를 가지거나 여성이지만 남성적인 뇌구조를 가진 인구의 비율이 17%라는 것이다.

여성이라는 사회적인 편견 속에서 여성이 할 수 있는 일과 없는 일이 극명하게 나뉘어졌던 시기가 있었다. 그러나 현대는 성별에 대한 상호 인식차이에 따라 성적인 편견이나 스테레오 타입이 없어졌다. 그러나 17%에 대한 고려는 여전히 남아있다. 다시 말해 우뇌가 발달한 여성들이 수학적인 분야에서 탁월한 성과를 발휘하고, 좌뇌가 발달한 남성들이 언어적인 분야에서 탁월한 능력을 발휘할 수 있는 기회가 주어져야 한다. 그런 의미에서 자신의 지적인 특성을 이해하는 것은 중요하다. 보편적으로 83%의 사람들이 뇌 구조에 있어서 남성성과 여성성의 특성을 가지고 태어나지만 서로 다른 성의 뇌 구조를 가지고 태어난 사람도 있는 것이다. 그만큼 자신만의 프로파일을 아는 것은 중요하다. 단지 뇌의 구조를 아는 것이 아니라, 자신의 성격과 적성 등을 체계적으로 아는 작업이 필요한 것이다.

적성을 탐구하고 직업을 결정하는 데 있어서 뇌의 구조에 따라 자신의 역량을 파악하는 것은 기본이다. 그러나 이러한 기본적인 고려가 의사결정의 전부는 아니다. 여기에는 환경적인 요소도 중요하다. 환경적인 요소는 부모형제나 조부모 등 가족의 영향, 그리고 경제적 여건 등이 있다. 자신의 타고난 특성과 처해있는 환경적인 특성을 함께 고려할 때 비로소 자신만의 적성과 여기에 걸맞은 미래 직업선택의 합리성이 주어지는 것이다. 사례 연구를 통해 자신의 적성에 따라 어떤 꿈의 선택이 이루어질 수 있는 지를 알아보자.

사례 1 : 직업에 대한 막연한 동경이 있는 경우

A는 초등학교 6학년 여자아이로 성적은 상위권이다. 희망직업은 '의사'이나, A의 부모님은 '의사'라는 직업을 선택한 동기가 분명치 않아 적극적인 교육적 지원을 해야 할 지 망설이고 있다. 따라서 A의 진로선택 동기와 '직업 정보 인식' 등을 확인하기 위해 CTM(Career Topic Map)을 적용해 보았다.

Step1. 진단결과

자신의 진로를 설계하기 위한 '객관적 접근' 방법으로 우선 진단도구를 활용하면 많은 도움을 받을 수 있다. 특히 진로유형도 성격의 영향을 많이 받으므로 함께 진단하면 진로적합성을 훨씬 정확하게 측정할 수 있다.

기초정보 ⇨ 컨설팅 포인트 ⇨ 진단결과

기초정보	컨설팅포인트	진단결과
– 학년 : 초6 – 성별 : 여 – 희망진로 : 의사 – 성적 : 상위권	– 직업적합성여부 – 직업선택의 합리성 여부	– 성격유형 : 언어의 귀재 – 진로유형 : 예술 – 탐구형 √진로선택의 합리성 낮음 √적합 직업 : 건축디자이너, 삽화가, 어문학 교수, 작가 – 학습태도 : 성적 – 상 √ 공부환경 : 하 √ 책읽기 : 중하 √ 집중전략 : 중

A의 성격유형인 '언어의 귀재' 특징에 비추어볼 때 비판을 필요 이상 민감하게 받아들이는 경향이 있을 수 있다. 즉, 관계 지향성이 강해 항상 밀착관계인 어머니를 멘토로 여겨 '어머니가 좋아하는 것'을 맹신적으로 쫓을 수 있음을 나타낸다. 이것은 A 자신의 과업을 소홀히 다룰 수 있음을 뜻한다.

진로탐색검사에서는 '예술–탐구'로 부모의 우려대로 '진로지향성' 및 '진로선택의 합리성'이 모두 낮음으로 평가되었다. 이는 자신이 선택한 선호 직업인 '의사'가 구체적인 동기 없이 막연히 동경하거나 타인을 기쁘게 해주기 위한 선택일 수 있다는 뜻이다. 위 성격유형의 특징에서 유추할 수 있었던 대목이다.

이런 경우 CTM을 통해 남과 동일 시 되지 않는, '자기'만의 색깔을 찾을 수 있도록 그 근본을 건드려 '자기선호'를 이끌어 낼 수 있는 접근이 필요하다.

Step2. 동기 찾기

자신이 선호하는 직업이 있을 때, 어떤 사건 또는 어떤 인물을 통해 직업에 대한 좋은 인상을 갖게 되었는지 그 뿌리를 찾는 과정이다. 이는 자신의 이야기를 써나가는 시작이 된다.

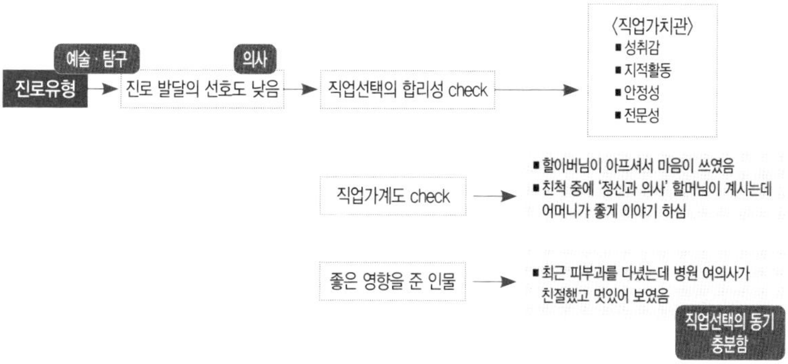

A의 경우, 주변의 우려와 달리 직업 가계도와 최근 사건 속에서 지속적으로 좋은 영향을 받아 동기부여가 확실했다. 다만 진로성향이 AI코드로써 예술성이 높기 때문에 '의사'라는 직업 중에서도 미를 다루는 '성형외과'나 '피부과'로 진로를 설정하고 패션, 음악, 미술 등 다양한 형태의 예술활동으로 흥미를 지속시켜 주면 될 것으로 보인다.

Step3. 전공 및 직업 탐색, 목표설정

자신이 선호하는 직업에 대한 합리성을 찾았다면 이젠 구체적인 정보를 탐색하는 활동을 해야 한다. 지속적인 노력을 위한 '자극'과 '동기부여'를 위해서는 롤모델이나 멘토가 될 수 있는 인물 위주로 탐색하는 것이 좋다. 특히, 그들이 그 위치까지 가게 된 커리어 로드맵(Career Roadmap)은 자신의 목표계획을 세울 수 있는 좋은 모델이 될 수 있으니 적극 활용하자.

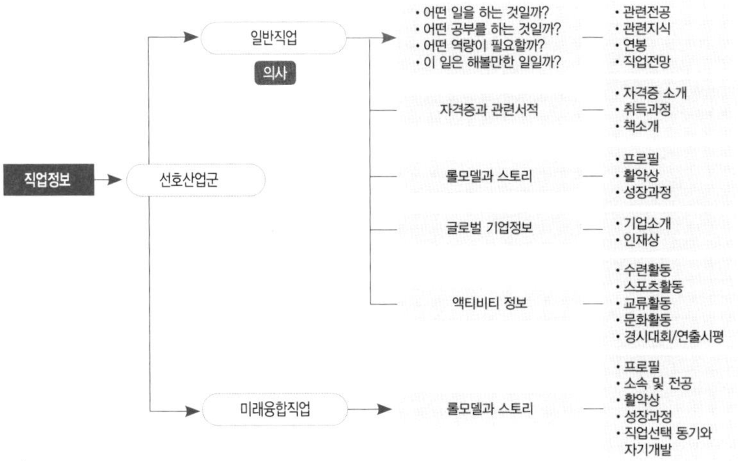

Step4. Career Roadmap

이제 자신이 누구인지, 어떤 사건들과 인물들을 통해 '동기부여'를 받아 진로를 선택했는지, 그것이 진짜 나의 길(Path)이 될 수 있는지 고민하고 탐색하였다. 이제는 목표를 향한 '전략적 노력'

뿐이다. 탄탄하면서도 나만의 색과 스토리가 있는 내 미래를 디자인하자.

A에게 직업정보를 통해 '의사'의 직업적 고충과 스트레스 상황 등을 구체적으로 제시하여 이해를 도왔는데 비교적 '의사'란 직업의 직무를 정확하게 이해하고 있었다. A가 추구하는 '직업가치관'과도 잘 맞아떨어져 동기부여가 더욱 확실하게 되었다. 이에 A는 국내 최고 명문인 서울대 의예과를 목표로 삼았다. 따라서, A는 학과 공부에서도 가장 어려워하는 '수학'에 조금 더 노력을 기울이기로 하였으며 중학교와 고등학교 과정을 일반학교로 진학하기로 했다. 목표가 확실한 만큼 '의사'란 직업의 경험과 역량을 높일 수 있는 활동(activity)을 탐색하여 포트폴리오를 만들어 나갈 계획도 세웠다. 이제 '일관성'있는 꾸준한 노력과 포트폴리오 관리에 신중을 기하도록 조언해 주었다.

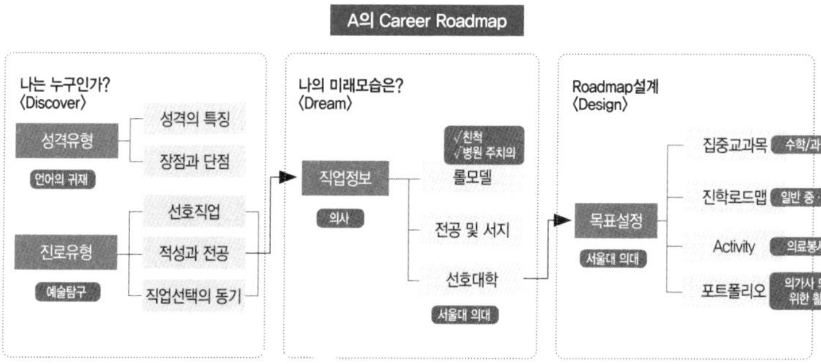

6

세계 인재, 글로벌 기업의 CEO로 키우려면?

우리 아이들도 아마존의 제프 베조스, 구글의 래리 페이지, 페이스북의 마크 주커버그, 테슬라의 엘론 머스크와 같은 글로벌 CEO가 될 수 있을까?

최근 등장한 글로벌 CEO들은 기존 글로벌 기업의 CEO들과는 다른 캐릭터를 가지고 있다. 과거 CEO의 전형은 GE의 잭 웰치, HP의 칼리 피오리나처럼 조직에서 잘 성장해서 오랜 기간 동안 조직의 구성원으로서 잘 훈련된 CEO들이 대부분이다. 그러나 최근 GAFA(google, apple, facebook, amazon)와 같은 글로벌 기업을 이끄는 CEO들은 독특한 캐릭터를 가진 사람들이 주류를 이룬다. 창조적 괴짜 또는 협업하는 괴짜가 바로 그들에게서 보인다.

현존하는 세계 최고 기업인 아마존의 제프 베조스를 보자.

1994년 아마존을 설립한 제프는 아마존을 닷컴 산업의 골드러시 현상으로 해석하지 않았다. 그는 2차 산업혁명을 이끌었던 닷컴 산업을 '전기산업'으로 정의했다. 따라서 전기가 들어오는 인프라가 모든 집에 깔리게 되면서 2차 산업혁명이 본격화 되었듯 인터넷이 모든 가정에 깔리는 순간 새로운 시대가 시작된다는 것을 인지하고 회사를 성장시켰다. 그의 눈에는 아마존이 단지 온라인 서점이 아니라 인터넷을 통해 거래를 할 수 있는 'everything company'였다. 그의 독특한 사업의 해석점은 어린 시절의 사업 경험에서 나왔다. 뉴멕시코 주 앨버커키에서 태어난 그는 어린 시절 부모가 이혼하고 어머니가 재혼한 쿠바 이민자 출신인 미구엘 베조스 밑에서 자랐다. 그는 고등학교 때 드림 인스티튜트(Dream Institute)라는 교육 회사를 처음 만들어 사업을 시작했다. 이후 프린스턴대학에서 컴퓨터공학과 전기공학을 전공하고 월가에서 다양한 투자회사 등에서 경험을 쌓은 후 아마존을 창업했다. 그의 꿈은 이제 우주산업으로 향하고 있다. 블루 오리진(Blue Origin)이란 우주 비행관광산업 회사는 그가 꿈꾸는 우주산업의 총아 '아마존'으로 가는 첫걸음이 될 것이다.

영화 《아이언맨》의 주인공 '토니 스타크'의 실제 모델이자 2013년 《포춘》지 선정 최고의 CEO, 엘론 머스크를 만나보자. 테슬라의 CEO 엘론 머스크는 아마존의 제프 베조스보다 더 극적인 삶을 살아왔다. 1971년 남아프리카공화국에서 영국인 엔지니어 아버지와 캐나다인 영양사 어머니 사이에서 태어났다. 그는 이미 12살 때 'Blastar'라는 게임을 개발해서 판 적이 있을 정도로 사업적 수완이 뛰어난 인물이었다. 그는 17살 때 캐나다로 홀로 이민을 떠났다. 처음 정착한 몬트리올에서 시간당 1달러의 급료를 받는 가난한 노동자로서의 삶을 시작한다. 그리고 캐나다 명문대학 중 하나인 퀸즈 대학에 입학한다. 이후 그는 미국의 펜실베니아 대학에 진학해서 물리학과 경제학을 공부했다. 그는 청소년 시절 비록 우울증으로 고생하기도 했지만 책벌레로 불릴 정도로 많은 책을 탐독했다. 특히 그가 어렸을 때부터 즐겨 보았다는 철학, 문학, 종교 관련 서적은 훗날 그의 CEO로서의 독특한 경영철학을 갖는데 결정적인 역할을 하게 된다. 엘론 머스크는 애플의 스티브 잡스를 잇는 글로벌 CEO대열에서 《포춘》, 《타임》, 《뉴욕 타임스》 등 미국의 주요 언론 매체들이 지목한 압도적 1인 이다. 전기자동차, 우주로켓, 태양광발전 사업에서 독보적인 성과를 보이고 있기 때문이다. 그는 세계 1위 인터넷 결제서비스 회사인 페이팔의 공동 창업자, 포르쉐보다 빠른 전기자동차를 만드는 '테슬라'의 창업자이다. 또한 민간 최초로 로켓을 쏘아 올려 국제우주정거장(ISS)과의 도킹에 성공한 우주로켓기업 '스페이스X'의 창업자이고, 태양광발전기업인 '솔라시티'의 최대 주주이기도 하다.

우리 아이들이 아마존의 제프 베조스와 테슬라의 엘론 머스크와 같은 글로벌 기업의 CEO가 될 수는 없을까? 실력으로 보면 우리 아이들은 압도적이다. 그러나 우리 아이들에게 부족한 것은 경험과 절박함이다. 아이들에게 어렸을 때부터 기업가 정신(Entrepreneurship)을 갖게 한다는 것은 매우 중요한 일이다. 그렇다면 한국의 아이들이 글로벌 경쟁력을 갖춘 세계적인 CEO로 성장할 수 있을까?

우리 아이를 글로벌 기업의 경쟁력 있는 CEO로 키우려면

첫 번째, 독립적으로 사고하는 힘을 키워라

지난 2006년 스탠포드 대학에서 졸업 축사를 했던 애플사의 스티브 잡스는 자신의 잡초 같은 인생에 대해 이야기를 하면서 결국 자신이 세계적인 CEO로 성공할 수 있었던 이면에는 어렸을 때부터 독립적으로 사고하고 생활했던 상황을 예로 들었다. 스티브 잡스는 양부모 밑에서 자라면서 어렸을 때부터 겪었던 어려움과 이를 극복하기 위해 치열하게 살았던 삶이 결국 자신을 세계적인 컴퓨터 회사인 애플컴퓨터를 창업하게 만들었다고 한다. 스티브 잡스처럼 어쩔 수 없는 환경 때문이 아니라도 어렸을 때부터 독립적으로 사고하고 행동할 수 있도록 키워주는 것이 기업가 정신을 높일 수 있는 가장 첫걸음이다. 예를 들어 아이들의 돈에 대한 인식을 높여주기 위해 스스로 노동을 통해 돈을 벌 수 있는 기회를 만들어 준다거나, 자신의 미래에 대해 스스로 사고할 수 있는 힘을 길러주는 것이 부모의 역할 중에 하나라고 생각한다. 이런 의미에서 아이들의 학습 일정은 물론 장래 희망까지도 통제하려고 하는 한국의 부모에게는 어려운 일이지만 꼭 필요한 일이다.

두 번째, 아이들이 리더로 클 수 있도록 자신만의 리더십 스타일을 갖도록 해야 한다.

리더십과 관련하여 회자되는 사람 중 한 명으로 GE의 전 CEO였던 잭 웰치를 들 수 있다. 최근 나는 GE의 리더, Corporate USA의 전통적 리더 잭 웰치 회장의 사망 소식을 접했다. 잭 웰치 회장과는 작은 인연이 있다. 2002년 시카고대학 MBA과정에 있을 때 학장인 Synder 교수와 친분이 있었던 잭 월치는 학교를 두 번 방문했다. 나는 두 번 중 한 번의 강의를 들었다. 911이후 많은 미국인들 특히 금융 분야에 근무했던 사람들이 어려움을 호소했을 때 그는 'be yourself whatever it will be'라고 조언을 했다. 인생을 살면서 그가 2002년 강의를 들었던 우리들에게 자신 있게 외쳤던 그 한마디가 여전히 내 마음속에 자리하고 있다. 경영자로서 리더십 스타일은 호불호가 갈리지만 어려운 시기에 빛을 발했던 그의 리더십 스타일은 COVID-19로 고통 받고 있는 지금 우리에게 필요한 리더십이 아닐까 하는 생각이 든다.

잭 웰치는 때로는 냉혹하고, 차가운 리더로 기억된다. 회사가 어려울 때 가차 없이 직원을 해고하고 구조조정을 하는 잭 웰치의 모습을 GE의 직원들은 가끔 저승사자로 기억한다. 잭 웰치는 지나치게 많은 관리계층을 스웨터에 비유했는데, 10~15개에 이르는 계층은 마치 스웨터가 외부의 온도에 둔하게 만들 듯이 경영자들이 외부 환경의 변화를 감지하지 못하게 방해한다는 것이 웰치의 인식이었다. 그는 M&A, 사업철수, 매각 등 과감한 구조조정을 통해 오늘날의 GE를 만들어냈다. 리더란 때로는 너무 정에 얽매이지 않고 과감하게 행동해야 할 용기와 비난에 직면해도 참을 수 있는 인내심을 요구한다. 이러한 리더의 덕목은 어렸을 때부터 리더십 훈련을 통해 키워질 수 있다고 한다.

글로벌 CEO 잭 웰치 리더십

Face Today's Reality(현실적인 사업 감각)

Keep Business Simple(절차, 제도의 단순성)

Be Courageous in Making Change(변화를 시도하는 용기)

Harness Worker Knowledge(종업원의 지식 활용)

Discover best ideas and implement them effectively(창의력과 실행력)

마지막으로, 체계적인 경력관리를 통해 균형감각 있는 사람으로 만들어야 한다.

컴퓨터 회사인 휴렛 팩커드(HP)의 최고경영자(CEO)였고 미국에서 가장 존경 받고 영향력 있는 여성 CEO인 칼리 피오리나는 스탠포드 대학에서 역사와 철학을 전공했고, MIT대학에서 경영학을 공부했다. 그녀는 이미 35세에 AT&T 네트워크 부문 최초의 여성 임원에 오르고 40세엔 북미 영업 담당 이사로 승진하는 기록을 세웠다. 그리고 마침내 1999년 휴렛 팩커드(HP)의 최고경영자(CEO)로 영입되었다. 그녀의 경력을 보면 잘 짜인 연극 각본처럼 체계적이면서도 빠른 트랙으로 관리가 된 것을 볼 수 있다. 그녀는 대학에서 철학과 역사를 공부함으로써 미래를 볼 수 있는 혜안을 갖게 되었다. 이처럼 균형 있는 공부와 철저한 자기 관리가 세계적인 여성 CEO에 오를 수 있었던 힘이었다. 우리 아이를 한국 더 나가서 세계적인 CEO로 키우기 위해서는 필자가 언급한 세 가지 요소가 함께 어우러져야 한다고 생각한다.

7

경험하게 하라! 경험의 제자, 레오나르도 다빈치

‘사생아, 동성애자. 채식주의자, 왼손잡이 그리고 정규교육을 받지 못한 사람’ 바로 피렌체 시대 메디치 효과를 만들어 냈던 레오나르도 다빈치를 이야기한다.

※ 메디치 효과 : 서로 다른 분야의 요소들이 결합할 때 각 요소들이 갖는 에너지의 합보다 더 큰 에너지를 분출하게 되는 효과를 말한다.

우리는 흔히 인류 역사상 가장 뛰어난 천재를 이야기할 때 아인슈타인과 아이작 뉴턴을 꼽는다. 두 사람과 비교했을 때 레오나르도 다빈치는 타고난 천재는 아니다. 그러나 다빈치 전기 작가인 월터 아이작슨은 정규 교육 없이 독학으로 이뤄낸 가장 창의적인 사람으로 벤자민 프랭클린과 레오나르도 다빈치를 꼽았다. 그들에게는 타고난 두뇌 대신에 어렸을 적 마음껏 누렸던 경험이 있었다고 강조한다. '무한한 상상력, 뜨거운 호기심, 다양한 분야에 대한 지적 탐구심'이 바로 그것이다. 다빈치는 뉴턴이나 아인슈타인처럼 초인적인 두뇌가 아니라 자신의 독특한 경험을 통해 세상을 재해석하고 새로운 것을 끊임없이 만들어낸 인류 역사상 가장 뛰어난 창의적 인간이라 감히 말하고 싶다.

불우한 어릴 적 환경이 어쩌면 다빈치에게는 행운이었을지 모른다. 다빈치는 사생아로 태어났다. 그런 이유로 '라틴어 학교'로 보내지지 않았다. 아이러니하게도 불우한 탄생 배경 때문에 당시 엘리트 집안의 자제들이 받았던 스콜라 철학과 중세교리교육으로부터 자유로울 수 있었다. 권위에 굴하지 않고 기존 지식에 반론을 제기하는 그의 성향은 어릴 적 자연을 탐구하면서 경험적인 접근법을 택했던 그의 삶에서 고스란히 나온 것이다. 그의 탐구 방식은 경험, 호기심과 어린 시절부터 몸에 밴 자연현상에 대한 경이에 뿌리를 두었다. 그는 스스로를 무학자(unlettered man)라고 불렀다. 그리고 그의 몇몇 작품에는 '레오나르도 다빈치, 경험의 제자'(Leonardo da Vinci, disscepolo della sperientia)라는 서명을 남기기도 했다. 라틴어와 같은 정규 학교교육을 거의 받지 못했기 때문에 그의 언어실력이나 수학실력은 당시 기준으로 보았을 때 형편이 없었다. 라틴어를 읽거나 복잡한 나눗셈을 할 줄 몰랐다. 그가 가지고 있었다는 천재성은 오히려 우리가 충분히 이해할 수 있는 종류나

충분히 우리가 배우고 있는 지식의 종류에 해당했다. 그러나 그에게는 그만의 독특한 경험의 세계가 존재했다. 이 경험이 다빈치를 창의적 인재로 이끌었다.

다빈치의 경험은 그의 독특한 메모 습관과 기록에 기인한다. 난중일기를 쓴 이순신이나 열하일기를 쓴 연암 박지원과 같이 그 역시 메모광이었고 기록의 달인이었다. 그는 무려 7,200 페이지에 달하는 기록과 낙서를 남겼다. 그가 남긴 기록과 낙서를 통해 그가 얼마나 호기심이 많았는지를 알 수 있다. 그의 호기심 노트는 매일 그에게 스스로 하는 질문과 함께 시작된다. 예를 들어 '거위의 발 관찰하기' '하늘은 왜 푸른가?' '딱따구리의 혀를 묘사하라' 등의 질문을 스스로 던진다. 그의 실천노트에는 '매주 토요일 남자의 나체를 볼 수 있는 목욕탕에 가기' '밀라노와 밀라노 교외의 크기를 측정하기' 등 수없이 많은 스스로 과제들이 일과표에 기록되어 있다. 그의 메모와 기록은 그의 경험의 기록이고 새로운 것을 창조해 내는 기억의 되새김질이 되었다. 그가 인류에게 선보인 수많은 걸작도 바로 이 메모와 기록에서부터 시작되었다고 할 수 있다.

그의 독특한 노트와 경험이 걸작으로 연결된 사례를 탐구해 보자.

그가 남긴 기록과 낙서는 지적 호기심을 실천하는 경험의 실천노트가 되었다. 그의 어릴 적 삶은 진지했으나 행복했고 진화했다. 유쾌하지만 스스로를 채찍질하는 강박적인 열정을 가지고 해부학, 화석, 조류, 심장, 비행기기, 광학, 식물학, 지질학, 수류탄, 무기 등 획기적인 분야를 탐구했다. 그의 왕성한 탐구심과 열정은 '피렌체'라는 이탈리아 북부의 작은 도시에서 시작된 르네상스의 상징이 되었다.

나는 2019년 여름 영국, 프랑스, 이탈리아 등 서부 유럽을 여행했을 때 많은 도시에서 레오나르도 다빈치를 만났다. 파리의 루브르 박물관에서는 모나리자를 만났다. 피렌체 우피치 박물관에서는 그의 '수태고지' '동방박사의 경배'를 만났다. 그리고 밀라노 스칼라 광장에서는 다빈치의 기념상을 만났다. 온 유럽에 걸쳐 다빈치는 여전히 존재하고 있었다. 짧은 시간 동안 유럽의 많은 도시에 걸쳐 퍼져있는 그의 작품과 동상은 놀라울 정도로 다양했고 500년이 넘는 지금 이 순간에도 생생함을 보여주었다.

그가 그린 역사상 가장 유명한 두 점의 그림 최후의 만찬(The Last Supper)과 모나리자(Mona Lisa)를 통해 그는 세상의 어느 화가보다 더 화가로서 뛰어난 명성을 남겼다. 그러나 그는 욕심이 많은 사람이다. 자신이 예술가인 것만큼이나 과학자이자 공학자라고 생각했다. 자연과 생물들이 만들어내는 다양한 현상과 움직임을 자세히 관찰함으로써 그는 자연과 인간의 무한한 조합을 만들어 냈다.

흔히 인체비례도(Canon of Proportions)라고 불리는 비투르비우스적 인간(Vitruvian Man)을 살펴보자. 그는 정사각형과 원 안에 팔다리를 활짝 뻗은 완벽한 비율의 남자를 그렸다. 다빈치가 이 그림을 그리게 된 과정을 살펴보면 흥미롭다. 다빈치는 고대 로마 건축가 비투르비우스가 쓴 '건축10서(De architectura)'의 3장 '신전 건축편'을 읽다가 '인체가 가지고 있는 비례 규칙을 신전건축에 사용해야한다'라는 문구에 주목했다. 즉시 그는 사람의 손가락과 손바닥, 발바닥과 머리, 귀와 코의 크기 등을 숫자로 계산했다. 그리고 사람의 신체를 기하학적인 관점에서 수학적으로 계량화했던 그리스 로마인들의 실험을 직접 해보기로 한다. 그는 로마 건축서를 참고하면서도 실제 사람을 데려다가 눈금자로 재면서 측정한 결과를 기록했다. 그가 어릴 적부터 했던 '경험노트'의 한 부분인 것이다. 그가 만들어 낸 것은 처음 만들어 낸 것이 아니다. 그는 비투르비우스의 아이디어를 차용해서 인체의 중심을 배꼽으로 두고 배꼽을 중심으로 원과 정사각형의 비례점을 찾았다. 그가 그린 인체도는 건축학, 해부학과 함께 당시 인간에 대한 생각, 즉 철학까지도 담고 있는 새로운 창작품이 되었다.

이처럼 어릴 적부터 편집증처럼 집착했던 그의 메모와 기록의 습관은 다양한 분야에서 새로운 해석을 통해 독특한 다빈치 스타일의 작품으로 재탄생했다. 레오나르도 다빈치가 '경험의 제자'라고 스스로를 부른 것처럼 이제 우리 아이들도 자신들의 경험의 제자가 되어야 한다. 창의융합형인재는 태어나는 것이 아니라 수많은 경험을 통해 만들어지는 것이기 때문이다.

8
읽게 하라! 시카고대학의 Great Books Program

나는 2001년부터 2003년까지 시카고대학 경영대학원에서 MBA과정을 다녔다. 당시 내가 다닌 경영대학원의 교수 중 2명의 교수가 내가 졸업한 이후 노벨 경제학상을 받았다. 2013년에는 '포트폴리오 이론'으로 유진 파머 교수가 받았고, 2017년에는 인간의 감정과 심리에 주목하는 행동경제학 연구의 공로로 리처드 세일러 교수가 노벨 경제학상을 받았다. 우리나라에서 '넛지'라는 책으로 유명한 리처드 세일러 교수가 노벨 경제학상을 받았을 때 나는 동아일보와 연합뉴스에서 세일러 교수와 관련된 수업방식에 대해 인터뷰를 한 적이 있다.

나와의 개인적인 인연 말고도 시카고대학에서 노벨상을 받은 교수들은 많다. 2018년 노벨 경제학상 수상자로 선정된 폴 로머 교수(뉴욕대)의 노벨상 수상 소식을 전하면서 시카고대학은 시카고

대학 출신 또는 시카고대학 소속으로 91번째 노벨상 수상을 했다고 공식적으로 발표했다. 단일대학으로서는 세계 최고 수준이다.

시카고대학이 이처럼 노벨상 수상자를 많이 배출할 수 있는 비법은 무엇일까? 많은 전문가들이 1929년 시카고대학 총장으로 부임한 로버트 허친스 총장을 주목한다. 허친스가 부임할 당시 시카고대학은 미국 내에서도 동부의 아이비리그 대학에 비해 형편없는 수준의 평범한 대학이었다. 19세기 석유 재벌인 존 록펠러가 만든 시카고대학은 역사와 전통에 있어서 하버드, 예일, 프린스턴 등 동부에 자리 잡은 학교에 비해 미칠 바가 못 되었기 때문이다. 허친스가 총장으로 부임하면서 인문학 중심의 순수학문의 필요성을 주장하면서 내놓은 프로그램이 바로 'Great Books Program'이라 불리는 시카고 플랜이었다. '교양교육을 받은 전문가 양성'의 기치 아래 선택이 아닌 필수로 입학해서 졸업할 때까지 총 9단계로 나누어 144권의 인문고전을 읽는 프로그램이었다.

Great Books Program을 통해 시카고대학은 미국과 세계를 대표하는 명문대학으로 성장하였고 세계 최고의 연구중심대학으로 자리매김을 했다.

허친스의 시카고플랜에는 존 스튜어트 밀의 독서법이 바탕이

된다. 철학자 존 스튜어트 밀은 어린 시절 아버지인 제임스 밀의 철저한 독서와 토론교육 등 조기교육을 통해 성장한 철학자로 잘 알려져 있다. 밀의 아버지가 아들에게 제시한 효과적인 독서법은 4가지 단계를 거쳐 완성된다.

첫째, 인문고전 저자에 관해 쉽게 설명한 책을 읽는다. 책을 읽기 전 저자에 대한 정보, 즉 태어난 환경, 시대적 배경, 저술의 배경 등을 알아보는 것이다. 독서에 대한 편견이나 확증편향이 될 수는 있지만 흥미를 가지고 읽게 하는 동기가 될 것이다.

두 번째는 읽기 시작하면 통독을 하는 것이다. 이해가 잘 되지 않더라도 소리 내어 읽는 것이 중요하다. 사실 2005년 삼성금융연구소 전략실의 수석연구원으로 일을 할 때 연구소장을 했던 정기영 소장(전, 삼성경제연구소장)은 연구원들의 연구 자료를 리뷰할 때 반드시 소리 내어 읽도록 권유했다. 소리 내어 읽는 통독은 논리적 흐름이나 글의 매끄러움을 단박에 잡는 효과가 있다. 이해가 되지 않는 부분이 있더라도 통독을 하는 것이 좋다.

세 번째는 비로소 정독을 하는 것이다. 정독은 시간이 걸리는 일이지만 책의 내용을 소화하는 데 가장 중요한 작용을 한다. 정독을 할 때 이해가 되지 않는 부분이 있다면 머릿속으로 지나치지 않아야 한다. 어려운 부분을 만나면 어느 정도 이해가 가능할 때까지 몇 번이고 되풀이해서 소리 내어 읽는다.

마지막 네 번째는 노트에 필사를 하는 것이다. 필사는 책을 읽다가 중요한 부분이나 인상적인 부분이 있으면 직접 문구에 적으면서 통독을 하는 것이다. 필사는 인문고전 읽기의 핵심이다. 필사를 통해 저자의 사고 능력을 조금이나마 자신의 것으로 만들 수 있기 때문이다.

이러한 존 스튜어트 밀 가문의 독서법은 시카고 플랜 독서의 근본이지만 여전히 지금도 유효하다. 아이들에게도 필요하지만 기억력이 감퇴하는 어른들에게는 더 효과적인 독서법이 될 것이다.

시카고 플랜의 Great Books Program에서 다루어지는 144권은 9단계로 나눠 구성된다. 책들의 면면을 보면 철학, 종교, 과학, 문학, 전기 등 인문교양서를 총 망라했다. 독서에 대한 중요성은 굳이 시카고플랜을 이야기하지 않더라도 모두가 아는 사실이다. 문제는 실천이다. 아이가 어렸을 적부터 책읽기에 흥미를 가지고 꾸준하게 독서를 하는 환경을 만들어 주는 것이야말로 부모로서 해야 할 가장 중요한 일이라고 생각한다. 아이들이 독서를 통해 자존감과 독립성을 키우는 것은 궁극적으로 내 노후자금에 도움이 되는 길이라는 사실을 명심해야 한다.

'Since I was a kid, libraries have played an important role in my life. I'd be happy if I could think that the role of library was sustained and even enhanced in the age of computer'–Bill Gates–

참고자료 : 시카고 대학의 'The Great Book Program'

*이 자료는 〈현승종 · 신일철 편, 대학생과 독서, 1978〉에 정리된 목록을 기초로 함. 원래의 이는 허친스(Robert Maynard Hutchins), 모티머 아들러(Motimer Ardler) 등이 조직한 미국의 독서 연구 단체가 144권을 그레이트 북스(Great Books=Great books of the Western World)라 명명하게 됨. 144권의 책은 9개년 계획으로 읽게 한 책들의 목록이며, 1940년 출간한 아들러의 독서 방법(How to Read a Book)에 그 목록이 처음 소개됨. 1952년에는 Homer, Aeschylus, Sophocles, Euripides, Aristophanes, Lucretius, Virgil, Dante, Chaucer, Rabelais, Montaigne, Shakespeare 등 작가들을 포괄하게 되었고, 다시 1990년에는 Dickens, Twain, Chekov, Ibsen 외에 William Faulkner, Samuel Becket, T. S. Eliot, James Joyce, Franz Kafka, George Orwell, Virgnia Woolf, Willa Cather, Ernest Hemingway 등 45명의 20세기 작가들을 포함하도록 개정되었다고 함.

● 제1년차 ●

001 미합중국독립선언서(美合衆國獨立宣言書)

002 플라톤(Plato, 427-347 B.C.)/소크라테스의 변명, 크리톤

003 소포클레스(Sophocles, 497-406 B.C.)/안티고네(Antigone)

004 아리스토텔레스(Aristoteles, 384-322 B.C.)/정치학(Politics)

005 플루타크(Plutarch, 45-120)/영웅전(Bioi Paralleloi)

006 '신약(新約)' 중 마태복음

007 에픽테투스(Epictetus, 55-135)/ '인생담(人生譚)' 발췌

008 마키아벨리(Machiavelli, 1469-1536)/군주론(君主論)(The Prince, 1513)

009 셰익스피어(Shakespeare, 1564-1616)/멕베드(Macbeth, 1606?))

010 밀턴(Milton, 1608-74)/출판(出版)의 자유

011 스미드(Adam Smith, 1723-1790)/국부론(The Wealth of Nations, 1776)

012 패더랠리스트(Fedaralist)/미합중국헌법(美合衆國憲法)

013 토크빌(Tocqueville)/미국의 민주주의(Democracy in America) 발췌

014 마르크스(Marx, 1819-91)), 엥겔스(Engels, 1820-95)/공산당선언(The Communist Manifesto)

015 소로우(Thoreau, 1817-62)/시민의 반항(Civil Disobedience, 1849), 월든(Walden, 1854)

016 톨스토이(Tolstoi, 1828-1910)/이반 일리치의 죽음

● 제2년차 ●

017 에크레지아스티즈['구약(舊約)'의 일부]

018 호머(Homer, 850 B.C.)/오딧세이(Odyssey)

019 소포클레스(Sophocles, 497-406 B.C.)/오이디프스 왕(Oedipus the King), 콜로누스의 오이디푸스(Oedipus at Colonus)

020 플라톤(Plato, 427-347 B.C.)/메논(Meno)

021 아리스토텔레스(Aristoteles, 444-380 B.C.)/니코마스 윤리학(Ethika Nikomacheia) 발췌

022 루크레티우스(lucretius, 95-52 B.C.)/우주론(Of the Nature of Things, 55 B.C.)

023 아우구스티누스(St. Augustine, 354-430)/고백(Confessions, 397)

024 셰익스피어(Shakespeare, 1564-1616)/햄리트(Hamlet, 1594-1623)
025 데카르트(Descartes, 1596-1650)/방법 서설(Discourse on Method, 1637)
026 홉스(Hobbes, 1588-1679)/리바이어던(Leviathan, 1651)
027 파스칼(Pascal, 1623-1662)/명상록(瞑想錄, Thoughs:Pensées)
028 스위프트(Swift, 1667-1745)/걸리버 여행기(Gulliver's Travels, 1727)
029 루소(Rousseau, 1712-1778)/인간불평등기원론(人間不平等起源論)
030 칸트(Kant, 1724-1804)/영원한 평화를 위하여
031 밀(Mill, 1806-73))/자유론(On Liberty, 1859)
032 트웨인(Mark Twain, 1835-1910)/허클베리 핀의 모험(Adventures of Huckleberry Finn, 1884)

● 제3년차 ●

033 '구약(舊約)' 중 '욥기'
034 아이스킬로스(Aeschylus, 525-456 B.C.)/오레스티아(Oresteia) 삼부작
035 투키디데스(Thucydides, 470-400 B.C.)/펠로포네소스 전쟁의 역사(The History of Peloponnesian War, 404-401 B.C.)
036 플라톤(Plato, 427-347 B.C.)/향연(Symposium)
037 아리스토텔레스(Aristoteles, 444-380 B.C.)/'정치학(Politics)' 발췌
038 토마스 아퀴나스(St. Thomas Aquinas, 1225-1274)/신학대전(Summa Theologica, 1267-73) 중 '법률론'
039 라블레(Rabelais, 1495-1553)/가르강뛰아와 팡타그뤼엘(Gargantua and Pantagruel, 1535)
040 칼빈(Calvin, 1509-1564)/그리스도교강요(教綱要)(Institutes of Christian Religion, 1536)
041 셰익스피어(Shakespeare, 1564-1616)/리어왕(King Lear. 1605-6?)
042 베이컨(Francis Bacon, 1561-1626)/대혁신(The Novum Organum, 1620)
043 로크(Locke, 1632-1704)/정치론(Two Treatises of Civil Government, 1690)
044 볼테르(Voltaire, 1694-1778)/깡디드(Candide, 1758)
045 루소(Rousseau, 1712-1778)/사회계약론(The Social Contract, 1762)
046 기본(Gibbon, 1737-1794)/로마제국 쇠망사(The Decline and Fall of the Roman Empire, 1776-88) 제15-16장

047 도스토에프스키(Dostoevski, 1821-1881)/카라마조프 가(家)의 형제들(The Brothers Karamazov,1881)

048 프로이드(Freud, 1856-1939)/정신 분석의 기원과 발달(Introductory Lectures on Psychoanalysis, 1917)

제4년차

049 공자(孔子)/논어(論語) 발췌

050 플라톤(Plato, 427-347 B.C.)/국가(Republic) 발췌

051 아리스토파네스(Aristophanes, 444-380 B.C.)/여인의 평화, 구름(Clouds)

052 아리스토텔레스(Aristoteles, 444-380 B.C.)/시학(Rhetoric)

053 유클리드(Euclid, 323-283 B.C.)/기하학제요(幾何學提要, Elements of Geometry)

054 마르크스 아우렐리우스(Marcus Aurelius, 121-180)/자성록(自省錄, Mediations)

055 엠페이리코스/절대회의설(絶對懷疑說) 제1권

056 니벨룽겐의 노래(Volsunga Saga or Nibelungenlied, 1204)

057 토마스 아퀴나스(St. Thomas Aquinas, 1225-1274)/신학대전(Summa Theologica, 1267-73) 중 '진실과 허위에 대하여' 발췌

058 몽떼뉴(Montaigne, 1535-1592)/수상록(隨想錄, Essays, 1580-88)

059 셰익스피어(Shakespeare, 1564-1616)/템페스트(Tempest, 1594-1623)

060 로크(Locke, 1632-1704)/인간오성론(人間悟性論, Essay Concerning Human Understanding, 1690)

061 밀튼(Milton, 1608-74)/실락원(Paradise Lost, 1667)

062 흄(Hume, 1711-76)/오성론(Enquiry Concerning Human Understanding, 1748)

063 니이체(Nietzche, 1844-1900)/선악의 피안(Beyond Good and Evil, 1886)

064 제임스(William James, 1842-1910)/프라그마티즘(Pragmatism, 1907)

제5년차

065 유리피데스(Euripides, 485-406 B.C.)/메디아(Medea), 히폴리투스(Hippolytus), 트로이아의 여자 066 플라톤(Plato, 427-347 B.C.)/테아이테투스(Thaetetus)

067 아리스토텔레스(Aristoteles, 444-380 B.C.)/물리학(Physics) 발췌
068 베르길리우스(Vergilius, Virgil, 70-19 B.C.)/아에네이드(Aeneid)
069 성(聖) 프랑시스(St. Francis)/조그만 꽃(Little Flowees)
070 토마스 아퀴나스(St. Thomas Aquinas, 1225-1274)/신학대전(Summa Theologica, 1267-73) 중 '인간론' 발췌
071 단테(Dante, 1265-1321)/신곡(The Divine Comedy)단테(Dante, 1265-1321)/신곡(The Divine Comedy, 1300) 중 '지옥편', '연옥편'
072 단테(Dante)/신곡(The Divine Comedy) 중 '천국편'
073 미란드라/인간의 존엄(尊嚴)에 대하여
074 버클리(Berkeley, 1684-1753)/인지원리론(人智原理論, The Principles of Human Knowledge, 1710)
075 뉴턴(Newton, 1642-1727)/프린키피아, 자연철학의 수학적 원리(Mathematical Principles of Natural Philosophy, 1687)
076 보스웰(Boswell)/새뮤얼 존슨 전(傳)(Life of Samuel Jhonson)
077 칸트(Kant, 1724-1804)/프롤레고메나(Prolegomena to any Future Metaphysics, 1783)
078 울먼(Jhon Woolman, 1720-79)/일기(日記, Journal, 1774)
079 멜빌(Melville, 1819-1891)/백경(白鯨, Moby Dick, 1846)
080 아인쉬타인(Einstein, 1879-1940)/상대성원리(The Theory of Relativity, 1916), 특수이론 및 일반이론

제6년차

081 아이스킬로스(Aeschilos, 525-456 B.C.)/사슬에 묶인 프로메테우스(Prometheus Bound)
082 플라톤(Plato, 427-347 B.C.)/파이드로스(Phaedrus)
083 아리스토텔레스(Aristoteles, 444-380 B.C.)/형이상학(Metaphisics) 제7권
084 롱기노스(Kassios Longinos, 213-273)/숭고성(崇高性)에 대하여(Peri arkhon)
085 아우구스티누스(St. Augustine, 354-430)/자연과 성총(聖寵)에 대하여, 성총과 자유 의지에 대하여
086 토마스 아퀴나스(St. Thomas Aquinas, 1225-1274)/신학대전(Summa Theologica, 1267-73) 중 '신(神)에 대하여'

087 초오서(Chaucer, 1340-1400)/캔터베리 이야기(The Canterbury Tasles, 1398) 발췌
088 셰익스피어(Shakespeare, 1564-1616)/리차드 2세(The Tragedy of King Richard Ⅱ, 1594-1623)
089 세르반테스(Cervantes, 1547-1616)/돈 키호테(Don Quixote) 제1부
090 스피노자(Spinoza, 1632-1677)/윤리학(Ethics, 1675) 제1부
091 흄(Hume, 1711-1776)/자연종교에 대하여(Dialogues Concerning Natural Religion)
092 볼테에르(Valtaire, 1694-1778)/철학사전(Philosophical Dictionary, 1764-73) 발췌
093 헤겔(Hegel, 1770-1831)/역사철학(Philosophy of History, 1837) 발췌
094 다윈(Darwin, 1809-1882)/종의 기원(The Origins of Species, 1859) 발췌
095 멜빌(Melville, 1819-1891)/빌리 버드, 파토프만
096 제임스(Henry James, 1843-1916)/나사의 회전(The Turn of the Screw, 1898)

● 제7년차 ●

097 플라톤(Plato, 427-347 B.C.)/고르기아스(Gorgias)
098 아리스토텔레스(Aristoteles, 444-380 B.C.)/영혼에 대하여
099 마하바라타/바가바드기타(Bhagavadg?tã)
100 보에티우스(Boethius, 480-524)/철학의 위안(De consolatione Philosophiae)
101 마이모니데스/방황하는 자를 위한 지침
102 던(Jhon Donne, 1572-1631)/시집(詩集, Song and Sonnets, 1633)
103 몰리에르(Moliére, 1622-1673)/타르튜프(Tartuffe), 고객(顧客, Tradesman)
104 라이프니쯔(Leibnitz, 1646-1716)/형이상학(Discourse on Metaphysics, 1686)
105 칸트(Kant, 1724-1804)/도덕철학[실천이성비판, Critique of Practical Reason, 1790)
106 괴테(Goethe, 1749-1832)/파우스트(Faust, 1774)
107 쇼펜하우어(Schopenhauer, 1788-1860)/의지와 표상으로서의 세계(Die Welt als Wille und Volstellung, 1819-44)
108 키에르케고르(KierKegaard, 1813-55)/철학적 단편 후서(1846)
109 도스토예프스키(Dostoevski, 1821-1881)/죽음의 집의 기록(1861)
110 콘라드(Joseph Conrard, 1857-1924)/어둠의 속(The Heart of Darkness, 1902)

111 프로이트(Freud, 1856-1939)/꿈의 해석(Traumdeutung, 1900)
112 쇼(Shaw, 1856-1950)/인간과 초인(Man and Superman, 1903)

제8년차

113 아리스토파네스(Aristophanes, 444-380 B.C.)/섬, 평화
114 플라톤(Plato, 427-347 B.C.)/파이돈(Phaedo)
115 아리스토텔레스(Aristoteles, 444-380 B.C.)/물리학(Physics) 제2권
116 '신약(新約)' 중 '로마서', '고린도전서'
117 가레노스/천부(天賦)의 기능 1 및 3
118 셰익스피어(Shakespeare, 1564-1616)/헨리 4세(King Henry IV) '1'
119 셰익스피어(Shakespeare, 1564-1616)/헨리 4세 '2'
120 하비(Harvey, 1578-1657)/혈액 순환의 원리(On the Motion of the Heart, 1628)
121 데카르트(Descartes, 1596-1650)/영혼의 목마름(The Passions of the Soul, 1650)
122 밀턴(Milton, 1608-74)/투우사 샘슨(Samson Agonistes, 1671)
123 피히테(Fichte, 1762-1814)/인간의 사명(Die Bestimmung des Menschen, 1800)
124 바이런(Byron, 1788-1824)/돈 주안(Don Juan), 칸토스 1-4
125 J. S. 밀(Mill, 1806-1873)/공리론(公理論, Utilitarianism, 1863)
126 니체(Nietzche, 1844-1900)/도덕의 계보(The Genealogy of Morals, 1887)
127 헨리 아담스(Henry Adams, 1838-1918)/헨리 아담스의 교육(The Education of Henry Adams, 1918)
128 예이츠(William Butler Yeats, 1865-1939)/시14편

제9년차

129 호머(Homer, 850 B.C.)/일리아드(Iliad)
130 헤로도투스Herodotus, 484-425 B.C.)/역사(History) 8-9
131 플라톤(Plato, 427-347 B.C.)/소피스테스(Sophist)
132 아리스토텔레스(Aristoteles, 444-380 B.C.)/분석론(分析論)
133 타키투스(Tacitus, 55-117)/연대기(年代記, Annales)

134 플로티노스(Plotinus, 205-269)/엔네아데스(Enneades)

135 루터Martin Luther, 1483-1546/가라테아서평석(書評釋) 발췌

136 갈릴레오(Galileo, 1564-1642)/신과학대화(新科學對話, Dialogues Concerning Two New Sciences, 1638)

137 라시느(Racine, 1639-1699)/페드라(Phaedra, 1667-77)

138 비코(Vico, 1668-1744)/신과학(Principi pi una scienza nuova)

139 발자크(Balzac, 1799-1850)/고리오 영감(Le Pere Goriot)

140 마르크스(Marx, 1818-1883)/자본론(資本論, Capital, 1867) 발췌

141 입센(Ibsen, 1828-1906)/물오리(The Wild Duck)

142 제임스(William James, 1842-1910)/심리학(Principles of Psychology, 1890) 21-22장

143 보들레르(Baudelaire, 1821-67)/악의 꽃(Les fleurs du mal)

144 포앙카레(Poincaré, 1854-1912)/과학과 가설(假說) 4-5장